国际法新视野研究丛书

论冲突中和冲突后社会的法治：
联合国的行动及中国的贡献

吴燕妮　著

WUHAN UNIVERSITY PRESS

武汉大学出版社

图书在版编目(CIP)数据

论冲突中和冲突后社会的法治:联合国的行动及中国的贡献/吴燕妮
著.—武汉:武汉大学出版社,2014.1
国际法新视野研究丛书
ISBN 978-7-307-12105-8

Ⅰ.论…　Ⅱ.吴…　Ⅲ.法治—研究—世界　Ⅳ.D902

中国版本图书馆 CIP 数据核字(2013)第 265671 号

责任编辑:张　欣　　责任校对:汪欣怡　　版式设计:马　佳

出版发行:武汉大学出版社　　(430072　武昌　珞珈山)
　　　　　(电子邮件:cbs22@whu.edu.cn　网址:www.wdp.com.cn)
印刷:武汉中远印务有限公司
开本:720×1000　1/16　　印张:21.75　字数:308 千字　插页:2
版次:2014 年 1 月第 1 版　　2014 年 1 月第 1 次印刷
ISBN 978-7-307-12105-8　　定价:56.00 元

目　录

上编　法治与冲突社会

缩 略 语 表

危机小组	国际危机小组
国际法院	联合国国际法院
卢旺达刑庭	联合国卢旺达国际刑事法庭
前南刑庭	联合国前南斯拉夫国际刑事法庭
安全协助部队	国际安全与协助部队
人权高专	联合国人权事务高级专员
建设和平委员会	联合国建设和平委员会
联阿援助团	联合国驻阿富汗援助团
全球治理委员会	联合国全球治理委员会
开发计划署	联合国开发计划署
政治事务部	联合国政治事务部
难民高专	联合国难民事务高级专员
联苏特派团	联合国驻苏丹特派团
法治指标	联合国法治指标

导　论

一、研究背景与意义

毋庸置疑，"法治"的概念在现代社会早已深入人心。无论是在已经发展成熟的各国国内社会，还是正在发展中的国际社会，"法治"都受到广泛的赞同和推崇。"法治"概念似乎具有某种自明性，见其形即明其意，而无需对其进行准确的界定。事实上，尽管"法治"概念历经人类历史数千年的研究和探讨，但其真正内涵却并不像人们所想象的那么简单。许多学者认为，法治至少存在两个主要概念：狭义的法治认为法治本身并不提供"公正"，但为人们提供一个寻求公正的法律框架和程序；实质的法治扩展了狭义的概念，包括某些与此相关的个人的实质性权利。①

作为人类社会普遍认可和追求的根本价值之一，"法治"概念已经历经逾千年的演进。从古希腊亚里士多德（Aristotle）所称的"法治优于一人之治"（*The rule of law is better than that of any individual*），② 到近代戴西（Albert Venn Dicey）指出的法治三要素，再到现代国际法委员会所确立的国际法治的标准，不一而足。③ 除英美法系外，大陆法系以及不同的宗教国家都有各自的法治传统，

---

① Paul P. Craig, Formal and Substantive Conceptions of the Rule of Law: An Analytical Framework, Public Law, 1997, volume Autumn, p. 467.

② ［古希腊］亚里士多德著，吴寿彭译：《政治学》，商务印书馆1983年版，第167~168页。

③ 罗杰·科特威尔：《法律社会学导论》，华夏出版社1989年版，第184页。

许多学者都试图通过建立一定原则或标准的方式来定义法治。① 但无论"法治"的概念如何变化，始终无法离开人类社会，由此也意味着在国际社会中也存在实现法治的可能，因为国际社会也是由一定的社会成员（国家）所组成的共同体，而且，国际社会也需要以公平的法律（国际法）来保障各成员的利益。

当代，国际范围内的法治理念已经为人们所普遍接受，国外学界认为国际社会的法治包括三个层面的含义：第一，国际法治意味着在国家和其他国际法主体之间的关系上将适用（国内）法治原则；第二，国际法优于国内法的"国际法之治"；第三，"全球法治"，可能有一天，正义通过"全球法"（global law）得以实现，它意味着一个直接调整个人的规范体制的出现，无须以现有的国内机制作为正式媒介。②

如果说学界提出的"国际法治"概念通常是较为抽象的，那么国际组织的实践，尤其是联合国框架下的法治（国际法治的一部分）则有着具体的标准和意义。《联合国宪章》不仅将法治作为其核心价值和原则，而且还在宗旨与原则中确立了实现法治的原则和措施。而法治也是联合国"安全、发展和人权"三大支柱的前提。近年来，联合国提出了"三个法治篮子"（the Rule of Law Baskets）的理念，从2008年至今，秘书长每年都会向联大提交题为"加强和协调联合国法治活动"的年度报告，汇报联合国在国家和国际两级推动法治这一工作规划的进展情况，并加强其专门知识和能力，讨论存在的挑战以及应对策略。③

在上述"三个法治篮子"中，冲突中和冲突后社会（以下简称冲

---

① 车丕照：《法律全球化与国际法治》，载《清华法治论衡》（第三辑），清华大学出版社2002年版，第139页。

② Simon Chesterman, Rule of Law, Max Planck Encyclopedia of Public International Law, www.mpepil.com, 2010 Max Planck Institute for Comparative Public Law and International Law, para. 37.

③ *See* Strengthening and coordinating United Nations rule of law activities: Report of the Secretary-General, U. N. Doc. A/63/226, A/645/298 and A/65/318.

突社会)①的法治重建一直是联合国行动的重点。自人类诞生以来，不同群体之间的冲突始终是人类社会最直接的威胁以及首要的安全问题。随着人类生产力水平的提高，战争能力的增强，以及互动范围的扩大，各种冲突与战争的规模和影响也越来越大。当人类的社会联系扩展到全球之后，冲突与战争也逐步拥有了全球属性。连续不断的冲突将会严重影响一个社会的政治、经济和文化发展，同时武装冲突带来的消极方面绝不仅仅是摧毁楼群或者道路，更是给社会遗留下了满目疮痍。战争的经历使人们缺乏安全感，甚至改变了民众的行为方式和信仰。② 因此，在一个饱受冲突之害的社会中，恢复社会和平与稳定，推动正义和解的努力是必不可少的。③ 而冲突社会建设和平是联合国法治工作的一个组成部分；在冲突社会建立正义和法治又是建设和平的具体体现。正因为如此，在冲突社会建设法治是最为重要的。

2010 年 6 月，联合国安全理事会专门举行了一次关于在维持国际和平与安全过程中促进和加强法治的公开辩论。此外，为了帮助处于冲突中或冲突后的国家更好地改善法治，联合国在 2011 年 6 月 7 日还公布了一套拥有 135 项具体衡量标准的法治指标（United Nations Rule of Law Indicators），帮助处于冲突中或冲突后的国家监

---

① 联合国 A/61/636 - S/2006/980 将第二个法治篮子表述为"冲突和冲突后社会的法治"，但是本书为了表述上的统一和清晰，将采取"冲突社会"的表述，包括冲突中以及冲突结束后的社会。本书提到的所谓"冲突后"，也是泛指整个冲突局势，即公开战争的停止。但是，即使是已经停火，也不能确保冲突永远停息，因此本书要研究的正是这样一种状况下如果从停火走向完全的和平的进程。

② Thania Paffenholz and Christoph Spurk, Civil Society, Civic Engagement, and Peace-building, Social Development Papers: Conflict Prevention and Reconstruction, Vol. 36 (2006), p. 1, p. 11.

③ Monica Llamazares, Post-War Peacebuilding Reviewed: A Critical Exploration of Generic Approaches to Post-war Reconstruction, University of Bradford Centre for Conflict Resolution Department of Peace Studies, working paper 14, February 2005. Available at http://www.brad.ac.uk/acad/confres/papers/pdfs/CCR14.pdf, visited on 5 May 2013.

督立法、司法及改造机构的表现，促进法治建设。

尽管联合国自建立至今，一直在理论上不断完善法治的内容，在实践上不断支持法治，但其效果却不能令人满意。随着国际社会紧张局势的不断发展，非传统安全挑战日渐严重，冲突社会法治面临的危机尤为突出，甚至联合国自身的法治行动中也存在着对国际法的违反。因此，联合国在冲突社会的法治往往为国际社会所诟病：从法治行动的国际法依据，到实施过程中采取的措施和具体机制，再到最后实现效果；从冲突的治理，到为建设和平而进行的过渡时期司法，再到安理会针对冲突实施的制裁措施都广受争议。

本书的选题正是在这样一个背景下产生的，旨在通过对联合国框架下冲突社会法治建设的分析和研究，找到更适合联合国和冲突社会自身一起实践、不断完善行动的更好路径；此外，充分认识到中国在以联合国为主导的国际社会发挥着越来越重要的作用，也不断用实际行动支援联合国在冲突社会促进法治的行动，本书还将会重点探讨中国在外交政策和实践中对冲突社会法治援助的实践，并针对一些弊端和不足提出针对性意见。

二、论题现状及文献综述

（一）选题研究现状

在资料的搜集和整合方面，本书主要采用数据库电子文献搜索、下载以及图书馆资料借阅、拷贝的方式；此外，值得一提的是，由于研究方向以及选题的特性，本书需要对联合国官方网站进行系统、细化的分析和研究，获得大量实时更新的资料和信息。

除此之外，笔者读博期间，也是在博士论文开题报告刚刚通过的 2010 年底到 2011 年中，本人得到德国马克斯·普朗克国际法和比较法研究所的邀请和资助，进行了为期 5 个月的访问学习，在此期间，有幸与来自意大利和德国本土研究冲突社会法律和司法问题的相关学者进行面对面交流，他们在冲突社会的亲身经历和研究实践给我的研究注入更多活力。尽管他们力荐的去卢旺达的实地考察因种种原因终未能成行，但是也对我未来的研究提出了更好的建议，即除了大量文献之外，亲身参与冲突社会法治重建的工作也许会让自己获得更加有力的研究数据和资料。

（二）国内外研究现状总述

需要说明的是，我在博士论文开题报告中提交的文献综述延续了以往写作的风格，即将各种文献以语种为标准进行分类，即分别从英文著作、英文论文、译著、中文著作、中文论文的角度选取代表作进行分析。开题报告通过后，随着研究的不断深入，阅读量不断增大，文献的涵盖面也越来越广泛，因此，简单的以语种为基础的分类已经不能满足要求。因此，以下将以研究的角度和问题不同为依托，对文献进行探讨。

第一类，以广泛意义上的"法治"或者"国际法治"为对象的研究。

这一类的研究有最大的共性，即充分地使用历史研究方法，从对法治的概念入手，进行不同层次的分类。这样做的好处是给读者进行一个系统、清晰的概念梳理，便于读者从宏观上对法治进行把握。一些著作从宏观的法治内涵着眼，以中国建设法治国家为落脚点。如《法治与 21 世纪》、《法治国家论》等著作，无不是遵循着这样的思路，其中虽不乏对法治以及全球化环境下"国际法治"的论述，但是不够深入。

例如，郑永流教授的《法治四章——英德渊源、国际标准和中国问题》很具有代表性。正如书名所提示的，该著作用了四章篇幅系统阐述了三个方面的内容。第一部分，是关于"法治"的历史渊源，作者分别从英国"法治"思想和制度渊源以及德国"法治国"思想和制度渊源入手，考证了法治的发端、自由主义法治、功利主义法治以及积极法治、形式法治等概念。第二部分便进入"国际法治"，作者从国际法委员会的贡献、联合国的贡献两个角度解答了"法治"的国际标准是如何在法学家和政府间国际组织的共同运作下日益清晰的。值得一提的是，限于篇幅，作者虽然没有详细论述"法治"概念形成的路径，但是目录式地列举了联合国关于"法治"问题的文件以及国际法委员会历次会议形成的成果。这些无疑对后来者的研究具有指引作用。

第二类，另外一些著作将法治放在国际法的概念下进行研究，但是仍然注重理论，往往从"全球治理"的要求出发展开研究，这些著作对"国际法治"的概念研究得比较深刻透彻，但是由于联系实际内容较少，始终会让人感到国际法治是神秘而不可捉摸的。

让-马克·夸克（Jean Marc Quark）的著作《迈向国际法治：联合国对人道主义危机的回应》是笔者刚开始进入"国际法治"这个研究领域时阅读的一部著作。该书以2005年联合国首脑会议成果文件所开启的联合国改革为背景，以冷战后联合国维和行动的演变为切入点，结合人道主义事务在联合国议程中的地位，以及美国和联合国的关系，剖析了联合国内部各大力量的互动情况，勾勒了联合国运作的总体轮廓，特别是冷战结束以来的发展趋势。在书中第一章作者分析了联合国为应对20世纪90年代人道主义紧急情况而主动采取的最突出的措施及其结果，结果可以说是令人失望的。接下来的三章则研究联合国的和平行动及其局限性，最后重点分析西方大国对待联合国和多边主义的不情愿，这是联合国推动国际法治的主要障碍。

但是，该书讨论的是"国际法治"这样一个大的命题，有以下几个方面的弊端。首先，选题角度过于宽泛；本书用有限的篇幅研究一个很宏观的概念，没有选择一个较小的切入点，因此，对"法治"的主题突出不够。其次，全书的基调似乎是提出问题、解决问题，没有较为深刻的国际法理论的探讨。最后，本书是从国际政治和国际关系的角度加以论述，偏重探讨大国力量的博弈，对国际法律框架并没有充分说明；也缺乏探讨国际法在冲突社会重建中起到的作用。这些局限性当然也是与作者的职业以及这部著作成书较早，信息无法及时更新有关。

以上也可以概括此类研究的共同缺失，即几乎所有的著作在风格上都是极为接近的，一般都延续着介绍概念和历史、现有状况以及不足等研究思路。此类研究的不足在于缺乏一个特定的角度去研究法治或者国际层面的法治，尤其是近几年来，联合国"三个法治篮子"的提法一再被重申，却并未引起学界同等程度的重视，以往的法治类研究要么很少提及联合国，要么仅仅是以联合国为背景，很少系统研究联合国的实践行动。

　　第三类，以联合国在冲突社会的行动为对象，弥补了前一类研究实践不足、较为空洞的弊端，着重对实践中践行法治的行动进行系统的研究。2009 年出版的布拉克·布拉班德利（Eric De Brabandere）所著《国际法下的后冲突治理：国际领土管理、过渡政权与外国占领的理论与实践》（*Post-Conflict Administrations in International Law：International Territorial Administration，Transitional Authority and Foreign Occupation in Theory and Practice*）是这个方面较为成功的代表。

　　全书在导论就开宗明义，"冲突社会的重建（或是在一定程度上的重建）都是在一定的协议下由联合国主导或者授权进行的"①。这个表述其实也就交代了这部著作的写作范围和重点，特别强调了联合国在冲突社会重建中的主导作用。这部著作选取了四个具有代表性的国家或地区，介绍其在后冲突治理中的实践，从联合国授权或者联合国主导进行的一系列活动中总结出未来所需遵循的经验和要汲取的教训。作者认为，东帝汶、科索沃、阿富汗和伊拉克这四个国家在冲突后建设的共同特点是以"临时的"（interim）或是"过渡性的"（transitional）方式进行治理，开展重建工作的进程；而这些工作的国际化程度则取决于采取什么样的措施。为了进一步说明这个共性，作者进行了对比，例如，在东帝汶和科索沃，重建措施的国际性都得到了最大程度的发挥；而在阿富汗的例子中，则最大程度地依靠了当地的力量，也就是国际文件中提及的所谓让外雇人员留下"浅浅的足迹"（light footprint）②；这样做的结果是在阿富汗甚至设立了很多纯国家层面的重建计划。作者也指出了目前联合国参与冲突后治理的不足，他认为国际组织的作用在于监督重建进程，却忽略了实施这些行动的大环境，尤其是适用于不同任务和行动的

---

①　Eric De Brabandere, Post-Conflict Administrations in International Law：International Territorial Administration, Transitional Authority and Foreign Occupation in Theory and Practice, Martinus Nijhoff Publishers, 2009, p. 7.

②　Report of the Secretary-General, The Situation in Afghanistan and its Implications for International Peace and Security, U. N. Doc. A/56/875-S/2002/278, 18 March 2002, para. 98.

国际法律框架一直被忽略。对此，作者认为，首先有必要清晰地界定一些重要概念的渊源，系统地分析法治建设行动所处的大环境；其次，要科学地建立起一套规范冲突后治理行动的法律框架；再次，要对已经进行的法治行动进行实证分析，总结不同环境和条件下实施行动的差异，充分考虑当地实际情况，确保重建行动真正奏效。

综上，这部著作探讨了冲突社会重建和治理的方法以及评估问题，不失为一项具有前沿性和原创性的研究。

但是，作者选题的角度使这部著作具有一定的局限性。尽管作者一再强调要在冲突社会建立一套卓有成效的法律框架，也充分注意到联合国的主导作用，但是整部著作的出发点和落脚点都在"治理方式"的探索和研究上，对冲突社会中国际法的作用未能给予足够的重视，而且偏重于通过案例实证分析的方式得出结论。但在事实上，这些行动带来的经验和教训、未来支持法治的方向都必须以联合国的"国际法治"理念为大背景。多样性的法治行动不是孤立的，而是相互联系、需要彼此借鉴的。因此，应当认识到，冲突社会的重建、治理的方式只是一个浩大系统工程中的一环，或者只是要达到的目的之一；冲突社会重建和复原的目标是多元的社会效果，包括经济、文化甚至是民众的精神状况，尤其不容忽视的是在整个进程中法治目标的实现。

"法治"不应该只是静止的法律规则或者是用于规范重建行动的工具，法治本身就是国际社会，尤其是冲突社会所追求的重要目标和价值。法治的实现从某种程度上说是冲突社会治理中最为关键的评价标准。此外，研究冲突社会的法治，也不能忽略另外两个层次的法治，即"国际层面的法治"和"长期发展下的法治"。如果说国际层面的法治是冲突社会法治得以顺利进行的保障，那么长期发展下的法治更是和冲突社会的法治在很大程度上有重合关系。冲突社会从复原到重建，是一个长期的过程，而评估其成功与否的衡量标准就是全社会的发展指标，这就要求在开展冲突社会法治行动的同时，积极追求长期的发展目标。冲突社会的法治建设绝不是单纯追求战争的停止、治理机构的重建这么简单，而是要寻求社会经济和文化全方位的长期发展。在这个意义上，这一类的研究往往略显单薄。

第四类，将冲突社会法治的问题泛化、放大化，透视其中一个个微小的方面，选取微观的角度管中窥豹，解决常见的理论和实践问题。这样的研究多以论文的形式出现，事实上，采用论文的形式也可以将更多的侧重放在发现问题、解决问题方面。

首先，一类研究着眼于战后的正义，探讨法治所要实现的目标。

在布拉克·布拉班德利博士所做的对战后正义的重新评价和反思的研究：《冲突后改革的责任：对战后正义作为一项法律概念的关键性评估》(*The Responsibility for Post-Conflict Reforms：A Critical Assessment of Jus Post Bellum as a Legal Concept*)中，对过渡司法机制和战后正义的理论与实践进行了深入的研究和思考，并对战后正义这个法律概念的使用提出了挑战性的观点。相较于战前正义(*jus ad bellum*)与战争中正义(*jus in bello*)这两个在思想史上超过15个世纪之久的问题而言，战后正义(*jus post bellum*)作为国际法上的概念则是最近才在学界所广泛讨论的，在此之前，战后正义的问题则很少被当做实质性问题为人们所关注。① 但是，如果不考虑战后正义的问题，正义战争的理论则是不完全的，而且战后正义需要其自身的判别标准。但布拉班德利博士对作为国际法律概念的"战后正义"问题作了深刻的检讨，认为不恰当的战后正义理论带来的要么是对战后社会重建关键性目标的混淆或冲击，要么则是仅对已有义务进行简单总结归纳，无论是对学术研究还是对指导战后社会法治重建，都不具有实质意义。作者指出，近年来国际组织越来越多地参与到对科索沃、东帝汶、阿富汗以及伊拉克的战后重建工作中来，

① 正是由于进入21世纪以来，破坏力巨大的局部战争日渐频繁，尤其是阿富汗战争和伊拉克战争的后果带给学术界更多的反思，尽管战争正义的问题上有着深刻而悠久的理论，但即使是一场正当理由发动的正义战争，并且在战争过程中并没有任何不正当的手段，但在战后仍然有可能面临无法建立法治的新困境；甚至有可能一场双方都不能称为正义的战争结果在国际组织或者第三国的协商与调停之下达成稳定的和平解决方案。

不仅对战后地区重建的进度和内容产生了影响，同时也对规制其权利义务的国际法律框架带来冲击。因此有学者认为在此出现了"法律真空"，无论是战前国际法还是战争法都不能得到适用；就需要建立所谓的"战后正义"体系。作者随后在文中对战后社会的具体形势和社会根源作了详细的分析，并探讨了战后社会的法治重建中所面临的权利和义务困境，将现有的战后正义理论归为两类：一类理论关注战后阶段国际法律义务的承担者，主要分析战后法律义务与使用武力之间的关联，目的在于建立法律体系以调整战后地区重建中的国家和国际组织之间的关系，并将权利和义务重新分配。①也就是说，这种理论关注于何者应当参与到战后社会法治的重建之中，以及在重建之中的国际组织或国家行为是否违反法律问题；而另一类理论则仅仅将"战后正义"的法律理解为"从战争过渡到和平的法律框架"，② 即将其作为"战前正义"和"战争正义"的补充部分而看待。但在作者看来，这两种"战后正义"理论事实上都没有将战后社会法治的重建法律框架概括完全。对于战后社会的法治恢复而言，是一个庞大繁杂的法律框架，既包含了对战后国际责任主体的法律追究（国际刑事法庭的建设），对国家和国际组织在战后重建中权利义务的分配关系，以及战后法治重建中对违反法律的处理，也包含了战后人权法与国际人道法、甚至国际强行法与一般法律原则的内容。所有这些国际法律内容在战后社会的法治重建中共同发挥着法律规制的作用，因此，在作者看来既不用将现有规则和原则孤立出来，也不必将现有规则划分群组归类研究"战后正义"的问题，这些法律规则和原则无论如何都不能在战后社会重建中发挥独立的作用，而应当是作为一个巨大的法律框架共同发挥对战后社会法治重建的指导和规范作用。

---

① *See e. g.*, Louis V. Lasiello, Jus Post Bellum: The Moral Responsibilities of Victors in War, Naval War College Review, Vol. 57 (2004), pp. 40-44.

② *See*, *e. g.*, Carsten Stahn, Jus ad Bellum, Jus in Bello, Jus Post Bellum? -Rethinking the Conception of the Law of Armed Force, European Journal of International Law, Vol. 17 (2007), p. 921, p. 923.

布拉班德利博士的论文从法律批判的角度，对现存的"战后正义"理论进行了非常详细的分类辨析，并指出了战后的法律框架建设问题中所遇到的困难和现有理论的不足，在这方面作者的眼光独到，分析鞭辟入里，尤其是作者对现有战后地区案例的研究在国际法治方面具有相当重要的价值。但另一方面，作者对战后社会实证分析的深入也成为了其研究战后法治问题的羁绊。从文章中的分析和阐述可以看出，作者并不赞同在战后法治的重建过程中建立新的法律体系框架，而持现有各个法律框架共同作用的观点。在一定程度上该论点不无道理，尤其是现有的"战后正义"理论确实仍存在着不小的缺陷和漏洞。作者对战后社会法治的重建问题能够认识到其独特的体系性，但就此止步不前，认为并没有必要就现有国际法律规则进行归类划分，这个结论在某种程度上说并不完全客观。主要原因有两个方面，其一，就战后社会法治重建的复杂性而言，根本无法在国际实践中不加指引地予以适用国际法规则和原则。与国内法律不同，到目前为止国际法中仍有大量的规则并不清晰明确，如果任由现有规则共同作用，则很有可能会带来规则之间相互冲突而导致无法适用的尴尬局面。这对于本就处于司法混乱的战后地区而言不仅雪上加霜，也不利于国际法治的建设。其二，战后重建在联合国这个当今世界最大的普遍性国际组织的主导下，也必须建立一套规则对联合国进行规范。近年来联合国派驻各冲突地区的观察团或维和部队违反国际法的行为也并不鲜见，但却很少能有相应的规则予以规制，从这一角度而言，国际法治在战后社会的实现，也必须依赖于独特的战后国际法治规则，否则会对法治造成更大的不稳定性，给和平造成重大危害。这些问题在作者的案例研究中均没有予以关注，这也是本文的视野局限所在。

其次，还有大量的研究选定过渡司法角度，探讨更多关于过渡司法在实践中的具体问题。

这一方面的相关英文论文浩如烟海，但是大多是选取一个国家的个案，以点带面来分析的。但是这一研究方法的缺陷则是各国的背景及社会状况有很大的差异性，因此仅仅从个案出发很难从整体上了解过渡司法内容。皮埃尔·汉森（Pierre Hazan）的《衡量惩罚和宽恕的影响：过渡司法的评价体系》(*Measuring the impact of punishment and forgiveness: a framework for evaluating transitional justice*)很好地弥补了这一缺陷，文章在摘要部分即指出："真相委员会、国际刑事法庭、赔偿、公开道歉和其他一些过渡司法机制是冷战结束后出现的新流行语。这些机制的宗旨是在遭遇过大范围人权破坏的社会中促进和解，并推动改革和民主进程，最终目标是缓和紧张状态。"正是在这样一个背景下，为了使"这些在经济上和政治上得到国际社会和非政府组织大力支持的机制"能够真正有效，作者系统地对各个过渡司法机制作了研究，并通过考察过渡司法的基本假定和运行方式，就评价其效果的标准提出一系列建议。在作者看来，过渡司法堪称一套完整的社会重建机制。过渡司法的目标既有个人性，又有社会性，包括平复受害者个人的心理创伤和形成新的集体身份而实现"国内和解"。过渡司法通过多种做法来实现这些目标：司法程序、真相委员会、净化和甄别法律、赔偿、公开道歉、达成对历史的共识。作者并未局限于浅显的介绍这些具体做法，而是从各国的个案入手，重点研究了对这些做法的评估方式。为了更好地说明，作者将过渡司法的运行过程分为四个阶段。分别是，第一，武装冲突或镇压阶段，在这个阶段，由于那些政治和军事领导人部分或完全掌握着力量，战事和舆论宣传已经将人民大众动员起来，国际法庭难以发挥作用；第二，冲突结束后初期，军事力量能运用其力量造成社会动荡，能够动用忠于他们的媒体和资源；第三，在冲突后发展中期，经历着社会和政治重建的国家发展出新的观念；第四，长期来看，新一代人成长起来，他们对克服原有分裂的需要更加认同。作者指出必须结合这些不同阶段来评价过渡司法机制的作用。总之，作者的目的在于利用时间要素去更准确地界定国际社会在过渡司法机制中的角色，保证运作的透明度并引入监督程序，使过渡司法机制能发挥实效。

单从过渡司法机制的研究来说，本文不失为一篇兼具完善性和新颖性的佳作。尤其是在研究初期，面临着要将这个领域的专业术语以自己的母语做最为精准理解的难题，而国内对这个领域的研究几近空白。选择这样的内容全面且翻译较为准确的译作无疑为初期研究提供很大的帮助。但是，从过渡司法与国际法治的相互关系来看，文章有两点不足。一方面，对推动过渡司法机制的主体缺乏专门性研究。作者更多的是把过渡司法当成"一门独立的学科"去探讨，并没有专门探究这一机制下各项行动并行不悖的推动力量，也没有特别强调联合国的主导作用。另一方面，文章从过渡司法机制的利弊入手，科学、系统地研究制度本身，却没有与国际法治这个大的背景相结合。如前所述，联合国提出建立国际法治的任务，是将其置于"三个法治篮子"中，而过渡司法则是"冲突社会法治"的重要内容之一，如果能对这些相关概念加以探讨，会使文章的理论性加强。

第五类，近年来，中国学者在研究联合国与国际法治相关问题方面也有一定的共性可循。即多热衷于对"全球法治"或者"国际法治"的概念进行抽丝剥茧式的系统研究。

在这一问题上的代表学者是曾令良教授。曾令良教授在《联合国在推动国际法治建设中的作用》一文中对联合国在建设国际法治领域的贡献进行了系统而深入的总结，指出联合国作为全球最大和最有影响力的国际组织，在推动国际法治建设中发挥着越来越大的作用。联合国法治包括国际层面的法治、冲突与冲突后社会的法治和以发展作为长远框架的法治三个方面。

在国际层面，联合国已经建立和利用各种不同的机制推动国际法的编纂与发展，促进公正的司法裁决。在国家级层面，联合国法治行动集中于冲突和冲突后社会与和平社会。在冲突和冲突后社会，联合国的法治行动与和平行动密切配合，重点是建立或恢复以宪法为核心的法律体系、执法体系和司法体系，建立过渡司法以及官方和民间的民主和廉政监督机制。文章对联合国的行动与成就进行了全面梳理，提出了联合国在国际层面法治行动的六大成就：确认法治作为全球治理的核心价值和原则，确立联合国法治行动的国际法基础，推动国际法的编纂和发展，发动各国普遍参与多边条约，加强国际法的实施与执行，促进国际争端的司法解决。从这一层面来看，本文对联合国在推动国际法治中的行动进行了全面探讨和分析，是中文文献中难得的代表性论著。

　　此外，吉林大学何志鹏教授的文章《国际法治：一个概念的界定》则是一篇典型的从概念入手进行阐释的文章。开篇作者先引用中外著述，得出一个结论，即目前对于"国际法治"概念的理解或缺乏统一性，或有失偏颇；进而作者指出，要想得出较为完善的概念，必须澄清以下几个问题，即"国际法治"中所谓的国际环境或者国际社会究竟是什么样的、国际法治的过程中有哪些参与者或者行为者、依据法律进行治理的问题是什么、发挥作用的法律有哪些要求或者标准等。作者认为这些问题是国际法治的基本方面，即"国际法治的背景、主体、客体、依据和方式，是我们深入理解国际法治理论问题的门径"。因此，全文正是对这几个基本概念的问题进行逐一解答的。首先，作者认为国际法治理念的背景是世界格局的多元性，他将当今世界格局描述为"无政府的世界、有秩序的世界、转型中的世界和全球化的世界"，正是对国际社会的宏观背景、国际社会结构与观念的现状有一个通盘的了解，才能对国际法治观念有着较完整的认识。其次，作者研究了以国家、国际组织、非政府组织和个人为主体进行的促进国际法治的努力，总结出国际法治具有主体多元性的特点。再次，作者列举了国际法治多元化的客体，包括传统的安全问题、国际经济问题、文化问题、环境问题、司法内务问题等。最后作者系统阐述了国际法治的两个具体要求，即"良法"和"善治"。

　　从结构上看，文章体例完整，有很强的理论性。但是也有一些内在的缺陷。由于篇幅有限，在大量的论证相关概念后，已经无法着更多的笔墨在案例分析和实证研究上，因此，文章初读起来会略显生涩。其次，与大多数英文论文所体现的缺失类似，文章同样没有给予联合国这个最重要国际法治的推动力量以足够的关注。尤其是近三四年以来联合国大会议题中反复提到的建设国际法治的相关热点内容也没有体现。

三、选题研究目的

　　如前所述，"法治"是一个抽象的概念，因此将其置于一定的语境和社会环境下才能被赋予实际意义。因此，本研究围绕着联合国在冲突社会的行动进行，重点选取过渡司法、和平行动以及宪政秩序的重建等措施进行论述，并对中国在联合国冲突社会行动的参与和贡献作出研究评析，主要研究目标则包括以下几个方面：

首先，本书通过对联合国框架下冲突社会法治建设的分析和研究，指出联合国现有的关于冲突社会建设机制的指导理论、实践目标与实践方式，更全面地对联合国在冲突社会的法治建设作出总结。

其次，本书通过对联合国建设冲突社会法治的三个核心路径的研究，分析联合国在过渡司法、和平行动以及宪政秩序重建中的优势和弊端，以及目前所面临的挑战与困境，意图找到更适合联合国和冲突社会自身不断实践、从而完善行动的更好路径。

再次，本书还将对部分联合国机构，包括联合国大会、安理会、国际法院以及秘书长的职能进行研究，系统分析其各自在促进冲突社会法治进程中不可替代的作用，从而对联合国机构在冲突社会法治建设中的贡献与不足进行全面分析，以期对未来联合国机构的改革与建设有所裨益。

最后，作为联合国的重要成员国以及安理会常任理事国，中国对联合国在冲突社会法治的若干行动给予了较为积极的回应，因此，中国对冲突社会法治的支持也是本书的重要内容。本书充分认识到中国在以联合国为主导的国际社会发挥着越来越重要的作用，也不断用实际行动支援联合国在冲突社会促进法治的行动。本书还将会重点探讨中国在外交政策和实践中对冲突社会法治援助的践行，并针对实践中的弊端和不足提出针对性意见。

四、研究方法与思路

(一)研究方法

首先，总体上，国际法与国际关系交叉研究是本书的显著特征。由于全书的核心内容在于对实现冲突社会法治路径的介绍，因此，过渡司法、和平行动以及宪政秩序的恢复等无不体现鲜明的国际法研究的特色；而对于中国在冲突社会法治建成中的作用之研究，则是国际法与国际关系交叉研究的典型表现，尤其是对于中国外交政策的分析，更多体现了国际关系的研究特点。

其次，宏观架构上，演绎法贯穿全书论证，先提出"法治"、"国际法治"等概念，接着通过历史分析和实践考察对"联合国框架下的法治"、"冲突社会的法治"实践进行分析。

再次，不同章节贯穿、综合使用了不同的研究方法，例如，对法治阐释运用历史分析法；对法治与相关概念的比较使用了比较的研究方法；对于过渡司法运用了案例分析法；和平行动则综合运用案例分析法、定量分析法等；而宪政的重建则重点运用案例分析的方法；而由于几乎主干部分都有针对问题提出的建议，所以这个方面又使用归纳法。

最后，由于本书研究内容的综合性与不可分割性，政治学和社会学方法等在具体分析过程中也会有所涉及。

(二)研究思路

本书将从"法治"概念出发，对目前学界在概念涵盖中存在的问题进行多层次、多领域的阐述，指出目前在学界尚未形成关于"法治"概念的统一定义。历史上，尽管理论上学界将法治做了若干种不同标准的划分，但是每一阶段和每一领域的法治并没有严格的界限。本书即选取冲突社会的法治作为研究对象，重点探讨联合国支持、推动这个时期法治的理论与实践，最后回顾中国作为国际舞台上重要的力量，在积极践行联合国关于实现"国际法治"的要求，支持冲突社会法治的行动中所做的重要贡献。

概括地讲，联合国所促进的国际法治，大致可以分为国际层面的法治(狭义的国际法治)、国家级法治(国内法治)与联合国自身的法治(自身运作的法治)三个层面。从联合国法治行动的领域看，联合国法治又包含国际层面的法治、冲突和冲突后社会的法治、以发展作为长久框架的法治三个方面。① 但是在实际研究中却不难发现，上述以不同标准划分的法治类别其实很难区分严格的界限。以

---

① *See* UN Secretary-General, Report of the Secretary-on General on Uniting Our Strengths：Enhancing UN Support for the Rule of Law, A/61/636-S/2006/980, 14 December 2006.

本书的研究对象为例，探讨冲突社会的法治，往往无法脱离对国际层面法治环境的依托，尤其是联合国自身运作的法治，更是冲突社会以合法路径获取全面的重建之基础。而冲突社会的法治问题也绝不应仅着眼于武装冲突的结束，而应以长远经济、法治、政治、文化多方面发展为最终目标；因此，冲突社会的法治不同于一般国内法治，是依靠国际法治力量实现的危急情势下的法治。

五、研究的预期贡献

(一)国际法研究的新思路

如前所述，从目前的学术研究成果来看，传统的国际法研究依然无法脱离"威斯特伐利亚范式"(Westphalia Paradigm)的窠臼，更多偏向于分析探讨国际法在国际社会整体"法治"中的作用，而忽略了"法治"本身多重意义和内涵的分析，反而偏离了国际社会的现实；而传统国际关系和国际政治研究虽然更加注重于国际现实和实证，但往往并不考察在国际社会中法律作为实质性推动力的方向性作用，从而将"法治"，特别是冲突社会的"法治"，视为利益的平衡与威慑(detente)博弈的结果，这无疑也在一定程度上否定了国际社会所做的法治努力。因此，本书立足于国际社会的"国际法治"，但并不拘于国际法或者国际政治与国际关系的研究，从更广泛的层面探讨国际法治对国际社会的影响和作用，尤其是在冲突社会中国际法所发挥的实际作用，开拓了国际法学研究的一种新的思维路径。

(二)国际组织与国际法治关系研究的新领域

如前所述，尽管目前关于法治的论述如汗牛充栋，但是通过阅读、比较，不难发现：无论是哪一类的研究对象，或是从法治的宏观角度，或是从冲突后法治的微观方面；或是从联合国的实践行动入手，或是从冲突后实现法治的理论缺失考量，所有的研究类别都只能涵盖其中的部分或是一个方面，而对于冲突社会建设法治叠加联合国行动的提法，则没有全面系统的研究和考量。但是在当今联合国的实践中，冲突社会与冲突社会的法治建设问题不断被联合国秘书长和大会重申与重视，而在实践中也广泛存在过渡司法机制与冲突社会建设的严峻问题，从近期的叙利亚、利比亚，到早期的伊拉克、阿富汗，冲突社会由于缺乏良好的重建机制，导致无法实现持续的和平。因此，本书从过渡性司法和冲突社会的角度，审视国际法的作用和国际组织的角色，为未来国际法治的发展提供了新的领域，也为国际组织的功能定位以及如何推动国际法治在冲突社会的实现提供了新的研究样本。

（三）中国与国际社会法治互动的新角色

将"国际法治"与中国的法治建设相结合，这已经成为国内学术界研究法治问题的一个范式，而且多数的著作也多是通过研究中国法治的成就和不足，得出未来实现法治的路径。但在事实上，中国除了自身不断追求国内的法治，还积极地支持和参与联合国在冲突社会的法治行动，这些是中国与国际社会更好的连接点，也是中国作为负责任的大国践行联合国倡导的国际法治最为直接的表现。一方面，中国在联合国层面，作为安理会常任理事国之一，积极参与联合国在冲突社会实践法治的行动，积极参与国际司法机构的实践，并且对于联合国的和平行动，除提供军事和警力上的支援以外，还提供包括资金和社会发展在内各方面的援助。① 另一方面，中国还在一些重点冲突区域给予大量的经济和社会发展层面的援助，例如向苏丹南方提供了 6600 万元人民币的无偿援助，并为南方培训人才，参与南方建设，向达尔富尔地区提供了 1.8 亿元人民币的人道和发展援助，向非盟和联合国信托基金分别提供了 230 万美元和 100 万美元捐款，积极参与联合国苏丹特派团和联合国非盟达尔富尔特派团的和平行动等。尽管关于这一领域的国际关系研究不在少数，但从国际法和冲突社会法治建设的角度，探讨中国在与国际社会法治互动中的角色问题的文献却并不多见。

综上所述，本书则是在这样一个理论和现实的要求下进行选题、成书的，可以说在一定程度上弥补了现有研究的不足，填补了

---

① 《第 63 届联合国大会中国立场文件》，参见外交部网站，http://www.fmprc.gov.cn/chn/pds/ziliao/tytj/zcwj/t512750.htm，访问日期 2013 年 4 月 5 日。

这个领域内的空白。

六、篇章组织结构

全书共按照基本内容分为上、中、下三编，包括九章的内容。

上编是法治与冲突社会的总体介绍，包含第一章与第二章。

第一章，作者以近年来联合国在大会议题上反复强调的"国际法治"以及"三个法治篮子"的概念为研究的背景，以联合国长期以来在实践中对冲突社会的法治支持为内容，用理论和实证分析相结合的方法进行研究。因此，本书同样会以探讨"法治"理念的渊源和内涵为起点，介绍概念发展的历史，以及与相关概念进行比较，例如"法治"与人权、"法治"与"安全"等。

第二章，厘清概念是为后续的实证研究打好理论基础，因此，除了界定法治的含义之外，本书将在第二章系统地探讨"冲突"、"冲突社会"的内涵以及冲突社会法治的独特性等问题。本书并不会孤立地停留在概念上，而是将学者的理论与联合国践行法治的具体内容相结合，以期未来联合国能够克服体制以及运作上的一些弊端，切实能在冲突社会的法治建设中发挥主导作用。

中编是介绍冲突社会法治的实现，包括第三章到第六章。

第三章，提纲挈领，系统概括了联合国促进法治的三个比较有特色的路径，分别是过渡司法、和平行动以及宪政秩序的重建。

第四章到第六章，则是对第三章内容的具体化，分别介绍了上述三个路径的特点、实施及其弊端，并针对性地提出未来的改革方向。

首先，第四章揭示过渡司法机制是联合国加强国家层级法治的最重要措施。可以认为，过渡司法机制是联合国对冲突社会的一种法治输出。目前的过渡司法机制已经从之前的纯理念发展为一种重要的法治模式。作为最重要的普遍性国际组织，联合国在经济、政治上为过渡时期的司法和冲突后法治的建立作出了很多努力，也采取了很多的实际措施，真相委员会、刑事法庭、国际刑事法院、赔偿、公开道歉等都是极其重要的过渡司法机制。这些机制的宗旨是在遭遇过大范围人权破坏的社会中促进和解，并推动改革和民主进程，最终目标是缓和紧张状态、重建法治。这些机制各有特色，各有利弊，但是单纯依赖任何一个机制都不可能一劳永逸地解决冲突社会的所有问题，只有将这些纷繁复杂的诉讼或者非诉讼方式有效地结合起来才能真正实现过渡时期司法的最终目标。

其次，第五章阐述冲突社会采取的和平行动。这些一直是联合国法治工作的重点。如果说最初的维持和平（简称维和）是早期联合国单一性和平行动的代表，那么新近的和平行动则是包含维持和平、建设和平、缔造和平等多重行动在内的综合性和平行动。自创立之日起，联合国就在减少世界各国的冲突和促成和平协议、协助其实施等方面起到至关重要的作用，也积累了丰富经验。尤其是2005年建设和平委员会成立，以及和平基金的建立，标志着联合国在建设和平领域迈出了重要步伐。但是联合国和平行动也面临不少新的挑战，例如有些情况下未能充分发挥当事国主导权，对冲突后建设和平的介入效率差，资金投入不足，各个行动者之间协调不够，联合国的主导地位发挥不充分等。

最后，第六章论述联合国对宪政秩序的重建是其完成冲突社会法治任务的重要组成部分。对联合国而言，宪政秩序重建至少包括在冲突社会协助宪法的制定以及监督选举进程并确保基本秩序两个层面的内容。实践中，联合国业已参与了很多冲突社会的宪政秩序重建，包括近年来在阿富汗、柬埔寨、伊拉克、尼泊尔和东帝汶的制宪以及选举监督等。尽管国际社会对上述联合国行动毁誉参半，但不可否认的是，联合国从上述实践获得大量的宪政重建经验，为今后参与冲突社会法治重建更好发展奠定了基础。

下编是联合国各机构在建设冲突社会法治中的作用及中国的贡献，包括第七章和第八章。

第七章研究联合国各机构对冲突社会法治的作用。尽管在联合国组织架构上主要机构如大会、安理会、国际法院和秘书长都有明确的分工与责任，但在实践中，各机构之间往往会有权力竞合的现象，也时常会有各自职责履行不明确、不清晰，在国际社会造成负面影响的事件发生。未来联合国机构应在实践中不断拓展职能发挥的更大空间，但是又不能在国际法规则和宪章之外作出越权行动。

不断积累经验，实践国际法理论，为冲突社会法治的实现创造更好的条件。

第八章主要探讨中国在冲突社会法治中对于联合国的支持。主要包括三个层面的内容，即：中国的外交政策、中国对冲突社会和平行动的实践支持、中国对于一些与冲突社会法治息息相关的国际问题的独特看法，等等。实践证明，中国虽然在促进冲突社会法治方面业已发挥了大国的责任，但是在个别方面，似乎参与度不够，还需要不断加强。

第九章是全书的总结。

上编

法治与冲突社会

第一章　国际法视野下的法治

第一节　法治的概念

一、法治的基本概念

"法治"概念在现代有着极高的使用频率，在不同语境下却有着不同含义。已故美国联邦法院法官波特·斯图尔特(Potter Stewart)说，"法治"是一个无需解释就可以其义自见的词汇。① 正如一些学者所总结的，"法治"概念的自明性还集中表现在"很少有口号像法治一样如雷贯耳，很少有口号像法治这样引人注目"。② 法治的真正内涵并不像人们所想象的那么简单。如果对于法治只是存在有浅层次的理解，那么法治将会实施不当，有悖其最初的使命和目的。

"法治"是数千年以来获得人们普遍认可和追求的根本价值之一，其概念已历经逾千年的演进。尽管没有统一的表述，但是法治用语的直接来源是亚里士多德(Aristotle)的"法治应当优于一人之治"。③ 亚里士多德认为"唯独神祇和理智可以行使统治"，而人治则"在政治中混入了兽性的元素"。他将法治归结为两重意义，第

---

① 斯图尔特法官认为，与"污秽"(obscenity)类似，"法治"的概念是无需解释的，一看到就明白其意思(I know it when I see it)。

② 易显河：《完美法治》，载《西安交通大学学报(社会科学版)》2008年第5期，第1页。

③ [古希腊]亚里士多德著，吴寿彭译：《政治学》，商务印书馆1983年版，第167~168页。

一，法律获得普遍的服从；第二，为大家普遍服从的法律应是良法。① 如果说亚里士多德的法治理论是人类古代关于法治最初始的表述，那么戴西则是近代法治理论的代表性人物。戴西（Albert Venn Dicey）的《英宪精义》指出法治应有三个要素:② 第一，法律具有超越包括政府的广泛自由裁量权在内的、专制权力所不具备的绝对权威；第二，公民必须无一例外的服从在一般法院里实施的国家法律；第三，权力不应建立在抽象的宪法性文件之上，而是要建立在法院作出的判决之上。③ 这就揭示了法治环境下法律的权威性，尽管该学说是在英美判例法背景下提出的，但是这种对法治内涵的总结也具有普遍性价值。无论是古代或是近代意义上法治的概念，无不是将法治局限于一个较小的空间或者国家范围内，并没有在国际视野中给法治以明确的界定。但是正是国家层面上的对于法治较为丰富的理解逐渐催生了国际视野中法治的理论。

国际法学家委员会（International Commission of Jurists，ICJ）对确立国际法治的标准，促进法治的国际化，特别是对法治与人权的结盟贡献很大。该组织以举办会议等方式形成一系列决议文件，尽管无法律约束力，却已经成为了当代国际法治的重要思想渊源之一。国际法学家委员会相继通过了《雅典决议》、《德里宣言》、《拉各斯规则》、《里约宣言》、《曼谷宣言》和《科伦坡宣言》等决议。④ 尤其值得一提的是，《德里宣言》基本确立了全球层面的法治制度标准。第一，在法治之下的自由社会中，立法机构的作用是创造并维护个人尊严。这种尊严要求不仅承认公民政治权利，而且建立全面发展公民个性所必须的社会、经济、教育和文化条件。第二，法

---

① ［古希腊］亚里士多德著，吴寿彭译:《政治学》，商务印书馆1983年版，第199页。

② ［英］戴西著，雷宾南译:《英宪精义》，法制出版社2009年版，第11~13页。

③ 罗杰·科特威尔:《法律社会学导论》，华夏出版社1989年版，第184页。

④ 郑永流著:《法治四章：英德渊源，国际标准和中国问题》，中国政法大学出版社2002年版，第54~61页。

律不仅要为制止行政权滥用提供法律保障，而且要使政府有效地维护法律秩序，借以保证人们享有充分社会和经济生活条件。第三，司法独立和律师业的自由是法治的必要条件，法律要保证任何人不会因为依法办事而受到人格、名声、财产和地位的损失。这样的表述其实还是从经典的"法治"内涵发展而来的，没有与国际法的实践相结合，所以看上去还是较为接近古代、近代抽象的法治内涵。但是这些规则已经明示或者默示的承认："法治"是一个普世的概念，与全球化趋势紧密相连，甚至可以期待一种具有普遍意义的标准去规范和衡量法治的效果。

当代，国际范围内的法治理念已经为人们所普遍接受，因此，研究当代的法治问题，无法跳脱以概念分类为基础的研究方法。总体来说，法治大致可以分为国内社会的法治和国际社会的法治。

一方面，从近代"法治"概念的发展来看，"法治"首先是一个国家意义上的词汇，它源于英美法系；大陆法系、中国和阿拉伯世界都有各自的法治传统，一般意义上的法治是一个较难界定的概念。例如，有学者归纳出法治包括：有普遍的法律、法律为公众知晓、法律可预期、法律明确、法律无内在矛盾、法律可循、法律稳定、法律高于政府、司法权威和司法公正。[1] 还有学者提出了法治社会的六项基本标志：社会生活的基本方面接受公正的法律治理；宪法和法律高于任何个人、群体、政党的意志；国家的一切权力根源于法律并依法行使；公民在法律面前一律平等；凡是法律没有禁止的都是合法或准许的；公民权利非经法定程序不得剥夺。[2] 也有学者认为，法治具有不同层面的含义："在理念层面上，法治主要是指一种统治和管理国家的理论、思想、价值、意识和学说；在制度层面上，法治主要是指一种在法律基础上建立或形成的概括了法律制度、程序和规范的各种原则；在运作层面上，法治则主要是一

---

[1]　参见夏勇：《法治是什么——渊源、规诫与价值》，载《中国社会科学》1999 年第 4 期，第 117～143 页。

[2]　张文显：《法学基本范畴研究》，中国政法大学出版社 1993 年版，第 289 页。

种法律秩序和法律实现的过程及状态。"①也有学者将法治分为形式法治与实质法治，分别进行界定和分析。② 有学者将国内法意义上的法治概括地表述为：特定社会，包括其管理机构接受公正法律治理的状态。因此，法治的实现当有两个基本的前提，即：存在着某一共同体（国家）以及以公平的法律保障共同体的利益的需要。③

另一方面，因有学者将法治放在较为普遍的意义上，因此使法治这个国内法上的概念具有了一定的国际特性。例如，有学者认为：法治即对抗政府强制性威权之盾；法治即更高正义法规则之治；以及法治即规则之治或规则之法。该学者将它们界定为三种不同的法治模式：高压法治、法外法治和完美法治。完美法治即法律作为自发行动之终极动因。④ 国外学者认为国际社会的法治包括三个层面的含义：首先，国际法治意味着国家和其他国际法主体之间的关系上将适用（国内）法治原则；第二，国际法优于国内法的"国际法之治"；第三，"全球法治"，有一天，正义通过"全球法"（global law）得以实现，它意味着一个直接调整个人的规范体制的出现，无须以现有的国内机制作为正式媒介。⑤

二、法治与相关概念的关系

(一)法治与人权

与"法治"观念的诞生类似，"人权"的理念也在人类社会的发

---

① 李林：《法治的理论、制度和运作》，载《法律科学》1996 年第 4 期，第 6 页。

② *See* Simon Chesterman, Rule of Law, Max Planck Encyclopedia of Public International Law, www.mpepil.com, 2011 Max Planck Institute for Comparative Public Law and International Law, paras. 12-14.

③ 车丕照：《法律全球化与国际法治》，载《清华法治论衡》（第三辑），清华大学出版社 2002 年版，第 139 页。

④ 参见易显河：《完美法治》，载《西安交通大学学报（社会科学版）》2008 年第 5 期，第 1~8 页。

⑤ *See* Simon Chesterman, Rule of Law, Max Planck Encyclopedia of Public International Law, www.mpepil.com, 2011 Max Planck Institute for Comparative Public Law and International Law, para. 37.

展史上占据了相当的历史地位。在反对封建专制的斗争过程中，"人生而自由平等"理念的诞生从根本上改变了法律的价值和作用，产生了以人权为基本价值和目标的近代法治。1776 年美国《独立宣言》(Independence Declaration)第一次将人权的理念融入国家的根本法律之中，而随后 1789 年《法国人权和公民权宣言》(*Déclaration des Droits de l'Homme et du Citoyen*)又完整确立了近代法治上的人权原则。现代法治精神中，人权保障是法律规范主要维系的价值，而民主法治终极的目的，则是在于维护个人的尊严、保障基本人权。从这一层面而言，人权是法治的基本价值和根本目标，而法治是人权的根本保障，也是人权得以保护和尊重的重要标志。一方面，要尊重和保护人权，必须实行法治。人权只有通过法律的确认，才能从应然权利转变成法定权利，从而得到强有力的保障。法治要求法律必须以尊重和保护人权为最根本的出发点和原则；法律制度必须是充分和完备的体系，必须具有极大的权威性，任何个人、任何组织、任何政党、任何机构都要遵循法律至上的原则；另一方面，法治如果偏离了保护人权的目标，也不是真正的法治。法不是要限制人民的权利，而是要确认和保护人权和自由。一个法治程度愈高的社会，也是一个愈自由的社会。

同样，在国际社会的形成和不断发展之中，国际法治理念的发展也必然带来对人权的重视和保护。被称为"现代国际法学之父"的格劳秀斯(Hugo Grotius)在其著名的《战争与和平法》一书中，即强调了"人的普遍权利"和"人权"的概念。而从第一次世界大战以后，人权问题即开始进入国际法领域。由于在战争期间和战后国际上出现了一系列严重违反人权的情形，人权问题引起世界各国的密切关注，国际上出现了一些关于国际人权保护的公约和规定。如1926 年国际联盟主持制定的《禁奴公约》和 1930 年的《禁止强迫劳动公约》等，都是关于人权问题的国际公约。不过早期的人权概念并没有形成普遍公认的国际法原则。而且从总体上讲，人权的国际保护还仅限于人权的个别领域，并带有非经常的性质。第二次世界大战中，德、意、日法西斯大规模践踏基本人权、残酷屠杀人民的暴行，激起了世界各国人民的极大愤慨，人权的国际保护成为国际社会面临的重要任务。人权问题才全面进入国际法领域，成为现代国际关系中的一个重要问题。《联合国宪章》在序言就开宗明义地规定："重申基本人权，人格尊严与价值，以及男女与大小各国平等权利之信念。"虽然宪章中没有出现"法治"字眼，但是也作了相近的表述："创造适当环境，俾克维持正义，尊重由条约与国际法其他渊源而起之义务，久而弗懈。"《世界人权宣言》在序言中指出"鉴于为使人类不致迫不得已铤而走险对暴政和压迫进行反叛，有必要使人权受法治的保护"①；此外，在联合国主持下，国际社会还制定和通过了一系列有关人权问题的宣言、决议和公约，从而使人权的国际保护成为现代国际法的一个重要组成部分。联合国秘书长文件指出，我们在推动法治的时候，所依据的规范是《联合国宪章》本身，以及现代国际法体系的四个支柱：国际人权法、国际人道主义法、国际刑法和国际难民法。这些准则包括了过去半个世纪以来制定的大量联合国人权和刑事司法标准。② 因此，联合国为支持司法和法治而开展的所有活动都必须将其作为基本规范。③

　　因此，人权在这一层意义上由纯属国内管辖的事项进入国际社会层面，受到国际法的保护，人权原则由此也成为国际法的重要原则，国际人权法也是国际法的重要组成部分，国家因而应当承担其国际人权法的义务。与传统国际法相比，现代国际法呈现出越来越重视个人的尊严和权利的倾向。由于国际社会与国内社会的明显不同，国际法律秩序所称之"人"的含义范围已经拓展，从而包含了作为生命个体的自然人和由个人组成的集合体两大部分。在国际社会中，除自然人作为个体享有的基本权利之外，《联合国宪章》还规定"发展国际间以尊重人民平等权利及自决原则为根据之友好关系"。这里将"人民"这个集体而不是单个的自然人作为"平等权利"

---

① 1948 年 12 月 10 日《世界人权宣言》序言，联合国大会第 217A(Ⅲ)号决议通过。

② 《公民及政治权利国际盟约》，第二条。

③ S/2004/616, The Rule of Law and Transitional Justice in Conflict and Post-Conflict Societies, Report of the Secretary-Genera, para. 9.

和"自决"这两项重要人权的主体。① 随着自决权被普遍接受，集体人权得到迅速发展，如自然资源主权、发展权、环境权等都成为集体人权的内容。人们将它们称为"第三代人权"。虽然第三代人权是不是现行法的一部分尚存在争议，但它们确实是"正在形成"的法律。②

由此可见，"法治"与"人权"的概念之间有时被默认为是并列关系，有时"法治"被认为是"人权"保护的终极目标，有时尊重和保护"人权"又作为实现"法治"理想的必然要求而存在。因此，本书在研究中不会探究"法治"与"人权"究竟是何种内在逻辑关系，而是将"人权"要求内化为实现"法治"的重要因素。由此，本书所探讨的"法治"概念是广义上的，包括人权的内涵。

(二)法治与安全

过去，安全的概念主要是与领土安全等同在一起。今天，跨边界的军事威胁是一种威胁，但往往不是人们生活中所面临的最重大挑战。因此，安全保障不再单独依赖于军事反应，它还与政治健康、社会、环境、经济和文化制度、共同加强安全、发展和人权之间有关联，并帮助促进人类的自由。同样，全球环境的转变意味着一个地区的国界不安全，不仅威胁到直接受害者，而且也给国际社会的集体安全造成严重威胁。③ 针对这些事态发展，联合国大会在2005 年世界首脑会议上同意进一步讨论和界定人的安全概念。世界首脑会议成果文件(A/RES/60/1)第 143 段指出："每一个人，尤其是弱势人民，都应有权免于恐惧、免于匮乏，获得平等机会享受其权利，充分发挥其自身的潜力。"大会于 2008 年 5 月举行了一次关于人的安全非正式专题辩论。为此，联合国秘书长潘基文(Ban Ki-moon)于 2010 年 3 月发表了人的安全报告(A/64/701)。

---

① 高岚君：《国际法与人本秩序的建构》，载《河北法学》2008 年第 12 期。

② Ian Brownlie, Principles of Public International Law, Clarendon Press Oxford, 1998, p. 583.

③ *See* UN Website, http://www. un. org/zh/ga/president/65/initiatives/HumanSecurity. shtml, visited on 4 May 2013.

随后，大会于 2010 年 5 月 20 日和 21 日举行一个"关于人的安全"正式辩论会，大会在 2010 年 7 月以协商一致方式通过人的安全的决议，题为对《〈2005 年世界首脑会议成果〉关于人的安全的第 143 段的后续行动》(A/RES/64/291)，2012 年底大会再次针对相关问题作出决议《国内和国际的法治问题大会高级别会议宣言》(A/RES/67/1)，重申"致力于法治，重申法治对于各国间政治对话与合作来说具有极为重要的意义，对于进一步发展作为联合国立足之本的三大支柱的国际和平与安全、人权和发展来说，也具有极为重要的意义"。

法治在建立和维护国际和平与安全中是不可或缺的重要保障。作为人类文明和社会进步的重要标志，法治意味着对所有主体的公平和正义进行保证，任何主体都应当遵守法治的要求，任何违背法治的行为都必须承担相应的后果。只有这样的保证才能够建立和维护社会的稳定，进而保障个人和整个社会的安全。因此，国际层面的法治也就意味着在国际社会中任何成员都有义务避免从事危及国际和平与安全的行为，这不但是一项基本国际义务，而且也是各国际法主体在国际社会中制定法律规则的价值取向。尽管就二者的关系而言，违反法治的行为并不必然危及国际安全，但根据国际法"不使用武力"的基本原则，任何对国际和平和安全的破坏无疑均是对国际法治的破坏。例如干涉内政、滥用武力解决争端，侵略行为、包括大规模侵犯人权等行为，不但是违背国际义务的国际不法行为，而且也是对国际安全的严重破坏。

在国际社会尤其是冲突社会建立法治，能够在破坏的社会秩序中重新建立起公平和正义的信念，并且逐渐稳固在冲突之中岌岌可危的个人和社会安全；另一方面，建立良好的法治也是保障冲突社会持续和平和安全的基石。如果一个国家或地区的冲突得不到法治化、制度化解决的途径，那么其国民的人身安全与自由、社会的公平与正义、国家的安全与和平都将无法有效实现。如前所述，国际社会中任何成员都有义务维护和保障法治，对法治的破坏在某种程度上也是对国际社会安全的威胁，因此，在冲突社会里，建立或者恢复法治就显得尤为重要。这也是在联合国宪章中规定所有成员国均需要努力解决的核心问题，而帮助处于冲突社会建设法治则已逐渐成为联合国的一项核心工作。通过以联合国为组织形式的国际社会的共同努力，确立问责制和加强规范、建立对司法和安全机构的信心、促进性别平等，协助冲突各国或地区重新确立法治，进而维护和保障整个国际社会的安全。

（三）法治与发展

从严格的概念界定上说，"发展"一词的含义较为复杂，一方面，作为一个多维度的概念，"发展"具有经济、社会、文化、政治等方面的内涵，其主体较为宽泛，不仅仅可以是群体性概念，也可以是个体性概念，不仅包括国家乃至国际社会，也包括群体（人民），又可以是个体；另一方面，"发展"又是一个渐进的、历史的概念，其目的是通过积极、自由和有意义地参与发展及其带来的利益的公平分配，推动"全体人民和所有个人"福利的不断改善，或者说，是为其"提供日益增多的改善生活的机会"。[①]

发展是 21 世纪国际法趋势中的一个重要方面，不仅仅涉及经济领域，而是经济、文化、社会、政治等诸多领域交织在一起才能够完成的。与发展从前一直是针对国家而言不同的是，发展正在成为一种以人为中心的活动，它的最终目标是人类生存条件的改善。[②] 联合国大会 1986 年 12 月 4 日第 41/128 号决议通过的《发展权利宣言》也正式确立了发展权，确认："发展是经济、社会、文化和政治的全面进程，其目的是在全体人民和所有个人积极、自由和有意义地参与发展及其带来的利益的公平分配的基础上，不断改善全体人民和所有个人的福利。"而且，"发展权利是一项不可剥夺的人权"；"人是发展的主体，因此，人应成为发展权利的积极参与者和受益者"。1961 年，联合国大会决定以 60 年代为第一个"联

---

① 黄志雄：《WTO 体制内的发展问题研究——兼论国际发展法的完善》，武汉大学 2002 年博士学位论文，第 3 页。

② V. P. Nanda, International Law in the Twenty-first Century, Nandasiri Jasentuliyana ed. , Perspectives on International Law, Kluwer Law International, 1995, p. 93.

合国发展十年"，并号召全体会员国团结一致，坚持努力，冲破至今依然使世界上许多地区受到折磨的贫穷、饥饿、愚昧和疾病的循环。这标志着联合国将在发展问题上付出相对而言更多的时间、人力和财力。① 1970 年联合国发展委员会在其包含《第二个联合国发展十年》建议的报告中则提到："发展对于发展中国家不仅意味着增加生产能力，而且包括了对其社会经济结构的重大改造。"该报告接着指出："发展的最终目的是为全体居民提供较好生活的机会。"②

通过法治在社会中建立公平与秩序，维护社会的稳定和安全，社会得以向前进步和不断发展。法治的最终目标是实现社会的向前发展。同样，在国际社会之中，也正是法治的精神和理念促成了整个国际法律共同体的形成，而国际社会又通过法治实践反过来加强和促进这一国际共同体的进步和发展。正如联合国宪章在序言中所写，"运用国际机构，以促成全球人民经济及社会之进展"。因此，国际法治又是实现国际社会发展的基本前提和重要手段。在国际社会的实践之中，各个国家和国际组织通过协调与合作，实现和维护国际社会的和平与安全，而社会也只有在实现和平与安全环境的基础之上，才能实现良性与可持续的发展。

此外，国际社会的发展趋势也意味着在人类的观念中彼此分立和隔离不再成为主流，而是所有国家在当前整个国际社会中都拥有着共同的利益。例如日益尖锐的资源与环境问题、发达国家与发展中国家之间越来越突出的公平和正义矛盾，以及全球恐怖主义行为的威胁，都对国际社会的发展构成了不容回避的障碍。如果不能以法治对国际主体的行为进行规范和协调，而将国家的短期、局部利益超越法治之上，那么无疑整个国际社会都将面临无序和崩溃的危险，发展也就不复存在。因此，全人类共同利益、国家利益与个人利益之间的关系，必须在国际法治层面受到规范和协调，也只有在

① 江国青：《演变中的国际法问题》，法律出版社 2002 年版，第 99 页。
② J. G. 斯塔克著，赵维田译：《国际法导论》，法律出版社 1984 年版，第 315 页。

全球法治框架之下，才能够实现和保障国家的和平与发展。为此，联合国也通过一系列的改革和措施，在国际层面上建立和发展国际法治，以推动法治的进步，特别是推动发展领域的法治取得成果，并且从法律、机制和资源上对发展给予必要保障，以促进国际社会整体进步。

（四）法治与全球治理

众所周知，国际社会不存在一个类似于国内政府的中央权威，国际关系大多数时候处于一种被霍布斯（Hobbes）称为的"无政府状态"①，或者是一种被布尔（Hedley Bull）称做"无政府社会"②的状态。全球治理的讨论，也正是以今日之实践中所遇到的新问题为背景，对这个古老问题的重新探讨。③ 所谓全球治理，简单而言，就是治理全球化。其出发点是要通过一种全新的治理理念和治理模式，以解决全球性问题，让全球化这一不可避免且不可逆转的客观进程在人类的掌控中前进。它是历史上最为久远的挑战之一。④

全球治理的焦点问题是社会体系秩序的达成。理论上，人类社会秩序分为三类：一类是自然发生的秩序，它关注的是各行为体之间利害关系的自然协调；⑤ 第二类是依靠强制力的秩序，是行为体之间的相互对立，因而需要依靠强制力来解决纷争；第三类是通过交涉而形成的秩序，考虑的是以规范和规则为基础的秩序，虽然各行为体所追求的目标是自身利益和权力的最大化，但也重视通过交

---

① Thomas Hobbes, Leviathan, or the Matter, Forme and Power of A Common-Wealth Ecclesiasticall and Civil, Yale University Press, pp. 433-453.

② *See* Hedley Bull, The Anarchical Society, Columbia University Press, 1977.

③ 王杰、张海滨、张志洲主编：《全球治理中的国际非政府组织》，北京大学出版社 2004 年版，第 87 页。

④ 保罗·韦普纳：《全球公民社会中的治理》，载俞可平主编：《全球化：全球治理》，社会科学文献出版社 2003 年版，第 197~198 页。

⑤ 参见哈耶克著，邓正来等译：《法律、立法与自由》（第一卷），中国大百科全书出版社 2000 年版，第 52~85 页。

涉可以达成的协议，以及在此基础上对问题的和平解决。① 全球治理近年来的发展，是冷战结束后国际政治经济秩序的新的发展形态，是国际规制有效性的现实要求，是全球公民社会和世界民主潮流的产物。②

新近国内一些学者倾向于将法治与全球治理联系起来，认为法治是对全球化的理性指引与约束。③ 例如，何志鹏教授从贝克·哈贝马斯(Jürgen Habermas)的"超越民族"理论入手，将全球化分为三个层次。分别是全球性的问题、全球性的关注以及全球性的解决。而全球化是一把双刃剑，或带来福祉或导致祸患，对全球化理性认识，并且适当控制其速度和领域，就需要法治的一套规则体系。国际法治有"良法"和"善治"两个标准，它意味着，"在全球的范围内，已经建立起了一套表述明确、内容合理、结构妥当的规范体系，这套体系得到了国际社会的普遍尊重和遵守，对于偶尔的违背规则的行为存在着公正而有效的监督和纠正机制，全球民众形成了对于这种规范的信赖和信仰"④。

第二节　国际法律文件中的法治

法治是《联合国宪章》确立的核心价值，《联合国宪章》的宗旨和原则确立了实现法治的原则和措施。联合国国际法委员会于1949年通过的《国家权利义务宣言草案》揭示了联合国与法治的关系。该文件在序言里强调，"按联合国宪章之本旨在于维持国际和

---

① ［日］渡边昭夫、土山实男：《全球治理的射程》，载渡边昭夫、土山实男主编：《全球治理：无政府秩序的探索》，东京大学出版会2001年版，第4~5页。

② 俞可平：《全球治理引论》，载俞可平主编：《全球化：全球治理》，社会科学文献出版社2003年版，第20页。

③ 何志鹏：《国际法治：全球化时代的秩序构建》，载《长春公安专科学校学报》第22卷，第1期。

④ 何志鹏：《国际法治：全球化时代的秩序构建》，载《长春公安专科学校学报》第22卷，第1期。

平与安全，而法治与正义实为达成此项宗旨之要素"。1970年《关于各国依联合国宪章建立友好关系及合作之国际法原则宣言》进一步明确指出，《联合国宪章》所称的国际和平是基于"自由、平等、正义及尊重基本人权之国际和平"，它是"一项创举"，首先，它第一次明确提到了"国家之间的法治"(rule of law among nations)；其次，它确认了联合国和国际法治之间的内在关联；最后，《宣言》没有局限于宣布法治这一概念，而是通过确立七项国际法原则致力于建立一个法治框架。① 1989年11月17日联合国大会通过第44/23号决议，宣布1990—1999年为国际法十年。1992年，法治首次列入联合国大会议程；一直以来，安理会对此也进行了一系列辩论。② 2000年《联合国千年宣言》中，多次提到法治。③

　　2004年，联合国秘书长在向安理会提交的名为"冲突与冲突后社会中的法治与过渡司法"报告中，对"法治"的含义进行了阐述。"联合国的法治概念体现了国际法律秩序最经典和最基本的原则，运用这些原则可以应对国际共同体当代最紧迫的关切。"④2004年联合国文件对于法治的描述，试图寻找到全面而统一的法治概念，即"指的是这样一个治理原则：所有人、机构和实体，无论属于公营部门还是私营部门，包括国家本身，都对公开发布、平等实施和独立裁断，并与国际人权规范和标准保持一致的法律责任。这个概念还要求采取措施来保证遵守以下原则：法律至高无上、法律面前人人平等、对法律负责、公正适用法律、三权分立、参与性决策、

① *See* Patricia O'Brien, The Role of Law at the International Level, Keynote addressed by the Legal Counsel, 15 June 2009, http：//untreaty. un. org/ola/legal_counsel1. aspx, visited on 19 April 2013.

② *See* http：//www. un. org/en/ruleoflaw/index. shtml, visited on 19 April 2013.

③ *See* United Nations Millennium Declaration, A/RES/55/2, 18 September 2000.

④ Patricia O'Brien, Toward an International Rule of Law, 29 July 2010, http：//untreaty. un. org/ola/legal_counsel1. aspx, visited on 19 April 2013.

法律上的可靠性、避免任意性以及程序和法律透明"。① 这样的定义包含了实质性和程序性的原则，也指出倡导问责制、透明度和参与性的法治是良治的重要组成部分。这个概念无疑为所有力图推动法治的机构所推崇，因为这是最为普遍的一种法治概念，与民主、人权以及良治息息相关。② 但是这样的概念却有着实践中的巨大困难，如此诸多的目标和内涵究竟要如何实现？与此相反，同年世界银行的文件定义的法治状态为"政府受到法律约束；每个人在法律下受到平等的对待；每个个体的人格尊严受到法律的承认和保护；所有人都可以得到公正和正义"。③

2005 年，联合国成立 60 周年之际，各国首脑齐聚一堂，发表了《2005 年世界首脑会议成果》。根据《2005 年世界首脑会议成果》精神，联合国大会 2006 年首次将法治事项列入议程，并通过了题为"国内和国际的法治"④的决议。⑤

此后每年，联大都会通过相关决议，并对"促进国际法治"、"会员国实施和解释国际法的法律和实践"以及"冲突和冲突后情形下的法治和过渡司法"进行专题辩论，同时展开了一系列的相关工作。⑥ "新的法治议程为联合国大会以更全面的方式更广泛讨论并进一步加强联合国法治行动的协调和一致性提供了良机"⑦。联合

---

① The Rule of Law and Transitional Justice in Conflict and Post-Conflict Societies, Report of the Secretary-General, S/2004/616, para. 6.

② See the Human Rights Commission, Definition of Good Governance, Resolution 2000/64, 26 April, 2000.

③ World Bank, Legal and Judicial Reform: Strategic Directions, 2004, p. 1.

④ 该标题系联合国决议的中文译法，笔者认为译为"国家法治和国际法治"更为妥当。为方便计，下文在谈及决议名称时仍然从联合国的标准翻译。

⑤ United Nations, The Rule of Law at the National and International Levels, A/RES/61/39, 18 December 2006.

⑥ See United Nations, The Rule of Law at the National and International Levels, U. N. Doc. A/RES/62/70, A/RES/63/128, A/RES/64/116 and A/RES/65/32.

⑦ Stefan Barriga and Georg Kerschischnig, The UN General Assembly Resolution on the Rule of Law Resolution: Ambition Meets Pragmatism, Hague Journal on the Rule of Law, Vol. 2, No. 2, 2010, p. 253.

国秘书长从 2008 年起，每年向联大提交题为"加强和协调联合国法治活动"的年度报告，汇报联合国在国家和国际两级推动法治，并加强其专门知识和能力，了解工作的进展情况，讨论存在的挑战以及如何应对。① 联合国安全理事会于 2010 年 6 月专门举行了一次关于维持国际和平与安全过程中促进和加强法治的公开辩论。法治是联合国"安全、发展和人权"三大支柱的前提。为了帮助处于冲突中或冲突后的国家更好地改善法治，联合国 2011 年 6 月 7 日公布了一套拥有 135 项具体衡量标准的法治指标(United Nations Rule of Law Indicators)，帮助处于冲突中或冲突后的国家监督立法、司法及改造机构的表现，促进法治建设。

潘基文在 2012 年《秘书长关于联合国工作的报告》(A/67/1)中，再次强调了冲突社会和平与安全的重要性，历数了联合国自 2011 年 9 月至 2012 年底参与的 20 多个和平进程，呼吁各个会员国投入更大资源、公平分担责任，支持联合国进行专项行动。

联合国秘书长将法治界定为"一项治理原则，在这个原则之中所有个人、组织和实体，公权和私权，甚至包括了国家自身，都必须遵守公开颁布的法律，这样的法律应当被平等执行、独立裁判，并且应当符合国际人权规范和标准。法治同样也需要采取措施来保证遵守以下原则：法律至上、法律面前人人平等、问责制的法律、法律公平适用、分权制度、决策的广泛参与、法律的确定性、避免武断滥用法律以及程序和法律的透明度"。② 不难看出，法治原则同时适用于国际和国内两个层面。在国内层面，联合国支持建立一个法治框架，包括以下几个方面的要素：作为最高法律的宪法或相当效力的法律文件；有明确和一致的法律框架及其后续的实施；建立强有力的司法、治理、安全以及人权机构，这些机构要结构合

① *See* United Nations, Strengthening and Coordinating United Nations Rule of Law Activities: Report of the Secretary-General, U. N. Doc. A/63/226, A/645/298 and A/65/318.

② S/2004/616, The Rule of Law and Transitional Justice in Conflict and Post-Conflict Societies, Report of the Secretary-General, para. 1.

理、有充足的资金支持、训练完备并且装备精良；拥有过渡性司法程序和机制。以及公共社团和市民社会，以帮助加强法治建设并保障公务人员和机构承担责任。上面这些规范、政策、机构以及程序，它们构成了一个社会的核心，在这样的社会里，个人得到安全保障、法律为权益提供保护、争端得到和平解决、受到的损害得到有效救济补偿，无论谁违反法律（包括国家本身），都会承担责任。

在国际层面，法治原则规定在联合国宪章中，主要用以规范国家之间的关系。而真正使国际层面法治具有独立、正式地位的是联合国的理论和实践支持。在这一层面上，国际法治与国家法治相比，包含了更多的内容。首先，国际一级法治的基本问题是国际法的编纂和逐渐发展以及执行和遵守国际法义务，无论这些义务源于条约还是习惯国际法。联合国支持发展国际法以及具有和不具有约束力的规范，并支援发展监督其实施和国家遵守情况的机制。其次，国际法的所有主体履行其义务是一切国际法治概念的根本，而履行的保障则依赖于国际司法机构的职能。国际司法机构的实践构成了对国内司法的补充，国际法院、混合法庭以及非司法解决争端机制的建立，不仅使国家间争端有法治的解决路径，而且在冲突社会，特别法庭的建立也已使人们普遍接受个人应当对国际法定义的罪行承担责任。除国际司法机构之外，联合国推动的国际法治还在国际层面上建立了许多非司法机制和手段，监督国际规范和标准的遵守情况，并帮助解决争端。此外，联合国新的内部司法系统已于2009年开始正式运作，这是联合国致力于在组织内建立法治的一个里程碑。因此，相对国内法治而言，国际法治更需要在国际法的制定、遵守、执行以及司法监督，乃至国际组织的内部法治等各个层面贯穿对国际法和法治精神的遵守，从而实现国际社会的良善治理。

第二章　冲突社会的法治

第一节　冲突社会的法治概述

一、冲突①的内涵与外延

（一）概念与分类

冲突社会的法治并不是所谓在一张白纸上（blank slates）的工程，否则，这样的观点显然是高估了国际社会的能力②。事实上，很少有真正的"冲突后"的情况，也就是说，冲突很难从真正意义上消除，冲突社会，包含的是一种类似于冲突正在发生或者即将在某个层面上完结的状态。换言之，冲突可能会在某种程度上，变得更激烈或更微弱；而无论是明显的还是潜在的，冲突很少能够完全停止。③ 有学者认为，"冲突后"概念的核心含义是某种意义上的和平。当一种冲突中的暴力停止，则冲突随即过去。这种状态的达成需要两个条件，达到其一则视为冲突结束，一为暴力停止、二为

---

① 本文研究的冲突是包括旧有的概念"战争"、"冲突"、"内战"等各个方面的综合性概念。

② Keith Krause and Oliver Jütersonke, Peace, Security and Development in Post-Conflict Environments, Security Dialogue, Vol. 36（2005）, No. 4, pp. 447-462.

③ Gerd Junne, Willemijn Verkoren, The Challenges of Post-conflict Development, Gerd Junne and Willemijn Verkoren ed. , Post-conflict Development：Meeting New Challenges, Lynne Rienner Publishers, 2005, pp. 1-18.

冲突双方主动或者被动撤离。① 有学者认为，冲突是介于战争与和平的一种中间状态②；还有人认为，冲突必然有着其内在的逻辑，而不是一种介于某两者之间的状态(in-between phase)③。冲突社会在很多程度上具有共性，但是又各不相同。正因为每个社会在冲突后有其特殊性，因此必须要注意考察其特定的历史和文化。

自从人类产生之后，不同群体之间的冲突就始终是人类社会最直接的威胁与首要的安全问题。作为人类互动的一种暴力形式，最初它只是星星点点地发生于各个有人类居住的地方。以后，随着人类社会生产力水平的提高，战争能力的增强，以及互动范围的扩大，各种冲突与战争的规模和影响也越来越大。当人类的社会联系扩展到全球之后，冲突与战争也逐步拥有了全球的属性。以 20 世纪的两次世界大战为标志，人类真正步入了全球冲突与战争的时代。④

关于冲突的概念，多尔蒂(Nora Doherty)和普法尔茨格拉夫(Robert L. Pfaltzgraff)认为，冲突指的是这样一种状况，某一可以确认的人群，无论是部落、人种、语言、文化、宗教、社会经济、政治或其他群体有意识地反对一个或者几个可以确认的人群，原因

① Daniel Lambach, Oligopolies of Violence in Post Conflict Societies, GIGA Working Papers, *available at* http：//www. giga-hamburg. de/dl/download. php? d =/content/publikationen/pdf/wp62_lambach. pdf, visited on 23 April 2013.

② Paul Collier, Lani Elliott, Håvard Hegre, et. al. , Breaking the Conflict Trap：Civil War and Development Policy, World Bank Policy Research Report, p. 83, *available at* http：//homepage. mac. com/stazon/apartheid/files/Breaking Conflict. pdf, visited on 25 April 2013. *See also*, Nicholas Sambanis, What is Civil War? Conceptual and Empirical Complexities of an Operational Definition, Journal of Conflict Resolution, Vol. 48 (2004), No. 6, pp. 814-858.

③ Daniel Lambach, Oligopolies of Violence in Post Conflict Societies, GIGA Working Papers, *available at* http：//www. giga-hamburg. de/dl/download. php? d =/content/publikationen/pdf/wp62_lambach. pdf, visited on 23 April 2013.

④ 李少军：《当代全球问题》，浙江人民出版社 2006 年版，第 16～20 页。

是他们在各自谋求不同的或看似不同的目标。① 这一定义强调冲突
是对立双方有意识的行为，而对立双方目标的不兼容性则是导致冲
突的起因。路易士·科赛尔(Louis Corsaire)认为，冲突是一场争夺
价值以及少有的地位、权力和资源的斗争，敌对者的目标是压制、
伤害或是消灭对方。② 概括而言，冲突固然意味着对立双方围绕不
兼容的目标而展开的竞争，但是只有当各方设法通过降低对方的地
位而提高自己的地位，设法阻挠他人实现目标，设法击败对手甚至
消灭他们时，竞争才具有冲突的含义。综合这些分析，可以得到冲
突的两层基本含义，一是双方目标和利益不兼容；二是双方为了达
到目标而采取了敌对行动。

瑞典斯德哥尔摩欧国际和平研究所(Stockholm International
Peace Research Institute, SIPRI)对武装冲突的界定是，两个或者更
多政府的武装力量之间，或者一国政府与至少一个有组织的武装力
量之间，使用武力，在任何单一年份导致与战斗相关的死亡人数达
到1000人，而且各方对于控制政府或领土存在不兼容的利益。③
这个定义有以下几个要点，首先，武装冲突的根本属性是使用暴
力，它应该是热战而不是冷战。其次，武装冲突的参与者都是有组
织集团的成员而不是个人，个人即使使用暴力，也只能算是刑事犯
罪，而不能称之为武装冲突。再次，武装冲突涉及的是政府，或者
至少一方是政府，如果其另一方是非政府行为体，其根本目的是建
立政府。最后，武装冲突通常有一个人数的限定，即造成伤亡人数
达成1000人以上。这一界定较为注重细节，例如对达到武装冲突
的人数也给予了限制；而本书所指的"冲突"，亦即这个层面的冲
突，但是范围更广一些。

① ［美］詹姆斯·多尔蒂、小罗伯特·普法尔茨格拉夫著，阎学通等译：
《争论中的国际关系理论》，世界知识出版社2003年版，第200页。

② Lewis A. Coser, The Functions of Social Conflict, New York: Free Press,
1956, p.3.

③ 斯德哥尔摩国际和平研究所(SIPRI)编著、中国军控与裁军协会译：
《SIPRI年鉴：2003军备、裁军和国际安全》，世界知识出版社2004年版，第
99、140页。

关于冲突的分类，卡尔·多伊奇（Karl Deutsch）有一种特色的划分方法，在其著作《国际关系分析》中，他将武装冲突分为三组共六个类别。第一组是"打到底"的冲突与共存的冲突。前者是指你死我活式的冲突，即冲突双方只有一个能够生存，另一个将被摧毁或是彻底投降。在这样的冲突中，双方都倾向于采取旨在摧毁对方的军队、独立以及政府的毁灭性战略，为此不惜采用最可怕的武器和作战方法。后者是指可缓解的冲突，即每一方都不求置对方于死地，在斗争中可能会以合作求互利。在后一种情况中，由于国民愿意使得冲突得到缓解，因此在适当的时候会以让步的形式使得冲突得到解决。第二组是根本性冲突与偶然性冲突。前者是指基于双方不同的基本结构的冲突，具有长期性；后者是指由偶然的外部因素引起的冲突，通常不会长久持续和反复出现。"根本性"冲突并不一定非打到底不可，介入此冲突的各方也可能谋求共存。偶然性冲突的各方也不一定必然共存，它也可能逐步升级，达到你死我活的地步。第三组是可驾驭的冲突与不可驾驭的冲突。如果冲突的当事国能够有节制地控制自己，使冲突保持在一定限度内，冲突便是可驾驭的；反之，则是不可驾驭的。①

（二）冲突的范围

1. 狭义的冲突

冲突可以被认为是有狭义和广义之分。② 狭义的冲突与战争在内涵上既有重叠又有差别。从国际关系的角度来看，狭义的冲突可以有不同的烈度，从口头抗议、召回大使、经济制裁直到断交；从力量显示、武力威胁直至武力的使用，都属于国际冲突，但程度有很大不同。一般来讲，只有当冲突升级到一定的程度后，才可称之为战争。德国海德堡国际冲突研究所（Heidelberg Institute for International Conflict Research，HIIK）对冲突的研究就是按照不同的

---

① ［美］卡尔·多伊奇著，周启朋等译：《国际关系分析》，世界知识出版社1992年版，第173～176页。

② 本文研究的是广义的冲突概念，包括下述狭义的冲突、战争、内战和武装冲突等相互交叉又相互区别的各个概念内涵。

烈度进行级别划分的：（1）潜在冲突（Latent Conflict）指相关方在具有国际含义的可界定的价值上立场对立，每一方所阐述的要求都为另一方所感知。（2）明显的冲突（Manifest Conflict），包括那些定位于运用暴力的预备阶段的种种措施，诸如口头施压、明确威胁要使用暴力或是实施经济制裁。（3）危机（Crisis）是指紧张的局势，在这种局势中，至少一方在零星的事件中使用了暴力。（4）严重的危机（Severe Crisis），是指相关方以有组织的方式反复使用暴力。（5）战争（War），指暴力冲突，在这种冲突中，暴力的使用是以一种连续和系统的方式，冲突方会根据形势采用广泛的措施，破坏的范围广泛且持久。①

2. 战争

战争是一个古老的概念，早在几千年以前，腓特烈大帝（Frederick the Great）就说过，战争不是一种偶然事件，为了将其开展得更好，大量的知识、研究和思考是有必要的。战争和武装冲突往往被视为同义语。战争、武装冲突、冲突、恐怖主义以及犯罪都频有发生。造成的结果是，从战争到和平，其间没有确定的界限，危机的高频化往往导致武装冲突，而正式的宣布战争却鲜有发生。② 发动战争是政府的事务，如果战争是一种重要的政策工具，那么它遵循的规则是，政治目标决定军事目标以及军事行动的范围。尽管战争在技术上不断进步，它仍然是暴力的。暴力为人们的情绪注入了不确定性和不对称性的因素，这又会影响军事行动的开

---

① Heidelberg Institute on International Conflict Research at the Department of Political Science, University of Heidelberg, Conflict Barometer 2004, *available at* http：//www. hiik. de/en/konfliktbarometer/pdf/ConflictBarometer_2004. pdf, visited on 3 May 2013.

② 参见《英国防务政策》（British Defence Doctrine），在英国国防部发布的该文件中，不仅对冲突以及战争均有详细的界定，同时也对战争的发展进行了较为全面的梳理。关于武装冲突法的部分，参见《英国防务政策》附件 B。Ministry of Defence, Joint Doctrine Publication 0-01：British Defence Doctrine, *available at* http：//www. mod. uk/NR/rdonlyres/FDB67DF9-5835-47FD-897D-CA82C17EC7A5/0/20111130jdp001_bdd_Ed4. pdf, visited on 13 November, 2012.

展。战争的迷雾与人类的危机和压力相结合，会把简单的任务复杂化。战争和武装冲突往往是混乱和不可预测的。人类的固有缺陷、低效率、物资的有限性、气候、地理和地形都能把直接的任务变得复杂。人类发动战争，而最后，人类的情绪又影响着战争的行为。人类的凝聚力、热情和决心，人类团体都将改变战争的结果，而反之，情绪也会被某种领导权所感染和激励。战争是一种生活方式，在一些地区，战争甚至是无休无止的争斗。①

从战争的地域和主体来看，分为国际战争与国内战争；从战争的烈度看，分为世界大战（大国之间的战争）、有限战争（大国对小国的干涉或内战）。阿姆斯特茨（Mark R. Amstutz）的战争分类法，② 是将战争划分为古典战争、总体战争和后现代战争。第一类参与的行为体是国家，战争为政治目的服务，所有战争行为受到国际法约束；第二类战争在主权国家之间进行，无规制使用暴力，不受国际规则限制，打败对方是最高目标；第三类参与者是政府与本国的非国家行为体，即国内战争，战争的目的是维持现存制度的统治或是推翻现存政权或争取民族独立（民族分裂），战争的方式不受限制，一般有外力的介入，比较持久，有时引发种族大屠杀的悲剧。

3. 武装冲突

武装冲突，一般认为是两个国家之间的差异导致的武力干涉。尽管国际社会包含主权国家，但是在当今社会，武装冲突同样可以爆发于一国之内的不同团体或是武装力量之间。战争是作为武装冲

---

① Derek Summerfield, The Impact of War and Atrocity on Civilian Populations: Basic Principles for NGO Interventions and a Critique of Psychosocial Trauma Projects, Overseas Development Institute, Network Paper 14, 1996.

② Mark R. Amstutz, International Conflict and Cooperation: An Introduction to World Politics, 2nd edition, New York: McGraw-Hill, 1999. Mark R. Amstutz, The Healing of Nations: The Promise and Limits of Political Forgiveness, Boulder: Rowman and Littlefield, 2004.

突的极端形式存在的，一般是发生在国与国之间。① 然而，一方面，由于各国的争议，1949 年日内瓦公约在这个概念规定上是缺席的，附件二和维也纳公约的共同第三条（Common Article 3）只对非国际冲突作出了规定；另一方面，武装冲突的概念在国际习惯法上也并没有规定。因此，陷入冲突的国家与其他国家在具体冲突界定的问题上往往产生分歧，前者认为国内的冲突只是为了实施国内法而产生的一种安全武力；后者则坚持按照联合国大会和安理会的相关文件，认为是一种达到武装冲突的程度。概念缺乏的一个结果就是实践中很多国家都在发展这一标准，在理论上也有些完善，却都还未能被普遍接受为国际习惯法。

频发的武装冲突是冷战后战争的新形式。冲突在现代世界司空见惯，战争与和平的区分十分模糊。而且现代的冲突多表现为局部性的，这也会影响世界稳定。现代社会冲突的特征是冲突双方日益增加的不对称性。这是由于一些冲突方拥有现代、有力的武器，装备精良，而另外一些则逊色很多却又不愿意去接受一些国际法规则或是不甚公正的国际条款。叛乱团体和恐怖组织的数量和规模都大幅度增长，他们策略有限，采用非常规作战方式，往往采取"游击"（hit and run）战略。现代冲突总是容易曝光在新闻媒体的聚光灯之下，媒体传播的速度会将相对微小的事件扩大化，在政治和军事当局者对事实作出充分分析之前，就已经影响了民众的态度。这会为政治和军事领导者带来额外的压力，影响整体行动，同样的，媒体也可以成为正面信息的有效通道，协助保持公众的支持和鼓舞国民士气。

---

① "When differences between states reach a point at which both parties resort to force, or one of them does acts of violence, which the other chooses to look on as a breach of the peace, the relation of war is set up in which the combatants may use regulated violence against each other until one of the two has been brought to such terms as his enemy is willing to grant." Ministry of Defence, Joint Doctrine Publication 0-01: British Defence Doctrine, *available at* http://www. mod. uk/NR/rdonlyres/FDB67DF9-5835-47FD-897D-CA82C17EC7A5/0/20111130jdp001_bdd_Ed4. pdf, visited on 13 November, 2012.

连续不断的冲突严重影响一个社会的政治、经济和文化发展。武装冲突带来的消极方面绝不仅仅是摧毁楼群或者道路，更是给社会遗留下了满目疮痍。战争的经历使人们缺乏安全感，甚至改变了民众的行为方式和信仰。①

冲突社会建设和平是联合国法治工作的一个组成部分；在冲突社会建立正义和法治又是建设和平的具体体现。如果冲突过后民众并未相信公正的社会能够最终建成，那么社会将很难正常运转。在一个饱受冲突的社会中，民众推动正义和和解的努力是必不可少的。② 正因为如此，在冲突社会建设法治是最为重要的。其他任何的事情都依赖于此，譬如说，一个正常运转的经济系统、一个自由和平等的政治体系、市民社会的发展、公众对于政策和法庭的信心等。③

内战往往会造成所谓的"冲突陷阱"。④ 曾经历过冲突的社会很容易产生第二次甚至更多次的冲突。印尼、伊拉克、布隆迪、卢旺达、斯里兰卡和伊朗均是如此，这些国家均在遭受着定期的内战，战争不止一次的爆发。一般意义上，冲突被区分为国际冲突（international conflict）和国内冲突（non-international conflict）。⑤ 还

---

① Thania Paffenholz and Christoph Spurk, Civil Society, Civic Engagement, and Peace-building, Social Development Papers: Conflict Prevention and Reconstruction, Vol. 36 (2006), pp. 1, 11.

② Monica Llamazares, Post-War Peacebuilding Reviewed: A Critical Exploration of Generic Approaches to Post-war Reconstruction, University of Bradford Centre for Conflict Resolution Department of Peace Studies, working paper 14, February 2005. *Available at* http://www.brad.ac.uk/acad/confres/papers/pdfs/CCR14.pdf, visited on 5 October 2012.

③ David Tolbert and Andrew Solomon, United Nations Reform and Supporting the Rule of Law in Post-Conflict Societies, Harvard Human Rights Journal, Vol. 19 (2006), p. 29; *See also*, Paddy Ashdown, What I Learned in Bosnia, N. Y. Times, Oct. 28, 2002, at A2.

④ Collier, Paul and Nicholas Sambanis, Understanding Civil War: A New Agenda, Journal of Conflict Resolution, Vol. 4, No. 6, pp. 3-12.

⑤ Kerim Yildiz and Susan Breau, The Kurdish Conflict: International Humanitarian Law and Post-Conflict Mechanisms, Routledge, 2010, pp. 31-32.

有第三种的冲突，即国际化的武装冲突，即一国的国内冲突受到外国或者第三种力量的干涉，且第三方提供了武装援助或是信息等。这样的国内冲突已经演变为一种带有国际性质的冲突模式。有学者的研究表明，国际冲突的危机增加了内战爆发的可能性，反之亦然。①

（三）冲突的性质

对冲突的性质向来有主观论与客观论之争。② 客观论者认为冲突是基于利益选择的客观事实，所谓的利益，从两个方面来说都处于稀缺状态。现实主义者基于资源的稀缺性来推断冲突的根源。实际上，基于这种认识就会将冲突的解决看做是一种零和（即所得与所失）关系。主观论者认为，虽然冲突一开始可能是因为客观利益而起，但随着局势的演变，对利益的认识以及价值判断会改变，而且利益认识本身就是基于社会价值之上的主观感受，而这种社会价值及对价值的评估经常处于变动之中。看上去，主观论者的设想更加动人，但在许多冲突中，仅靠各方的主观认识并不能增加各自的价值分配，在一些基本的目标上仍存在难以调和之处。因此，分析冲突还应将两方面的观点结合起来，获得超越于这两种认识之上的一种双赢或者说是非零和的冲突解决方案并非是不可能的。③

二、冲突社会的国家能力

在此之前，有必要澄清"冲突社会"这个语词的含义。

由于在各类文献中均没有语义完全相同的表述，因此，"冲突社会"的表达是笔者根据西方学界国家状态的理论创设的。所谓冲突社会，主要是指某种广泛意义上的社会状态，即在经历过重大冲

---

① Giacomo Chiozza, Kristian Skrede Gleditsch and H. E. Goemans, Civil War, Interstate Conflict, and Tenure, Civil War, Paper presented at the 5th Pan-European Conference, April. 2006.

② C. Mitchell, Recognising Conflict, T. Woodhouse ed. , Peace-making in a Troubled World, New York Berg, pp. 209-225.

③ A. B. Fetherston, Towards a Theory of UN Peacekeeping, St. Martins Press, 1994. pp. 101-102.

突（无论是来国内抑或是外来的冲突伤害）之后，主权国家无法独立恢复正常政治、经济、社会秩序，而需依靠外界力量方得以完成重建否则或者已经引发混乱的状况。

也就是说，冲突社会的国家能力，往往与西方学者经常提及的"脆弱国家"相关联，换言之，冲突社会的国家能力在功能的发挥方面，接近于一种脆弱的状态。讨论冲突社会的国家能力，必然要涉及的四个基本概念分别是"虚弱国家"（weak state）、"失败中国家"（failing state）、"失败国家"（failed state）和"崩溃国家"（collapsed state）。其他相关概念和指称还有"脆弱国家"（fragile state，也有学者将其翻译为碎片化国家）、"残障国家"（defective state）、"无能力国家"（helpless state）及"难统治国家"（ungovernable state）等。这四个概念存在着程度上的递进关系。

（一）虚弱国家

"虚弱国家"的概念比较常见。① 首先，丹麦学者汉斯·霍尔姆（Hans-Henrik Holm）认为所谓"虚弱国家"指的是一国政府履行基本职能的能力大幅度滑坡、社会结构趋于涣散，但还保留着基本的履行能力，国家尚可保持基本运转。② 美国"虚弱国家和美国国家安全委员会"（Commission on Weak States and U. S. National Security）在界定"虚弱国家"定义时，重点关注有效政府必须履行的三项职责：确保安全、满足公民基本需求和维持合法性。当这些职责不能完成时，随之产生的差距就会威胁到公民的福利、邻国的安全和国际体系的稳定。而"虚弱国家"的政府不能完成其公民和国家社会期望的事情，即不能很好地保护人民免于内部和外部的威胁，不能提供基本的公共医疗卫生和教育服务，不能提供满足人民合法要求

---

① *See* USAID, Fragile States Strategy（2005）, p. 1, *available at* http://www. usaid. gov/policy/2005_fragile_states_strategy. pdf, visited on 7 May, 2013.

② Hans-Henrik Holm, The Responsibility That Will Not Go Away: Weak States in the International System, paper written for Conference of Failed States and International Security, Purdue University, West Lafayette, February 25-27, 1998.

和需要的公共机构。①

(二)失败中国家

"失败中国家"是介于"虚弱国家"和"失败国家"之间的国家，是指"一个国家的政府正在失去为其人民提供安全和基本服务以及保卫其国界的能力"。② "失败中国家"的特征是国家正在丧失履行基本统治职责的能力以及合法性。它与"虚弱国家"以及"失败国家"等状态之间的界限并不明确，既有可能受国内和国际因素的影响，恢复为"虚弱国家"；也有可能因为局势的恶化，发展到"失败国家"阶段。

作为过渡性的阶段，"失败中国家"与"失败国家"同样面临治理能力缺乏、民主制度崩溃、军队滥用武力等衰败的局面，③ 界定"失败中国家"即使是在西方的国际政治实践中也并不严格精确。例如对于印度尼西亚在 1997 年亚洲金融危机之后的国家情势，即有美国媒体认为，印尼差不多集中了"失败国家"的所有病症：贪污腐败泛滥、不依法审判的法庭、反改革势力、达到极限的国家债务、银行业瘫痪、投资退缩、宗教集团间的流血冲突严重、经济与国际社会脱钩、而印尼分散的岛屿日益成为恐怖主义的肥沃土壤。这些负面状况的全面发生，使得印尼即将陷入类似巴基斯坦、刚果那样的境地：经济长期紊乱不堪，而中央政府基本上也无法正常运作。④ 但更多的学者则认为，印尼并没有完全失败。一方面，印尼的军队仍然没有分裂，并且一直受国家的控制；另一方面，印尼政府也保有相当的权威。因此，美国国家情报委员会于 2003 年底推

① Commission on Weak States and U. S. National Security, On the Brink: Weak States and U. S. National Security, Washington, D. C.: Center for Global Development, 2004.

② Carol Lancaster, Failing and Failed States: Toward a Framework for U. S. Assistance, Nancy Birdsall et al., eds., Short of the Goal: U. S. Policy and Poorly Performing States, Washington D. C.: Center for Global Development, 2006, p. 285.

③ 翟昆：《1997 年东亚金融危机后美国对印尼民主化进程的干预》，载《外交评论》2005 年第 4 期，第 31 页。

④ Michael Schuman, A Failed State? Time, Oct. 12, 2002.

出一份题为《2020年前全球趋势：东亚》的报告即将印尼的局势界定为"失败中国家"，虽然印尼不会进一步沦为"失败国家"，但也无法取得显著发展。

（三）"失败国家"

"失败国家"的概念缘自西方学界和政界，专指一些社会内部秩序极度混乱（常伴有武装割据、暴力冲突甚至种族清洗）的国家。美国"外交政策与和平"基金会（Fund for Peace）每年根据各种社会、经济、政治、和军事指标就各国总体的社会稳定性进行排名。排在前60位的国家被称为"脆弱国家"，意指这些国家对自然灾害、战争和经济衰退等打击的抵抗性较弱，社会稳定容易受到影响。排在这60个国家前列的便是处于崩溃边缘的"失败国家"。[1]

有学者认为："失败的民族国家是完全丧失维持自己作为国际社会成员的能力的国家，如索马里、波斯尼亚、苏丹、柬埔寨、阿富汗、利比里亚。[2] 美国学者苏姗·赖斯（Susan E. Rice）提出："'失败国家'是那些由于冲突、软弱无能的治理以及国家崩溃而导致的中央政府无法对其疆土内的重要组成部分进行有效控制、无法提供重要服务的国家。"[3] 汉斯·霍尔姆认为："'失败国家'指的是一个国家无法控制其领土并为其国民提供安全保障，无法维持法治、推进人权和提供有效的治理，无法提供公共物品如经济增长、教育和保健等，政府在国家统治的众多决定性方面处于崩溃状态。"[4] 总之，在西方视角下的"失败国家"是这样一种国家：对内，

---

① 许辉：《2011失败国家指数》，载《中国新闻周刊》，2011年12月9日。

② Gerald B. Helman and Steven R. Ratner, Saving Failed States, Foreign Policy, No. 89, Winter 1992-93, p. 132.

③ Susan E. Rice, The New National Security Strategy: Focus on Failed States, http://www.brook.edu/comm/policybriefs/pb116.htm, visited on 12 April, 2013.

④ Hans-Henrik Holm, The Responsibility That Will Not Go Away: Weak States in the International System, paper written for Conference of Failed States and International Security, Purdue University, West Lafayette, Feb. 25-27, 1998, http://www.ippu.purdue.edu/failed%5Fstates/1998/papers/holm.html, visited on 14 March 2013.

政府已丧失为公民提供安全、政治和社会服务等基本职能，丧失了合法性；对外，又丧失了国际社会成员的一般能力。①

（四）崩溃国家

威廉姆·扎特曼（William Zartman）提出，"崩溃意味着国家不再履行其基本职能。作为实施统治的决策中心，国家瘫痪、不起作用；不再制订法律、维持秩序，社会凝聚力得不到加强；作为身份的象征，国家失去了给予人民名誉和社会行为意义的能力；作为一片领土，它不再通过一个核心的、拥有最高统治权的组织来确保安全和粮食供应；作为权威的政治机构，它丧失了合法性，因此失去了控制和管理公共事务的权利；作为社会经济组织系统，它的投入与产出的功能性平衡被破坏；它不再从人民那里获得支持，也不能控制人民，甚至不能满足需求目标，因为人民知道它没有能力提供补给；不再履行职能，缺乏合法性传统的、神赐的以及制度上的资源，丧失了统治的权利……国家崩溃就是正常的政府、法律和秩序的崩溃"②。

"崩溃国家"是"失败国家"的最高形式，也是最为罕见和极端的一种形式。在"崩溃国家"，政治产品通过私人或特别手段获得；安全等同于强人的统治；"崩溃国家"呈现出权威的真空；国家仅仅是地理上的符号，是失败政治体跌落的黑洞。③

以上对于国家能力的分类和阐述更加细致的描述了一种更为广泛意义上的"冲突社会"的表现形式，并不一定具有科学性。这种分类本身是以美国为代表的西方世界以自身主观判断为基础，对其他国家作出价值判断，因此，其公正性和客观性也应受到质疑。

---

① 吴雪：《冷战后美国应对国家失败的政策研究》，中国人民外交学院2007年博士学位论文。

② I. William Zartman, Introduction: Posing the Problem of State Collapse, I. William Zartman ed., Collapsed States: the Disintegrationand Restoration of Legitimate Authority, Boulder, Colo.: Lynne Rienner Publishers, 1995, p. 5.

③ Robert I. Rotberg, The Failure and Collapse of Nation-States: Breakdown, Prevention, and Repair, Robert I. Rotberg, ed., When States Fail: Causes and Consequences, Princeton: Princeton University Press, 2004, p. 9.

三、冲突社会的治理

尽管西方学界一年一度关于"脆弱国家"的排名并没有严格的科学依据，但是这些资料和分析却在一定程度上反映了国际社会中局部冲突对国家经济、社会、文化和安全等方面的影响，进而决定了国家能力的变化。当然，国家能力的脆弱并不必然是由冲突引发的，但是不可否认的是，脆弱国家的产生往往与持续不断的冲突相伴，因此，在提高国家能力的过程中，对冲突进行有效的治理显得至关重要。

冲突管理包括3种主要的类型：冲突预防、冲突调解和冲突解决。按照雅各布·贝尔科维奇（Jacob Bercovitch）①的观点，冲突管理涉及3个基本因素：暴力与强制（包括物质上和心理上）；不同形式的讨价还价；第三方的介入。所谓冲突预防，就是在发现有可能爆发冲突的区域采取措施防止冲突的发生，它主要涉及后两个基本因素。冲突调解主要是通过第三方的介入，制止暴力，推动谈判，主要目标是建立一种消极的和平。所谓积极和平指代的并非是一种终极状态，而是一种可以建设性地解决冲突的框架，并在此基础上实现人类的发展。从这个意义上说，积极和平是一个过程，或者说是一种方法而不是目的。消极和平则主要意味着避免各种冲突行为。因此，它可能涉及冲突管理的三个基本要素（特殊情况下，需要以暴制暴）。由于消极和平的主要目标只是制止冲突，可能并不涉及公平、正义等价值判断，而更多地反映实力对比及利益交换。实际上，到目前为止，大多数的和平行动都属于此种类型。而冲突解决则致力于建立一种积极和平，即通过非暴力的外来干预，帮助冲突各方建立一种长久的、相互依赖、共同发展的关系。② 事

---

① Mark R. Amstutz, International Ethics：Concepts, Theories, and Cases in Global Politics. Lanham, Md.：Rowman & Littlefield Publishers, 1999. *See also*, Mark R. Amstutz, The Healing of Nations：The Promise and Limits of Political Forgiveness, Rowman & Littlefield Publishers, September 2004.

② 何曜：《联合国维和行动：冲突管理的理论框架分析》，载《欧洲》2000 年第 2 期，第 26 页。

实上，冲突解决可以理解为"使双方都成为胜利者的结局"。①

(一)西方倡导的冲突管理

西方国家认为要利用多种方式对"脆弱国家"进行干预，以解决其问题。其首要方式是冲突管理。这种模式主张对"脆弱国家"进行管理，从而解决引起国家脆弱的一系列根本问题。冲突管理包括三种主要的类型：冲突预防、冲突调解和冲突解决。② 与之相对应的，冲突管理的原则是尽早行动以防止冲突升级；防止国内冲突成为地区冲突；区分合作性行动和强制性行动。③ 从国际政治的理论上说，冲突解决主要是处理四个方面的问题：首先是结束军事对抗，处理随之而来的军事和裁军问题；其次是帮助进行政治重建；再次是帮助解决经济重建和促进经济发展的难题；最后是帮助解决重建公民社会的复杂问题，进而对公众和社会作出长期的许诺。国内冲突的解决是一个长期的过程。国际行为者只有在和平能够靠自身来维持时，才能离开。④ 然而，从某种角度说，"外部预防和国际干预永远不能在实际意义上'治愈'冲突。相反，基于本土社会资源运作形成的冲突管理模式，却可以产生和平并得以巩固法治"。⑤

---

① 约翰·伯顿著，马学印、谭朝洁译：《全球冲突——国际危机的国内根源》，上海人民出版社 2007 年版，第 118 页。

② 对预防、管理和解决国内冲突感兴趣的国际行为者有十项主要的政策工具，其中七项是合作措施，包括：人道主义援助、寻求事实、调停、建立信任的措施、传统的维和行动、多功能的维和行动以及军事和经济技术的援助。另外三项基本上是强制性的：武器禁运和经济制裁、司法强制措施和军事力量的使用。

③ Michael E. Brown, Internal Conflict and International Action, Michael E. Brown et al. , eds. , Nationalism and Ethnic Conflict, The MIT Press, 1997, pp. 236-257.

④ Michael E. Brown, Internal Conflict and International Action, Michael E. Brown et al. , eds. , Nationalism and Ethnic Conflict, The MIT Press, 1997, pp. 260-263.

⑤ [瑞典]卡琳·埃格斯坦著，常竹亭译：《冲突预防与非政府组织的作用》，载《外交评论》2006 年第 5 期，第 49 页。

该理论对于法治最大的意义就在于在一个千疮百孔的冲突社会，实现和平和长期的法治需要充分尊重国家自主权；注重早期的冲突预防，追求一种积极的和平而不只是局限于眼前的短暂和平。

（二）美国的"新干涉主义"

"新干涉主义"是当代西方政界流行的"第三条道路"思潮在主权和国际干预问题上的延伸。① 这种观念在冷战后的美国逐渐流行起来，多个学者曾经著书立说，试图为此理论找到学术依据。1993年，斯特德曼（Stephen John Stedman）发表《新干涉主义者》一文，提出美国外交政策应根据冷战后国际形势的新变化，奉行一种"新干涉主义"。新干涉主义者的目标是"建立一种新的人道主义秩序，在这种秩序里，要使政府——如有必要可通过武力——达到较高的尊重人权的标准。"新干涉主义者否定国家主权原则和不干涉内政原则，要求对主权重新界定，因为"主权不再是建立国际秩序的工具，而是属于国家里的人民；独立自主所指的不再是人民，而是个人"。②

理查德·哈斯（Richard Haass）在其著作《新干涉主义》中指出："在那些腐败横行和失去控制的国家里，以及在大多数平民受害的内乱情况下，出于人道主义目的而进行军事干涉的呼吁最有可能得到回应。这些国家可能存在两类干涉方式。第一类是人道主义干涉，就是向当地部分或全部平民提供救济，直到政治局势允许该国政府能够自己履行这项职责；第二类干涉就是将重建国家作为目标，即整顿当地的政治局势。人道主义干涉很少需要苛刻的要求，而且是没有限度的。旨在重建国家的干涉具有潜在的苛刻要求，但是，如果此种行动取得成功的话，那么就有了'整顿'局势的希望，一个失去控制的国家将被一个秩序井然的国家所代替，并且为撤军创造条件。在那些被种族冲突折磨得伤痕累累的国家，例如波斯尼亚，人道主义干涉是最佳选择。当脆弱的政府是产生问题的主要根

---

① 黄仁伟、刘杰：《国家主权新论》，时事出版社 2004 年版，第 119页。

② Stephen John Stedman, The New Interventionist, Foreign Affairs, Vol. 72, No. 1, 1993, pp. 1-16.

源，并且使全体人民及其邻国都为此面临风险时，重建国家就是最合适的选择。对于失败国家，这两种办法都可以选择。"①哈斯的这种观点其实是给新干涉主义找到了合理性依据；即干涉的出发点是长久的援助。作为奉行新干涉主义的代表，美国早在20世纪70年代就在拉丁美洲发起了众多的法制项目。② 90年代随着柏林墙的坍塌和另一超级大国苏联的解体，美国的法治项目从拉美扩展到了前苏联地区，这些项目的推进无不例外地伴随着以市场为导向的经济方面的改革。90年代中期，随着所谓"脆弱国家"数量的上涨，内战和人权危机大大鼓舞了建立法治、支援冲突社会重建的风潮。而近年来，阿富汗和伊拉克的法治推进，却是一种以旧有的促进法治为名进行的新干涉主义，这是一种以自身安全为目的的法治。这些名义上的法治重建，实则实施强权政治的行动均遭到质疑。事实上，无论是2004年在海地，还是2005年东帝汶，或是阿富汗和伊拉克等，法治的推进都是联合国发起，但是实质上的主导者却是美国等超级大国。法治的效果都不理想。

美国国务卿科林·鲍威尔（Colin Powell）对总统说，如果我们破坏了它，那么我们将拥有它。这是对美国新干涉主义赤裸裸的表达。干涉的合法性本身取决于很多因素，包括目标国家情势的危急性等。但是没有法律授权的干涉会破坏整个重建的进程。众所周知，只有以安理会授权为基础的自卫才是合法的；无充分授权使用武力的行为违反了国际法的基本规则。

（三）治理理论

联合国全球治理委员会（the United Nations Commission on Global Governance）在1995年发表的一份题为《我们的全球善邻关系》的研究报告中，对治理做了如下界定："治理是各种公共的或私人的个人及机构管理其共同事务的诸多方式的总和。它是一个使相互冲突

---

① ［美］理查·N. 哈斯著，殷雄、徐静译：《新干涉主义》，新华出版社2000年版，第86页，第130页，第133页。

② 这些项目主要由 USAID 发起，包括对法官的培训，外国法专家的帮助等。

的或不同的利益得以调和并采取合作行动的持续过程。它既包括有权迫使人们服从的正式机构和机制，也包括各种非正式安排。"①在这个理论下，"脆弱国家"的问题往往会产生外溢效果，对地区安全和稳定造成威胁，而且它不是一个国家能单独解决的问题。因此包括大学、非政府组织、研究机构、全球和地区的国家间组织、各国政府以及媒体在内的行为体应提供早期预警和预防行动。在此体系中，联合国无疑应发挥最大作用。联合国应通过在秘书长办公室、联合国监督机构、联合国冲突解决协会和联合国志愿部队的预防性部署等方面加强早期预警和威胁评估，以此加强其对付"失败国家"的能力。②

（四）交互式冲突解决方式

所谓交互式冲突解决方式，其核心是一个微观过程（micro-process）。这种理论是美国著名的社会心理学家凯尔曼教授（Herbert C. Kelman）提出的。在他看来，对交互式解决冲突最简单的解释就是类似于工作坊（workshop）的方式；是一种微观意义上的方式；但是正是这些微观过程可以产生宏观过程上的变化，即产生通常所说的一种和平进程（peace process）。③凯尔曼教授认为，冲突解决的目的类似于通过催进个体对话引起公共政策的变化。从理论上讲，交互式解决问题方式的目标就是要通过相互制约，使竞争的两方在各个要素上达到平衡，而冲突是不同团体组织和社会之间关系的一个方面，交互式解决冲突的方式理应具有规范性和建设

---

① ［瑞典］英瓦尔·卡尔松、［圭］什里达特·阑法尔主编，赵仲强等译：《天涯成比邻——全球治理委员会的报告》，中国对外翻译出版公司1995年版。转引自王杰、张海滨、张志洲主编：《全球治理中的国际非政府组织》，北京大学出版社2004年版，第86页。

② Chadwick F. Alger, Failed States and Global Governance, Paper written for Conference of Failed States and International Security II, Purdue University, West Lafayette, April 8-11, 1999.

③ Herbert C. Kelman, Group Processes in the Resolution of International Conflicts: Experiences from the Israeli-Palestinian Case, American Psychologist, Vol. 52 (1997), pp. 212-220.

性；然而，当双方都深刻扎根于冲突中时，都在努力寻求各自需求和利益，并因此威胁和破坏对方需求和利益，全然不顾道德理性。既然冲突发生于两个有着紧张关系的两方，那么冲突的解决就要立足于冲突产生的起因，即双方对于安全、尊严、参与、自主、正义、承认、认同等多个方面的需求无法得到满足。冲突的互动性要求双方分享彼此的不同方面，在应对对方需求和利益的同时影响对方；这强调了冲突的互动性。

凯尔曼教授还将冲突的解决分为两类，一是宏观过程（macro process），含有四个步骤，分别是对问题和分析的认同，即冲突各方必须从对方的立场去认同对方的基本需求，并且在互动中认识到冲突的动态；其次是共同形成解决问题的方法，为双方提供探讨各种方案的机会，他们也能更加自愿地加入到重新构建解决冲突的谈判以及其他创造性的过程中，更利于产生一个双赢的解决方案。再次就是影响冲突对方，这是个很高的要求，要求各方从对冲突中对于使用武力和威胁使用武力中的深度依赖中脱离出来，而采用国际社会倡导的更加积极的方式。凯尔曼认为正是在这个阶段，冲突双方应该学会如何通过回应对方的需求来影响对方。冲突解决的宏观过程最后一个要素是为谈判创造一种积极的政治环境。①

研究冲突管理的理论最大的价值就在于通过分析，可以得出一些冲突社会建设法治的指导性结论，例如，冲突的解决从根本上要通过内部的努力来实现。此外，通过冲突管理的分析，更进一步分析出美国在冲突国家采取的所谓"干涉主义"的本质；而联合国框架下在冲突社会进行的法治建设则是一种积极的冲突管理模式。

第二节　联合国与冲突社会的法治

实践中，联合国一直致力于支持、推动法治，在这个进程中也

---

① Herbert C. Kelman, Interactive Problem Solving: Changing Political Culture in the Pursuit of Conflict Resolution, Peace and Conflict: Journal of Peace Psychology, Vol. 16, pp. 389-413.

产生了大量的里程碑式的文件。尤其是自2005年的首脑会议以后，联合国大会连续几年达成文件，进一步重申法治，将其作为普遍和不可分割的联合国核心价值和原则的一部分。

相关的文件指出应当在全球和国家两级大大地加强联合国各机构与其他行为体的统筹和协调，并增强和深化三大"篮子"的法治活动：即国际一级的法治；冲突和冲突后局势中的法治；以及长期发展背景下的法治。① 第一个篮子，国际一级的法治，包括有关《联合国宪章》、多边条约、国际争端解决机制、国际刑事法院以及国际法方面的宣传、培训和教育的问题；第二个篮子，冲突和冲突后局势中的法治；最后一个篮子，长期发展背景下的法治活动。从一般意义上的"法治"到联合国在实践中阐发的"国际法治"，"法治"不再是遥不可及的理想，而是一个个可以实现的具体目标。即法治的理想被具体化为三种背景下的不同行动指南。

尽管联合国从建立至今，一直在理论上不断完善法治的内容，在实践上不断支持法治，其效果却不能令人满意。近年来，冲突社会法治面临的危机尤为突出，甚至联合国自身的法治行动也严重违反国际法。因此，联合国在冲突社会的法治往往被国际社会诟病，从法治行动的国际法基础，到实施过程中采取的措施和具体机制到最后达到的效果，尤其是冲突的治理，以及为建设和平而进行的过渡时期的司法、建设和平力量的行动效率以及安理会针对冲突实施的制裁措施都广受争议。

以2003年的伊拉克战争为例，美国绕开联合国，对伊拉克发动全面武装攻击，尤其对国际法治产生了巨大冲击。战争的发动违反了"和平解决国际争端"的国际法基本原则以及联合国宪章第五十一条关于自卫权利的规定，损害了国际秩序。众所周知，安理会是唯一被宪章赋予维护世界和平与安全重任的机构，也只有安理会有权采取一切措施来维护世界和平与安全。然而，在此案例中，伊拉克却在安理会并未达成一致意见的情况下遭受了强烈的武装攻

---

① A/61/636 - S/2006/980, Uniting our strengths: Enhancing United Nations support for the rule of law, Report of the Secretary-General, para. 38.

击，面对大国强硬的武力行动，联合国无法发挥自身的力量，更是难以在冲突预防阶段起到关键性的作用。而相比之下，联合国在伊拉克战争中对战时国际人道主义的保护更加脆弱得不堪一击。伊拉克战争爆发后，联合国秘书长多次敦促交战双方遵守与战争法规有关的日内瓦公约及其附加议定书，但伊拉克境内仍然遭受到大规模的轰炸，大量的平民伤亡。由于美国不是国际刑事法院规约的成员国，而且美国还和有关国家签订了双边协定，即美国人不被提交给国际法院接受制裁，因此，面对强权对国际法的肆意践踏，国际司法机制也无能为力。冲突过后，伊拉克社会的民众创伤很难平复，也会产生消极的报复心理，这导致战后伊拉克局势长时间不稳定，联合国的权威再次受到挑战。

2004 年联合国秘书长专门发布了针对冲突社会法治的报告，即《冲突中和冲突后社会的法治和过渡司法》，足见联合国已经较早地重视到第二个层次的法治问题。实践中，除了近期的阿富汗、伊拉克问题以外，20 世纪 90 年代卢旺达的种族事件以及更早的东帝汶冲突，无不证明在冲突社会践行法治的重要意义：这一环节的法治不仅对冲突社会的复原和重建，消除战争和冲突带来的创伤等方面至关重要，还为实施"长期发展下的法治"（即第三个层次下的法治）奠定了重要基础。秘书长报告指出联合国在促进冲突社会司法和法治方面的主要问题和经验教训："除非全国人民确信，可以通过旨在和平解决争端和实行公正司法的合法体制来伸冤，否则便无法在冲突后巩固和平，更无法维持长期和平。"①

国际法治不是一个笼统抽象的概念，"三个法治篮子"的提法更精准地归纳了不同阶段和环境下法治的内涵和要求。在冲突社会中推行法治，其实质是要求司法、和平与民主不能相互排斥，而是相辅相成，这也是由冲突社会的特点决定的，即制度遭破坏，资源被耗竭，安全无保障，国民饱受创伤；少数群体、妇女、儿童、囚犯和被拘留者、流离失所者、难民等更为易受伤害，这使得恢复法

---

① S/2004/616, The Rule of Law and Transitional Justice in Conflict and Post-Conflict Societies, Report of the Secretary-Genera, para. 2.

治的需要更加紧迫。建立冲突社会法治需要国际社会的普遍努力，联合国是主导，各国的努力是关键。各国不仅要在观念上强化"遵守国际法"和"维护联合国权威"的认识，更要在实践中加强对冲突社会法治的支援，包括对多重机制的完善和配合；针对各国的国别性特征和冲突背景的差异选择适合的法治途径。

冲突社会的复原和法治重建不是一蹴而就的，是一个长期的过程，不仅是战争的终结，更是为新的经济和社会发展奠定基础。正如柯菲德·贝尔顿（Kleinfeld Belton）所总结的那样，法治不是一个单一的概念，而是包含很多社会化的产品，在冲突社会尤其如此。他认为冲突社会的法治包括和平协定的达成、制宪进程、需求评估（Post-Conflict Needs Assessments）和过渡司法等。① 冲突社会的法治包含两个实质上既有相继性，又有并存性的阶段（可以视为危机控制阶段和危机后的重整阶段），这就要求对这两个阶段的任务进行规划，充分考虑其共同价值，追求长期、综合的法治目标，从而建立一个较长阶段内可持续的法律和秩序环境。正是因为实践中两个阶段的不可分割性，本书并没有纵向地将冲突社会的法治划分为"危机控制时期"和"社会发展时期"两个阶段，而是选取联合国在冲突社会进行的具有代表性的法治行动，进行分析和评价。

国际和国家层面的改革者们开始倾向于一种长期的解决冲突的方式，从而建立法治，包括建立有效、完整和透明的政权体系；形成公平、独立的司法系统以及高效的安全武装；改革和更新法律条文；建立公众广泛参与的对于人权的评论机制，而不是依赖武力解决问题。② 建立法治并不是一项简单的工作，它是一系列用以支持和平、人权、民主和繁荣的文化妥协以及组织架构。从组织结构上来讲，它包括法院、法律条文、行政机构、选举、一个强大的教育

---

① Kleinfeld Belton, Competing Definitions of the Rule of Law: Implications for Practitioners, Democracy and Rule of Law Project, 2005, *available at* http://www.carnegieendowment.org/files/CP55. Belton. FINAL, visited on 25 April 2013.

② Jane Stromseth, David Wippman and Rosa Brooks, Can Might Make Rights? Building the Rule of Law after Military Interventions, Cambridge University Press, 2006, p. 3.

系统、言论自由以及拥有独立的非政府组织；在文化层面，法治要求人们勇于为上述机构付出劳动和忠诚。① 法治始终是一个多层面的工作，不只是建立制度，更是建立法治文化和对法治的政治支持；没有共享的法治理念，法院只是建筑，法官只是官僚机构，宪法只是一纸空文。②

诚然，冲突社会重建法治面临着许多困难和挑战，有以下几个原因。

首先，冲突社会的法治建立在武力之上，其中很大一部分是干涉带来的武力之上，这本身就是一个悖论，因为法治不是强加的；而这样的悖论也会破坏法治的真正价值；因为法治在实践中成功的关键应是充分尊重保护基本人权的国际法规则。③ 具体而言，冲突社会的法治建成需要平衡几种关系：短期利益与长期利益之间的平衡，例如，法治行动中与当地军事力量以及民兵的合作，在短期内能够协助有效的解决危机，而恰恰可能造成长期的危机，因为这无疑是重新为当地的军事力量赋权；尊重当地文化以及发展本地所有权与国际标准之间的平衡；满足少数人的政治需要与绝大多数人的利益之间的平衡。推动法治在政治上并非中立的，实践中，一些政治决定以其他利益的牺牲为代价，这往往引来更多的反对之声。④ 建立法治之路并不是一条直线，而是迂回的，需要不断地平衡行动，有很强的持续性。

① Jane Stromseth, David Wippman and Rosa Brooks, Can Might Make Rights? Building the Rule of Law after Military Interventions, Cambridge University Press, 2006, p. 4.

② Jane Stromseth, David Wippman and Rosa Brooks, Can Might Make Rights? Building the Rule of Law after Military Interventions, Cambridge University Press, 2006, p. 6.

③ Jane Stromseth, Post-Conflict Rule of Law Building: the Need for a Multi-Layered, Synergistic Approach, William and Mary Law Review, Vol. 49, p. 1443.

④ Donald Horowitz, Constitutional Design: Proposal Versus Processes, Andrew Reynolds, ed., the Architecture of Democracy, Constitutional Design, Conflict Management and Democracy, Oxford University Press, p. 1, pp. 15-16.

　　其次，法治是否天然是一种实质上的制度？换言之，法治究竟是一种形式上的制度和程序，抑或从实质上说是一种权利和正义？实践中，决策者认为法治是一种目标，他们总在设计一种实质的结果，他们试图追求一种结果状态，立法完善、司法系统得以创立和尊重，更多的国际人权规则被应用和弘扬。但是法治不只是这些制度的叠加，而是一种文化的认同和妥协，尽管制度和机器的重要性不容置疑，但是人们对于法治价值的信仰也不可忽视，而后者并不能当然地从前者中衍生出来。如前所述，法治不是强加的，宪政也不是不加区分地适用于任何一片土地的，法治的建设要视乎当地文化环境，因此，法治的概念不是简单的归纳，而是应该有着更为丰富和立体的内涵。有学者借此认为，法治描述了一种这样的状态，即国家垄断了一切武力方式，多数人选择用一种持续程序公正、中立和广泛使用的规则，以及用一种尊重人权规则的方式去解决冲突。在当今全球联系紧密的环境下，这些不仅需要有现代的、有效的法律制度与规范，更需要有一种对于这种法律制度和规范背后价值的文化和政治承诺。① 因此，法治是一种制度和立法，更是文化上的接纳；很多冲突的解决是在法律之外的，依赖公众对于法治和法律的信仰。

　　最后，冲突社会的法治也是一个发展的问题。没有重回轨道的经济秩序，人们缺乏经济上的自我支持，冲突永远无法真正远离一个社会。在政府滥用资源的国家，在行政权力僭越了司法权力，贪污腐败频发的国家，法治需要发挥其重要的作用。

---

① Jane Stromseth, David Wippman and Rosa Brooks, Can Might Make Rights? Building the Rule of Law after Military Interventions, Cambridge University Press, 2006, pp. 76-78.

中编

冲突社会法治的实现

第三章　冲突社会法治的实现：概述

第一节　过渡司法

一、过渡司法理论的内涵和发展

（一）过渡司法的内涵

尼尔·克里兹（Neil Kritz）在其著作《过渡司法：新兴民主如何面对旧体制》中第一次使用"过渡司法"的名词，指的是涉及民主政府处理旧政府侵犯人权行为的种种方式。①

中国人民大学朱力宇教授在其新近研究中对过渡司法的语词进行了详细的阐释。他认为 Transitional justice 有多种译法，联合国文件一般将其翻译为"过渡司法"、"过渡时期司法"，我国台湾地区通常译为"转型正义"，日本则译为"转移期正义"，另外还有"转型期正义"、"变迁中的正义"等。② 过渡司法最初是指一个国家由非

---

① Neil J. Kritz, Transitional Justice: How Emerging Democracies Reckon with Former Regimes, Washington D. C.: United States Institute of Peace Press, 1995.

② 朱力宇教授进一步指出，这些译法上的差异大致源于两个方面：第一，语言本身的客观原因，由此而来的差异可称为消极差异。第二，译者主观的原因，由此而来的差异可称为积极差异。对于联合国而言，它一方面要在国际间倡导正义、人权等普遍价值，以求在各种文明与意识形态中间达成"重叠共识"，但在开展具体的日常工作时，它又必须尽量避免使用各种形而上学的话语，采取更为具体和中性的话语，在不得不使用诸 justice 一类话语的时候，它就必须用共同的语言将其具体化。正是出于这个目的，联合国将 transitional justice 界定为"进程和机制"。参见朱力宇、熊侃：《过渡司法：联合国和国际社会对系统性或大规模侵犯人权的回应》，载《浙江大学学报（人文社会科学版）》，第40卷第4期。

民主体制过渡到民主体制后，对旧政府侵犯人权行为的处理。冷战结束和东欧剧变之后，这一概念又被用来指战争或冲突结束后，如何追究过去的种种暴行。近年来，一些发达国家政府对历史上受主流社会欺侮、压迫的群体采取的道歉与赔偿等补救措施，也被称为过渡司法。①

　　国外一些学者将过渡司法等同于"法治"。例如，前南国际刑庭帕特里夏·瓦尔德（Patricia Wald）法官认为，法治要求法院承认法律和规则的效力，并在其约束之下行使司法权，法院必须在法律之下行事从而达到法治。② 露蒂·特蒂尔（Ruti Teitel）认为，理想化的过渡时期司法与非理想化的司法是联系在一起的，是一种不完美的，有失偏颇的法治，然而在一种不寻常的政治环境下究竟什么是正义和公平，这无法由阿基米德式（Archimedes）理想观点决定，而由当时的过渡时期环境本身决定。③ 哈灵顿·麦考利夫（Padraig McAuliffe）更是将过渡司法与法治作为并列的概念加以研究。④

　　诚然，法治与过渡司法的关系密不可分，过渡时期的问责制度最能体现法治精神，因为大规模的政治犯罪多由国家刑事立法所禁止的犯罪行为构成，或是为国际强行法规则所禁止。为了法治自身的价值，个人问责制度保证了其规则稳定性和对固有法律的遵守，否则就会破坏法律的威严。⑤ 二者的这一关系在 2004 年秘书长报

---

　　①　朱力宇、熊侃：《过渡司法：联合国和国际社会对系统性或大规模侵犯人权的回应》，载《浙江大学学报（人文社会科学版）》第 40 卷第 4 期。

　　②　*Prosecutor v. Tadi ć*, Case No. IT-94-1-A-R77, Separate Opinion of Judge Wald Dissenting from the Finding of Jurisdiction, 27 February 2001, para. 5.

　　③　Ruti G. Teitel, Transitional Justice, Oxford University Press, 2001, p. 224.

　　④　Padraig McAuliffe, Transitional Justice and the Rule of Law: The Perfect Couple or Awkward Bedfellows? Hague Journal on the Rule of Law, Vol. 2 (2010), pp. 127-154.

　　⑤　Diane F. Orentlicher, Settling Accounts: The Duty to Prosecute Human Rights Violations of a Prior Legal Regime, Yale Law Journal, Vol. 100 (1991), p. 2537.

告中阐述得尤其透彻。① 但是需要注意的是，这里的"法治"只是司法领域的狭义的"法治"，并不等同于本文所提到的广义"法治"概念。换言之，笔者同意一个观点，即过渡司法是法治理念在司法层面的重要组成部分，构成了冲突社会法治的一个层面。

一些学者认为，过渡司法至少包括四个方面的内容：第一，法律的使用尽可能明确，以减少司法范围的自由裁量权；第二，司法机关必须独立，不受外界机构和政府的影响；第三，法官和陪审员不偏不倚地解释法律；第四，严格遵守法律的正当程序原则，要有对抗和公开的听证，选择法律上的代表的权利，上诉权，不诉及既往的权利，尊重法律的界限、无罪推定等。② 本书拟将上述这些组成部分穿插于具体论述中，而不设专节讨论过渡司法的要素。

（二）过渡司法理论的发展

过渡司法的理念可以追溯到第一次世界大战，《凡尔赛条约》的签订，建立了世界上第一个正式的战争发起者责任与刑罚委员会。该委员会提出 895 名应受指控的战争罪犯名单，并希望通过协约国军事法庭进行一次较为正式的国际刑事审判，起诉 1915 年在土耳其境内实施大规模屠杀亚美尼亚人的土耳其官员以及其他实施"违反人道主义罪行"的个人。③ 但当时由于政治等多方面的因素，

---

① UN Secretary-General, the Rule of Law and Transitional Justice in Conflict and Post-Conflict Societies, UN Doc. S/2004/616, of 3 August 2004.

② Jon Elster, Closing the Books: Transitional Justice in Historical Perspective, Cambridge University Press, 2004, p. 86.

③ 对土耳其官员进行起诉的根据，是 1920 年协约国与土耳其签订的《塞夫勒条约》(Treaty of Sèvres)，根据该条约规定，土耳其罪犯有可能受到"违反人道主义法罪行"的审判，但是，《塞夫勒条约》并没有获得批准，其条款也始终没有投入使用，相反 1923 年的《洛桑条约》(Treaty of Lausanne)取代了《塞夫勒条约》，《洛桑条约》不仅没有规定任何起诉的条款，反而在其未公开的附件中却同意赦免土耳其官员。土耳其政府和专家也一致否认在土耳其境内曾经发生过这样的大屠杀，相反他们提出在亚美尼亚人和土耳其人之间存在种族冲突，并由此导致了双方伤亡事件的发生。

协约国的审判活动没有成为现实。① 随着二战结束，即 1945 年以后，过渡司法逐渐演变，越来越显示出其国际化趋势。国际社会在战后面临的最大问题是：是否惩罚德国的暴行？在何种程度上惩罚其暴行？司法应该具备何种的形式，即采用国际性还是国家性措施？最后，国际性审判的执行情况反映了政治环境的重大影响力，也认可了一种新型的国际治理手段，即对国家主权的限制。而极富象征意义的纽伦堡审判，也反映了国际法范畴内过渡司法的胜利。然而，战后特殊的政治环境使这种发展并不具备持续性。

冷战后，前苏联的分裂和瓦解导致了相关地区的政治变迁。在这个阶段，国际社会逐渐对法治产生更加多样化的理解，而在此基础上，也形成了多样化的过渡司法模式。在这个变迁的潮流中，过渡司法机制逐渐包含了法治意义上的新型和解方式，这些方式还具有跨领域的特征。② 过渡司法的目的不仅仅是推动司法，更重要的是促进整体和平。因此，在这个过程中，过渡司法的发展方向是更加具有本地性和独特性，也涵盖了更广阔的法治目标。而新型的过渡司法的形式(以真相委员会为例)还反映了更令人期待的法治与民主的持久关系问题。这一阶段的过渡司法虽然在制度上已经超越了单一的个人责任制，但其目标仍然不是整体性的社会正义。解决了历史的遗留问题，同时也为日后冲突的司法解决留下了空间和可能性。③

随着 20 世纪的终结，全球政治开始逐渐以解决冲突和追求正

---

① 特别是莱比锡的审判，是协约国根据《凡尔赛条约》第 227 条关于"协约国将组织特别法庭审判德国皇帝威廉二世，并治之以破坏国际道德和条约尊严的最大罪状"的规定，试图从事的首次正式审判战争罪犯的国际审判，但是，由于威廉二世以退位的方式逃到荷兰寻求庇护，规避受到审判的同时，也使得莱比锡审判的愿望没能实现。

② Kenneth Roth and Alison Desforges, Justice or Therapy? Boston Review, Summer 2002, p. 42.

③ Ruti Teitel, Bringing the Messiah Through the Law, C. Hesse and R. Post, eds. , Human Rights in Political Transitions: Gettysburg to Bosnia, Zone Books, 1999, pp. 177-193.

义为特征。过渡司法从一种规则发展成为一种法治范式。① 过渡司法理论将延伸的人道主义司法理论规范化，创立了一系列与反复发生的冲突相关的法律，这也为逐渐产生的反恐怖主义规则奠定了基础。

这里讨论的过渡司法是全球化背景下的过渡司法，与全球化的政治相关，由联合国推动，并在联合国框架下实施。联合国支援冲突社会采用多元的、选择性的过渡司法形式，包括一系列国际的、国家的和区域层面的解决方式。小规模的战争以及持续的冲突都是造成现阶段国际社会不稳定和不安全的主要原因，过渡司法作为一个与政治不稳定性相关的概念，在法治的标准上不可避免与更高的政治妥协有关。②

自冷战以后，各国政府以及非政府组织一直在经济上、政治上支持过渡司法机制。从某种程度上说，该机制已经逐渐成为全球化的一个动力，致力于寻求整个人类社会的稳定、和平以及再次树立人类的信心。这些机制具有使世界"再文明化"的能力，但是它们并不是在任何情况下都能自动选择适用的工具体系。在有些情况下，人们认为短期的政治利益比符合当地需求的现实状况更重要，因此，在机制的实施过程中不仅产生很多复杂的情势，而且在理论上造成很多难以解决的问题。

二、过渡司法的基础

(一)理论基础：犯罪的惩罚与基本权利的保护

过渡司法建立在两个基本的、互为补充的原理之上。第一个原理是以"胡萝卜加大棒政策"为后盾，通过灌输尊重人权的观念，促使"坏学生"向国际社会看齐，从而确立起规范。这种模式注重对政治精英和军事人员的教化，因此可以说是一个自上而下的教化

---

① Ruti Teitel, The Law and Politics of Contemporary Transitional Justice, Cornell International Law Journal, Vol. 38, p. 234.

② Christopher Rudolph, Constructing an Atrocities Regime：The Politics of War Crimes Tribunals, International Law Organization, Vol. 55 (2001), p. 655.

过程。这个理论事实上是以国际法中侧重于刑事法律的角度为基础而提出的。在一个层面体现了过渡司法对于刑法根本目的的思考，即刑事司法的功能是教育与惩罚相结合。第二个原理则是一个所谓的自下而上的过程。它源于这样的理念，即经历了内战血雨腥风的社会和饱受独裁之苦的人们只有获得慰藉方可忘却那段布满创伤的历史。这个"国民宣泄"的过程旨在通过将社会成员的情绪导向一种全民族认同的重建中，使人们摆脱精神压力。① 与第一个理论相对立，该理论侧重国际人权法中对于特殊群体或者脆弱群体基本权利的特别保护。可见，过渡司法理论是国际法与刑法学紧密交叉的特殊领域。

作为一个发生在冲突社会的特殊现象，过渡司法机制的目的就是在已经经受了广泛人权侵害的社会中促成和解，推动改革和民主，最终减少紧张态势的发生，同时实现国家层面刑事司法的宗旨。在价值观和社会结构正在崩溃的冲突社会看来，过渡司法是避免暴力和冲突升级的一种可供选择的方法，是和平的基石。适应受害人和社会的要求，过渡性的司法机制不仅能够实现对受害人的补偿，而且也将冲突社会的能动力量调动起来，包括参与冲突社会重建的国际社会力量，不断推进国际法治，维护国际和平与安全。

冲突社会，充满重重矛盾，难以调和，除了固有的不稳定因素之外，还有国际法律体系存在的缺陷所引发的那些根深蒂固的矛盾。正是因为如此，整个社会机制更是需要一整套措施去平衡运作。一般情形之下，维护和平与弘扬正义是同时进行的。然而在冲突社会，经常出现的情形是，权力与固有制度之间的平衡遭到破坏，固有的权力体不愿交出权力，过渡时期的政治，而不是过渡时期的司法，往往成为主导范式。

冲突社会最为矛盾的一点就是它是最需要法治的社会，却也是

---

① Lucy Hovil and Joanna R. Quinn, Peace First. Justice Later: Traditional Justice in Northern Uganda, Refugee Law Project Working Paper No. 17, 8 July 2005. *Available at* http://www.refugeelawproject.org/working _ papers/ RLP. WP17. pdf, visited on 2 July 2012.

最脆弱难以建立法治的社会，过渡时期的改革处处显示着秩序的混乱和法律的缺失。在过渡时期存在着一种特定司法与有限政治环境之间的紧张关系。根据一些学者的理论，冲突社会的重建，首先要理清经济、社会、政治和文化的各个方面造成冲突的原因；其次要孤立那些计划和执行暴行之人，将他们从社会中剔除，从而避免其再度产生有害的影响；再次是有必要将人们的注意力从对暴行的愤怒和仇恨中转移出来，促使其达成和解并参与重建社会组织；最后是建立有利于对话的制度和机构，在这样的环境下受冲突操纵的社会关系方能得以修补。①

一个社会在经历过武装冲突、叛乱或者其他政治情形后，它将如何建设法治、重塑人权和民主的文化呢？这个问题一直紧随过渡司法理论的发展而变化。过去20年，过渡司法理论不断扩展，在如何实现过渡时期正义等问题上逐渐多样化。如前所述，面临着越来越多元的政治现实和困境，在正义和公正等要求的压力下，过渡时期社会常常使用真相委员会、大赦、刑事诉讼等多种方式。②

和解一般是指"在相互敌对或是曾经敌对的个人、团体之间，达成调和式的妥协"③。这个理念在秘鲁市民社会的一个著名的口号"让事件不再发生"（*Para que no se repita*，So that it doesn't happen again）体现得颇为充分，因此，国家和解概念包含的内容是丰富的，不仅包含了冲突的解决，还包括冲突后一切事务的管理和控制。④ 因此它不仅是一个过程，更是一种结果，它包含着对于未来

---

① Ruti G. Teitel, Human Rights in Transition: Transitional Justice Genealogy, Harvard Human Rights Journal, Vol. 16 (2003), p. 69.

② *See* Lisa J. Laplante, Transitional Justice and Peace Building: Diagnosing and Addressing the Socioeconomic Roots of Violence Through a Human Rights Framework, International Journal of Transitional Justice, Vol. 2 (2008), p. 331.

③ Priscilla B. Hayner, Unspeakable Truths: Confronting State Terror and Atrocity, Routledge, 2001, p. 11, 155.

④ Lisa J. Laplante, Transitional Justice and Peace Building: Diagnosing and Addressing the Socioeconomic Roots of Violence Through a Human Rights Framework, International Journal of Transitional Justice, Vol. 2 (2008), p. 331.

可能发生冲突的预防。换言之，过渡司法机制的使用是为了最终实现和解和可持续的和平。

为了更加清晰地阐明冲突社会和解目标，或者说过渡司法的根本目标，这里引用埃伊坦·吉尔博亚（Eytan Gilboa）教授的理论，他认为，冲突的解决和和解的区别建立在这样一个假设问题基础上，即假使冲突双方达成了和平协议，那也只是领袖们之间的协定，而不是人民之间的；为了更有效地实现和平，其实施进程必须全面且具有长期性特征；成功的冲突解决表面上是以和平协议的签署为结束的，但这只是消极的和平，真正成功的和解是以获得积极或是稳定的和平为结束的。① 因此，吉尔博亚理解的过渡司法，其目标是为了得到持续的和平而建立更深层次体制和社会内部改革。

（二）实践基础：国际刑事司法制度的发展

在讨论过渡司法的实践基础之前，有必要厘清国际刑事司法制度的历史发展。早在15世纪，就出现了依靠国际性法庭对战犯进行审判的状况。1474年，当时27名神圣罗马帝国法官审理了皮特·冯·哈根巴斯（Peter Von Hagenbush）允许其军队实施强奸、杀害和掠夺无辜平民财产的行为，并因这种行为侵犯了"上帝和人道法"（Laws of God and Man）而认定其有罪。② 这次尝试性的审判被国际社会视为国际刑事审判的序幕。然而，这样的机制在其后的四百多年都没有再出现过。20世纪伊始，人类经历了惨烈的一战，这也引发了国际社会希望惩罚战争罪犯的动议。《凡尔赛和约》规定设立特别法庭和军事法庭分别对德皇威廉二世和其他违反战争法的人进行审判。③ 然而，两个法庭最终都没有建立起来，德皇威廉二世由于受到荷兰王国的政治庇护而没有受到审判，部分战犯也仅

① Eytan Gilboa, Media and International Conflict: A Multidisciplinary Approach, Journal of Dispute Resolution, Vol. 2007, No. 1, 229-237.

② M. Cherif Bassiouni, The Time Has Come for an International Criminal Court, Indiana International and Comparative Law Review, Vol. 1 (1991), pp. 1-43.

③ 《凡尔赛和约》第227~229条，载《国际条约集》(1917—1923)，世界知识出版社1961年版，第127~158页。

仅受到了德国最高法院在莱比锡象征性的审判和处罚。可见，一战之后的国际刑事司法审判有名无实，但毕竟《凡尔赛和约》首次在"普遍性国际条约中作出了设立国际刑事法庭对战争罪犯进行审判和处罚的规定"，对于国际刑事司法制度的发展具有"开创性的意义"。①

短短二十多年之后接踵而至的第二次世界大战，更是造成了人类历史上前所未见的空前大灾难，而国际社会再次意识到有必要建立国际刑事法庭对德国和日本在战争期间的种种暴行进行审判。纽伦堡国际军事法庭和远东国际军事法庭分别于 1945 年和 1946 年成立。两个法庭均由战胜国选派的法官组成，因此受到一些争议，但是两次审判的进行也从另一个侧面展示了国际刑事审判的可能性。

冷战期间，国际刑事审判进入了沉默的年代，冷战期间世界各地的许多冲突都没有成立国际调查或起诉机构。②

冷战结束后，国际刑事司法制度进入快速发展时期。在此期间，建立了国际刑事法庭、混合法庭以及特别刑事法庭等。③ 联合国国际法委员会在 1993 年和 1994 年连续两年向联合国大会提交了《国际刑事法院规约草案》。1994 年 12 月，联合国大会决定设立特设委员会（ad hoc committee）负责审议与《国际刑事法院规约草案》有关的实质问题和行政管理问题，并在此基础上考虑召开国际外交大会的安排。以此为基础，1995 年 12 月，联合国大会设立筹备委员会，该委员会邀请联合国会员国和国际组织参与《国际刑事法院规约》的起草并于 1998 年向罗马外交大会提交了《国际刑事法院规约》草案及与外交大会有关的三个草案文件。1998 年 6 月至 7 月，

---

① 参见马呈元：《国际刑法论》，中国政法大学出版社 2007 年版，第 120~121 页。黄风、凌岩、王秀梅：《国际刑法学》，中国人民大学出版社 2007 年版，第 361~362 页；第 121 页。

② M. C. Basscouni, Introduction to International Criminal Law, Transnational Publishers, 2004, p. 422.

③ 面对前南斯拉夫解体过程中出现的大规模种族清洗和惨绝人寰的卢旺达种族灭绝，联合国安理会通过决议建立两个特设国际刑事法庭：前南斯拉夫国际刑事法庭和卢旺达国际刑事法庭。

联合国建立国际刑事法院的罗马外交大会召开，经过反复谈判，1998 年 7 月 17 日，表决通过了《国际刑事法院规约》，即《罗马规约》。2002 年 7 月 1 日，《国际刑事法院规约》正式生效，国际刑事法院宣告成立。2003 年 3 月，国际刑事法院正式开始运作。

国际司法制度的发展表面上是一种制度上的演进，但是其背后更加深刻的意义则体现在对于过渡司法机制发展的推动中，如前所述，近几十年，过渡司法机制逐渐向多元化和地区性、独特性方向发展，而国际司法制度的发展恰恰为这种趋势提供了更多的可能性，为过渡司法提供了更多的选择机制。尤其是冷战之后，联合国主导下建立的混合法庭、特别法庭以及国际刑事法院和国际法院等，都极大地丰富了过渡司法机制的内容。

三、过渡司法机制的优势和弊端

过渡司法机制的选择，实质是冲突社会政策的选择，其基本方向是宽恕和惩罚。不管是哪一种选择，都具有其各自优劣势和难以调和的内在矛盾。

首先，宽恕是一种遗忘的机制，例如对暴行者实施的大赦就是一种典型的宽恕机制。理论上，大赦的好处预防了仇恨情绪更加广泛的蔓延；如果内战或者冲突本身是由于独裁统治而起，大赦可以避免国家行政官员遭到集体处决。因此，如果能够惠及所有之前试图互相斗争到底的冲突各方的话，则可以在整体上缓和气氛。① 在冲突社会，不同的环境之下个人与社会对于暴行的反应是不同的，经济也是一个重要的因素。过于贫困潦倒的国家如果大量采用审判和惩罚机制，则会浪费很多资源，甚至原本可以广泛用于法治建设和制宪等事项的资源也要被剥夺。甚至在一些学者看来，起诉与豁免一样，都是是对民主和法治的确认，在冲突社会起着同等重要的作用。②

---

① 具体内容参考联合国人权事务高级专员办事处文件《冲突后国家的法治工具：大赦》，HR/PUB/09/2，参见 www. ohchr. org/Documents/Publications/Amnesties_ch. pdf，访问日期 2012 年 12 月 3 日。

② Ruti G. Teitel, Transitional Justice, Oxford University Press, 2001, p. 40.

　　然而，大赦却有很多道德层面上的缺陷。大赦意味着消除愧疚和忘却犯罪，对于整个社会而言，犯罪似乎从未得到惩罚。那些冲突中的幸存者和受害者均要求实现正义，他们要求找到所有从事过谋杀、强奸或者酷刑的罪犯，并给予惩罚，这一需求是重要的精神要素，看似只是一种报复手段，但也是一种在民主和文明社会所特有的"以牙还牙、以眼还眼"的方式。

　　与宽恕相对的政策是惩罚，主要是利用司法手段进行的机制，这种理论受到多数人的推崇。正如史蒂芬·兰德斯曼（Stephan Landsman）所说的，当犯罪是大规模的并且由政治领袖所发起时，法治与惩罚措施之间的关系就变得更加明显，问责制度是法治的基本要素。政治领袖实施的犯罪受到处罚使得"法治高于所有社会成员"的基本准则得到昭示，法律的权威优于任何个人，法律以外无个人身份或者地位上的特权。①

　　这一点主要体现于对战争犯罪的追诉，这深受文化因素的影响。② 冷战结束后，国际社会尤其是联合国，频繁地对发生在世界各地的战争罪行作出反应。过渡司法国际中心（International Center

① Stephan Landsman, Alternative Responses to Serious Human Rights Abuses: Of Prosecutions and Truth Commissions, Law and Contemporary Problems, Vol. 59 (1996), p. 83.

② Jack Donnelly, Universal Human Rights in Theory and Practice, Cornell University Press, 2003. p. 10. 参见张永江，《文化相对主义视角下的卢旺达国际刑事法庭》，载《河北法学》第 25 卷第 6 期，2007 年 6 月。一方面，文化普适主义和文化相对主义之间的对立会影响对战争犯罪的追诉。文化相对主义分为激进的和温和的；激进的文化相对主义认为，文化是影响人权或规则有效性的唯一的因素。而激进的普适主义则认为，文化与这些权利或规则的有效性完全毫不相关。文化相对主义又有肯定说和否定说。肯定说认为，文化相对主义主要作为应对殖民主义罪恶而演变来的，因为非洲、亚洲和穆斯林（包括拉丁美洲）等地的领导者和国民对殖民者统治下的痛苦往事有着刻骨铭心的记忆，对外部压力有着一种天然的敏感性。对文化帝国主义危险的敏感是极其重要的，不管是殖民主义的产物还是国际经济剥削和政治征服的工具，抑或是赤裸裸的极端人种优越论。否定说则认为，文化相对主义经常被作为避免承担人权侵害责任的借口。统治者经常以文化相对主义作为幌子以转移人们关注其暴行的视线。

for Transitional Justice)认为实现过渡司法的措施主要包括四种，①列于首位的即是对侵犯人权行为进行公正的审判和处罚（Criminal prosecutions）。具有公信力的刑事审判尽管是针对被告人个人进行的，但却具有展现历史真相、帮助受害人重获尊严、恢复公众对法治信心的作用，并因此而成为应对大规模侵犯人权行为的一整套措施的核心部分。

然而，客观上，对战争犯罪的追诉不乏一些缺陷。法院难以选择，理论上最适合的法院应该是在犯罪发生地的法院。然而，冲突后社会中的国家法院往往在政治上具有妥协性，他们无法担当弘扬正义的功能。典型的案例就是伊拉克高等法庭对萨达姆·侯赛因（Saddam Hussein）采取的杜杰勒审判（Dujail Trial），这次审判被认为是背离了公平公正的基本原则。一国国内法院并未得到充分的法律授权去审判国际犯罪或者宣判国际罪行。法院的不当性不但不能达成和解目标，还会成为导火线，重新点燃曾经的愤怒和仇恨。相较之下，国际刑事法庭能够较为公正和独立地去履行职能。与国内法院不同，它们不仅可以审判大规模的犯罪（屠杀、反人类犯罪以及战争犯罪），还可以审判负主要责任的军事指挥者和政治领导人。但是，即便是这样，法庭本身也具有缺陷，审判进度缓慢、机构臃肿、耗资巨大，法庭多起诉和审判那些承担最主要国际刑事责任的人，却无法去审判那些实质上实施谋杀、酷刑、强奸和其他犯下滔天罪行的普通人，但是也正是这些人，却是那些幸存者和受害人亲属最希望出现在被告席之上的。此外，这些国际法庭从总体上说依赖国际外交和国家之间的合作才得以运行，它们没有自动地执行机关去收集证据甚至实施逮捕程序，所以在效率上就大打折扣。最后，国际法庭经历过所谓的纽伦堡综合症（Nuremberg syndrome），

---

① 按照"过渡司法国际中心"的分类，实现综合性过渡司法措施的核心元素包括：（1）刑事诉讼程序；（2）恢复，包括物质赔偿与公开道歉等不同措施和手段；（3）军队、警察以及法院等公权力机构和司法机构的机构改革；（4）真相委员会。*Available at* http：//ictj. org/about/transitional-justice，visited on 29 April，2013。

即类似于胜利者的正义，法庭审判了失败者，而胜利者却免于司法审查，这给国际社会留下沉痛的伤害和教训。

最后，包括宽恕与惩罚的所有过渡司法机制均成为冲突后国家重建的一种形式。一方面，犯罪者对过去的暴行承担责任是传统的过渡司法的主要形式，不只是因法治之名，更是因为对过去展开惩罚，才能够更好地开启未来。如一些学者所言，是这些审判成为过去冲突与未来法治之间最为清晰的界限。① 也有学者认为，这是新的开始与旧的暴政之间永久的界墙。审判通过实现报复、和解、复原以及对于那些可能危及文明化进程人群的教育达到上述目的。豁免或者大赦呼唤新国家的力量，同时呼唤新的宪政秩序。②

总之，无论是宽恕、大赦还是刑事审判都无法单独构成冲突社会针对暴行采取的全部措施，冲突社会依然充斥着杀戮、饥饿和痛苦，如何应对变得异常艰难，这也成为驱使个人和团体再度实施暴力和侵略的动因之一。这就让过渡时期的司法和正义显得尤为困难和复杂。

过渡司法机制作为一个整体在那些被暴力和冲突分裂的社会中起到重要的作用，而它们是否能够更加适时、有效的实施则是最关键的。联合国应当在这个过程中发挥自身作用，建立符合当地文化特点和政治环境的机制，避免大规模犯罪的重复发生，这无疑是一项异常艰巨的任务。作为当今世界最大的普遍性国际组织，联合国在过渡司法和冲突社会法治重建的过程中理应承担重要的作用。总体上来讲，国际机构、非政府组织以及国家管理者之间的联系应更加紧密，以期更加有效的合作，从而更高频率地利用对方的比较性优势。作为众多行为者中的一员，联合国在促进过渡时期的司法中作出了巨大的努力。然而，为了使这些努力发挥更大作用，还需要

① Padraig McAuliffe, Transitional Justice and the Rule of Law: The Perfect Couple or Awkward Bedfellows? Hague Journal on the Rule of Law, Vol. 2 (2010), pp. 127-154.

② Otto Kirchheimer, Political Justice: The Use of Legal Procedure for Political Ends, Greenwood Pub Group, 1961, p. 308.

考虑很多的因素。为了更好地界定联合国的角色，在过渡司法机制无法有效运行时找出问题所在，应该对过渡司法机制促进社会转型和加速民主化进程的能力进行评估。只有保证运作的透明度并引入监督程序，过渡司法机制才可能最终生效，否则它们又将成为一个象征性的制度安排，甚至破坏作为其创立之本的实现社会和解目标。

第二节　和平行动

一、对和平行动的界定

从字面意义来说，自一项区域性或国际性情势足以威胁国际和平与安全之时，联合国即应当为和平而采取行动。根据联合国宪章第一条的规定，"联合国之宗旨为：一、维持国际和平及安全；并为此目的：采取有效集体办法，以防止且消除对于和平之威胁，制止侵略行为或其他和平之破坏；并以和平方法且依正义及国际法之原则，调整或解决足以破坏和平之国际争端或情势"。因此，从宪章精神来看，联合国最重要的目的之一即是采取有效的集体办法维持国际和平。但是，在国际法意义上，宪章第七章并没有任何关于对联合国据此采取行动的定义。随着联合国实践的发展，从"联合一致共策和平"到"建设和平"，到当今联合国所采取的各种形式维护和建设和平方式，尽管仍然主要关注国际和平与安全的政治方法，但是无疑具有了更多法治属性。

按照联合国成立的初衷，集体安全机制是无政府状态与世界政府这两个极端之间的一种制度，是取代一战后时期国联旧体系以维持国际和平的新制度。联合国的集体安全制度被设计成一种包含所有国家的国际机制（international mechanism），虽然依据宪章第四十三条建立联合国部队的问题一直未能达成一致，但从架构上而言，联合国机制毫无疑问是建立在集体安全的基础之上，而安理会第七章行动即是在集体安全体制之下维护国际和平与安全的强制性集体行动。因此，从广义上说，所有联合国为保障和恢复国际和平与安全所采取的努力，包括预防性外交、制裁、维和行动、建设和平行动等均属于和平行动。但基于联合国宪章对使用武力的严格限制，事实上非武力的执行措施在实践中适用更为广泛，不仅能够在现实冲突爆发之后对各参与方的外交、经济贸易、能源供应、通讯等领域进行强制，同时也能够在冲突爆发之前对可能的危急情势进行控制。因此，从狭义上说，针对冲突社会适用的联合国武力行动方属于和平行动。

随着国际局势的不断变化和非传统挑战的出现，联合国安理会依据宪章第七章所采取和平行动的内涵和范围在不断扩展。联合国和平行动呈现出两大特点：一是规模日益扩大，新的任务需求不断增加；二是功能趋于多元化，已从传统的监督停火等发展到协助当事国举行选举、恢复法治、实施"解甲归田"和协助战后重建等一系列任务。① 和平行动所包含的重建进程也逐渐开始实施长期规划，不仅只是单纯完成冲突方停火的任务即任其自生自灭，而是推动国际社会的努力促进冲突社会恢复战前的和平与法治，也需要在经济、政治、安全各方面更大程度的协同与合作。

正是基于这一背景，单纯意义上的维和行动理论已经不足以涵盖联合国框架之下为冲突社会和平和法治所作出的努力，因此，通过引入严格意义上的"和平行动"概念似乎更能对联合国所实施的冲突社会行动进行界定。目前联合国所实践的和平行动实际上包含了传统意义上所划分的"缔造和平"（Peace-making）、"维持和平"（Peace-keeping）以及"建设和平"（Peace-building）等一系列不同层面的行动和内容。② 此外，在联合国和平行动进程中所参与的主体也在不断多元化，传统上安理会常任理事国主导的所谓大国行动也

---

① 张义山大使在联大维和行动特别委员会 2006 年例会上的发言，2006年 2 月 27 日，http：//www.china-un.org/chn/fyywj/2006/t237290.htm，访问日期 2013 年 2 月 8 日。

② Report of the Secretary-General pursuant to the statement adopted by the Summit Meeting of the Security Council on 31 January 1992, An Agenda for Peace Preventive Diplomacy, Peacemaking and Peace-Keeping, A/47/277-S/24111, 17 June 1992.

在逐渐扩展，其他地区性主要国家或一些中等国家，甚至区域性国际组织也在不断深入参与和平行动，为维护国际和平及安全发挥着越来越大的作用。

二、和平行动的内容及其发展

（一）单一维和行动

从历史的角度看，维和行动无疑是联合国集体安全体制中渊源最为深厚的和平行动。早在 1948 年，联合国安理会即通过第 50 号决议决定建立驻巴勒斯坦停战监督组织（United Nations Truce Supervision Organization, UNTSO），主要负责监督以色列与阿拉伯邻国之间的《停战协定》。① 随后 1956 年联合国首次在维和中使用武装力量，建立联合国紧急部队（United Nations Emergency Force, UNEF）。至此，维和行动只是用武力回应武装袭击，仍然不能意图使用武力。②

尽管在实践中快速发展，但维和行动的定义在联合国宪章中却并没有予以规定，因此也被前联合国秘书长哈马舍尔德（Dag Hammarskjöld）称为"宪章的第六点五章"，它是在冲突当事方达成停火协议后为监督双方履行协定的情况而采取的行动。③ 也即"宪章关于调解的条款和关于强制行动的条款之间的空白"。④ 然而，由于联合国维持和平行动是在实践中发展而来的，因此在这方面并无一套完整、严密的理论体系和有拘束力的规则，而维持和平行动

---

① 该组织由 234 名非武装的军事观察员组成，总部设在耶路撒冷，这是第一批维和人员。

② United Nations, The Blue Helmets: A Review of United Nations Peace-Keeping, United Nations Publications, 1990.

③ 联合国第二任秘书长达格·哈马舍尔德认为，维持和平隶属《宪章》"第六章半"的范围，介于根据第六章进行谈判和斡旋等传统和平解决争端办法与根据第七章授权采取更强有力的行动这两者之间。

④ 《联合国手册》第十版，中国对外翻译出版公司 1988 年版，第 109 页。

没有先例可循，也多系根据具体情势行事，① 在本质上仍然属于一种阻滞行动，旨在制止或遏制冲突中的战斗行动，同时进行协同的努力，使交战各方都坐到谈判桌上来，或以其他方式提供必要的时间并创造必要的气氛，以促成和平解决。

从法律角度看，联合国的维持和平行动是以宪章第四十条为依据的，该条规定在诉请第四十一条（不使用武力的措施，诸如断绝经济和外交关系）或第四十二条（使用武力的措施）规定的行动之前，安全理事会可以采取临时办法，防止冲突局势的恶化，同时"并本妨碍关系当事国之权利、要求或立场"。在联合国秘书长的报告中所使用维持和平行动的定义是：为了帮助维护或恢复冲突地区的和平，由联合国组织的有军事人员参与，无强制执行权力的行动。这样一种行动大致分为两大类：观察团和维持和平部队。但不论采取何种形式，它们都根据同样的基本原则行动。它们是由安全理事会组织的，特殊情况下由大会组织，并由秘书长指挥。维持和平行动必须征得驻在国政府的同意，通常也征得直接有关的其他各方的同意，军事人员由会员国自愿提供；军事观察员则是非武装的，维持和平部队的士兵装备轻型防御性武器，但他们只有出于自卫才能被批准使用武力。这种行动决不能干涉驻在国的内部事务，而且也决不能用来在影响会员国的内部冲突中支持一方反对另外一方。

随着东西方冷战的结束以及意识形态矛盾逐渐边缘化，联合国的维和行动也越来越积极，人们对于维和行动也有了越来越高的期望，希望联合国维和能够在冲突频发地区发挥有效作用。但是联合国维和机制运作六十多年以来，人们一直对其毁誉参半，并且行动本身多次出现重大失误。因此，人们开始对联合国维和行动出现的问题进行反思，包括联合国维和行动的能力以及维和资源等。

一方面，维和环境日益复杂化，冲突和威胁的本质正在发生变化，非传统安全挑战和多方位威胁严重影响了联合国维和行动的有

---

① 盛红生：《联合国维持和平行动法律问题研究》，时事出版社 2006 年版，第 4 页。

效性。而且，在过去的实践中，联合国发现了不断增加的东道国政府不合作迹象，也注意到一些冲突方对联合国行动不断抵制。① 而应对上述挑战和威胁，也必然带来维和规模的扩大，维和行动在冷战后的实践中越来越呈现出不堪重负的趋势。现在联合国维和人员数量已远远超出最初的设想，在地域分布上也更加广泛，任务比以往更加复杂。维和任务和维和资源之间以及国际社会期望和联合国实际能力之间的落差日渐增大，这也使联合国维和系统的承受能力捉襟见肘。此外，联合国要对全球维和行动进行统一协调，不仅要提供足够的技术和后勤支援，还要确保维和人员的资质和职业水平，要对维和人员进行必要的监督。

另一方面，维和规模的扩大必然带来对资源需求的增长。从1948 年到 2009 年的 60 年里，联合国维和行动开支大约为 610 亿美元。冷战后，尤其是进入 20 世纪以后，维和费用直线上升。其中，1999 年度维和支出为 27 亿美元，但 2009 年度的维和支出高达 71亿美元。目前，在刚果民主共和国、苏丹达尔富尔等地区部署的维和行动，一年就需要 10 亿多美元的费用。此外，在联合国维和行动物资采购过程中也存在欺诈、浪费和滥用职权等问题。② 2011—2012 年度，承担经费最大的国家是美国，承担费用比例为 27.14%。

(二)综合性和平行动

随着单一维和行动越来越呈现出不足以应对现有国际冲突和威胁的趋势，联合国也在不断扩展其采取行动的方式和范围，综合性的和平手段也逐渐开始形成新的行动体系。

在理论框架上，传统的维和行动理念在于通过建立缓冲空间和相关机制，使国家之间在达成一致的基础上解决彼此之间的争议，这是实现世界持久和平的唯一出路。因此，只有在冲突国家愿意邀

---

① 赵磊：《联合国维和行动改革及各方回应》，载《环球视野》2011 年第10 期。

② 赵磊：《联合国维和行动改革及各方回应》，载《环球视野》2011 年第10 期。

请国际社会介入之时，联合国维和行动才可能发挥作用。但随着国际冲突的不断发展和变化，尤其是联合国单一维和行动的多次失败使得许多学者认为，执行前一种逻辑只会为战争埋下种子，会带来不公正现象，增加人道主义灾难；而相反，法治国家之间不仅不会爆发战争，而且民主和法治反而会降低国内冲突发生的几率。因此，法治国家的增多是维系世界持久和平的条件；因此，这种逻辑认为联合国更应该将工作和行动重心由冲突控制转移到和平与法治建设，① 而联合国也在实践中发展出一系列不同形式的和平行动，通过判断不同的情势而综合运用各种方式，从而提高在冲突开展和平行动的效率。

1. 预防性部署

联合国在前南斯拉夫马其顿共和国所采取的行动是"预防性部署"的一个成功范例。由于担心被拖入南斯拉夫冲突，马其顿于1992年请求联合国向该国部署观察团。安理会同意其请求，向马其顿派出一支维和特遣队，驻扎在该国与南斯拉夫和阿尔巴尼亚接壤的边境。这支由1100多人组成的联合国预防性部署部队负责对原本有可能威胁马其顿领土安全或破坏其稳定的边境发展态势进行监测。马其顿曾多次要求延长特遣队的驻扎时间，特遣队最后于1999年撤出马其顿。

可以看出，与传统维和行动事后反应的行动方式不同，预防性部署更强调在冲突发生之前联合国力量的介入，而将政治、经济、人道主义及人权方案全都包括在内的协调一致的建设和平战略可在预防冲突方面起到至关重要的作用。联合国越来越多的报告和实践认为，从现代国际社会发展的实践来看，影响国际和平与安全的冲突情势，尽管表面直接起因是公共秩序的崩溃，但更深层次的原因则在于社会经济不公平和不平等，经常性的族裔歧视，以及由于土地及其他资源分配造成的不平衡等因素。在许多情况下，这类因素在特定社会的存在有可能导致严重的冲突情势，但是在另一个具备

---

① 门洪华：《联合国维和机制的创新》，载《国际问题研究》2002年第6期。

有效应对机制、良好行政及法律机构的社会则可能不会导致剧烈的
冲突。因此，与其等待冲突剧烈爆发之后采取收效甚微的维和行
动，① 不如建立可靠的早期预警机制，对当地情况和传统有深入细
致的了解，进而在冲突爆发之前即采取有效措施加以控制。② 因
此，2000 年 7 月 20 日，安全理事会开会审议联合国在预防武装冲
突方面的作用。在会后的主席声明中，安理会请求秘书长在考虑到
以往经验及会员国的意见基础上，就预防武装冲突问题进行分析并
就联合国范围内可采取的举措提出建议，以促进联合国将从反应式
文化走向预防式文化。③

　2. 建设和平

　　对联合国而言，建设和平是指帮助有关国家和地区由战争状态
过渡到和平状态的行动，其中包括支助和加强过渡时期能力的各种
活动和方案。通常情况下，建设和平进程的开始以交战方签订和平
协定及联合国积极推动该协定的执行为标志。在此过程中，联合国
也许要做连续的外交努力，以确保原先的交战方通过谈判而不是靠
诉诸武力解决问题。

　　建设和平努力还需要提供各种援助，如部署维和军队；遣返难
民并帮助他们重返社会；举行选举；解除士兵的武装、士兵的复员
和重返社会等。建设和平的核心任务是努力建设一个合法的新国
家，使该国家有能力用和平的方式解决争端、保护本国的平民并确

---

　　① 　例如联合国、非洲统一组织(非统组织)及一些部队派遣国的国家立
法机构进行的事后审查都一致认为，由于国际社会未能在卢旺达采取预防措
施，导致了非洲大湖区整个区域的严重的不稳定。1994 年 4 月"可避免的灭绝
种族行为"发生之前早有各种先期征兆，本来是有充分的机会作出反应的。如
果 1994 年 4 月在卢旺达部署大约 5000 人的部队，便足以制止卢旺达随后严重
的种族灭绝事件。

　　② 　国际社会为 20 世纪 90 年代在波斯尼亚和黑塞哥维那、索马里、卢
旺达、海地、波斯湾、柬埔寨和萨尔瓦多进行的七项主要干预行动耗费了大
约 2000 亿美元。如果采取了预防性做法，国际社会本可节省将近 1300 亿美
元。

　　③ 　联合国秘书长《关于预防武装冲突的报告》，A/55/985 － S/2001/
574，2001 年 6 月 7 日。

保对基本人权的尊重。建设和平行动由联合国系统下属的各组织参与，其中包括世界银行、区域经济组织及其他组织、非政府组织和当地民间团体。在柬埔寨、萨尔瓦多、危地马拉、莫桑比克、利比亚、波斯尼亚和黑塞哥维那、塞拉利昂以及科索沃、东帝汶民主共和国（原东帝汶），和平进程在联合国的行动中发挥了显著的作用。

联合国在冲突社会的和平行动存在一个长期的发展过程。经历了第一代、第二代的维和行动以及半个多世纪遍布于世界各个角落的和平行动之后，联合国不仅极大地丰富了和平行动的实践，在理论上也有长足的发展，而"建设和平"的提出和深刻阐释就是其突出的表现。

依照前联合国秘书长加利（Boutros Boutros-Ghali）在《和平纲领》中给出的定义，建设和平主要是通过《联合国宪章》第六章所设想的和平手段，使敌对双方达成协定。建设和平是介乎谋求防止冲突与维护和平这两种任务之间的一项责任，是设法使敌对双方以和平方法达成协定。宪章第三十六条对建设和平可以使用的手段作了说明。《和平纲领补编》重新强调了建设和平的重要性，建设和平与维持和平是紧密联系、相互依存的，通过协商，停战协定需要通过维和部队的行动来保证，脱离协议就失去维和的意义。

建设和平进程是一个综合、全面的行动体系，联合国的作用就是要预防冲突，协助冲突各方结束敌对行为并走向复原、重建和发展，动员国际社会给予持久的关注和援助。联合国既不能垄断上述各种手段，也无法单独应用这些手段。安理会、大会和秘书长采取的控制和解决冲突的行动都需得到国际舞台上其他角色的协助与支持，联合国在建设和平中更多的作用在于协调各个角色。

在联合国的历史实践中，虽然经济及社会理事会设立了几个特设委员会处理具体事项，但取得的结果并不理想。此外，不同的特别委员会无论是其工作方式还是筹集资源的程序都不尽相同，在协作方面面临许多严重问题。因此，联合国认为需要建立一个单独的政府间机构，专门处理建设和平问题，并有权监测和密切注意有风险的国家，确保捐助者、机构、方案和金融机构采取协调行动，筹集资金以促进可持续和平。2005 年 12 月 20 日，联合国大会和安理会分别通过第 60/180 号和第 1645(2005)号决议，授权建立建设和平委员会(Peacebuilding Commission，PBC)，同时授权设立建设和平基金(Peacebuilding Fund，PBF)和建设和平支助办公室(Peacebuilding Supporting Office，PBSO)。2006 年 6 月 23 日，建设和平委员会举行组建会议，联合国第一个建设和平机制开始投入运作。

建设和平委员会主要负责聚集所有相关机构，(包括国际捐助方、国际金融机构、国家政府和部队派遣国)，调集资源并且就冲突后建设和平与恢复综合战略提出咨询和建议，评估可能破坏和平的事项，寻找最佳路径，为早期复原活动筹资，呼吁国际社会长期关注冲突后复原问题。① 因此，建设和平委员会的建立是国际社会在建设和平工作发展中的一个重大里程碑。

三、和平行动与法治

建设和平的必然要求使联合国积极参与维和区域的制度建设，特别是在法治领域，这一工作已成为联合国在许多冲突地区的核心任务。同时，在冲突社会建设和平也一直是联合国法治工作的重点，也是联合国"三个法治篮子"中很重要的一个部分。自创立之日起，联合国就在减少世界各国的冲突和促成和平协议并协助其实施方面起到至关重要的作用。事实上，从字面上来看，建设和平是冲突社会法治的核心要求，不仅是法治的一个要素，更是过渡司法以及宪政秩序的恢复与重建这两种行动模式的根本目标，也是联合国宪章阐发的大会和安理会的重要职能所在。

2004 年，联合国秘书长向安理会递交了一份题为《法治和在冲突中及冲突后社会中的过渡性司法》的报告，指出："近年来，联合国越来越重视冲突中和冲突后社会的过渡性司法和法治问题，并从中汲取了有助于今后的行动的重要经验。"秘书长在报告中认为："正义、和平和民主不是相互排斥的，而是互为依赖、

---

① 不难看出，"建设和平委员会"处理的都是国家主权管辖范围内的事务，承担的是"预防的责任"和"重建的责任"。

必须达到的目标。在脆弱的冲突后环境中，要想在这三个方面都取得进展，就必须制订战略计划，小心协调，依次行动。"①因此，协助推进冲突社会的法治建设已经成为联合国综合性和平行动的重要内容和战略目标之一。在冲突国家落实停火协议、提供人道援助、举行民主选举、保障治安秩序的同时，启动和推进基本法治秩序的建立过程，是联合国在近年形成的新"综合性和平行动"模式的一项基本原则。例如在安理会第1509(2003)号决议中即指出，"必须对违反国际人道主义法的行为追究责任，并敦促过渡政府在成立后确保将保护人权、建立法治的国家、建立独立司法机关定为最优先事项"。②

需要注意的是，与过渡司法重在通过真相委员会、过渡性司法机关等专门机构保障过渡时期司法公正和建立初步法治的进程不同，联合国和平行动在促进法治方面更加侧重于对其司法进程的客观保障，主要通过相应的驻地维和部队监督冲突各方停火，并解除敌对力量的武装；通过援助计划向民众提供人道援助，并提供帮助改善及监督人权状况；以及协助民选政府开展重建国家和实现持久和平的各项工作，包括协助政府建立权威、打击腐败、控制军火交易、维持边境秩序、修复道路和其他公共设施等综合性工作。也就是说，和平行动是一系列传统维和以及建设和平新手段的综合，对于传统的维和人员而言，除了分散交战各方和解除参战武装之外，还必须要完成更多法治层面的工作，必须在充分尊重法治和人权的情况下，强化负责安全和司法的机构例如警察部门、法院和教养机构。

为此，2007年联合国在维持和平行动部内成立了法治和安全机构厅，充分显示了秘书长和成员国对这些问题的重视。办公厅的职责在于加强、协调和整合警察、司法、教养、排雷行动、前战斗

---

① United Nations Security Council: The Rule of Law and Transitional Justice in Conflict and Post-Conflict Societies. Report of the Secretary-General. S/2004/616, p. 1.

② 联合国安理会2003年9月19日通过的第S/RES/1509(2003)决议。

人员的解除武装；协调社会复原、人员重返社会以及安保部门改革等领域的各项活动。办公厅与联合国各成员国密切合作，确保维和任务历史性地解决法治重建问题，并确保将必要的人员部署到现场行动中。2011年7月，为了帮助处于冲突中或冲突后的国家更好地改善法治，在新的和平行动实践中联合国还开发了一套拥有135项具体衡量标准的法治指标（United Nations Rule of Law Indicators），监督一个国家的立法、司法及改造机构的表现。例如，在有关警察部门表现的系列衡量指标中，包括警察对刑事犯罪的控制，对援助请求、家庭暴力和性犯罪行为的应对，对谋杀案件的破案率，对黑帮的打击等多项具体指标。事实上，这一系列法治指标系统同样由联合国维和事务部完成，维和事务部助理秘书长蒂托夫（Dmitry Titov）在2011年7月6日于纽约总部举行的发布会上强调，这套指标是根据国际人权和刑事司法方面的法律和标准而建立的，旨在观察一个国家内部法治状况是在改善还是恶化，而不在于在国家之间进行比较，或者对各国的情况进行排名。①

现在，维持和平、建设和平等问题已成为联合国大会每年开会的重要议题，最近一次联大第67届会议2012年9月18日在纽约联合国总部开幕。大会主席武克·耶雷米奇发表致辞指出："我将敦促联大加强联合国在维持和平事业中的作用，并且与广大会员国一道，探讨如何为那些在世界各地饱受冲突的地区提供维和服务的人提供关键性的支持。"

联合国对这个问题的高度重视以及联合国和平行动本身也意味着国际法治的进步。从《联合一致共策和平》中引入的法律性广受争议的单一维和行动，到目前依据法治原则建立的"建设和平进程"与建设和平委员会，联合国和平行动的发展也逐渐使维和行动扩展成为一系列以"法治"为核心的对国际和平与安全进行保障修复的强制性行动。同时，近些年来，在世界各大洲以及其内部不同地区中出现了许多区域性组织，在冲突社会建设和平的过程中，区

---

① 参见 http：//www.unmultimedia.org/radio/chinese/search_detail/151792. html，访问日期2013年3月12日。

域组织的参与可以补充联合国法治能力的不足。诸如世界银行集团、国际货币基金组织等专业性机构都可以发挥其难以替代的作用。非政府组织在和平重建进程中的参与也已经不是偶然的现象，由于其自身具备的专业化、灵活性以及非官僚化等特点，许多国家的政府更倾向于将和平建设资金通过非政府组织的工作用于冲突社会的重建和发展。因此，目前的重建进程已经越来越纳入了更多不同类型的参与者，法治进程也不断完善。

第三节　宪政秩序的重建

一、宪政秩序重建问题的提出

在近现代国家的发展史上，随着法治、人权、民主的思想逐渐成为资产阶级革命的共识，承认上述基本原则的新宪法标志着一个国家的历史进入一个全新的进程。例如，近代史上第一部成文宪法是美国从英帝国控制之下获取独立后进行变革的结果，是一种旧秩序的扭转；或是如德国 1949 年宪法，标志着一场战争真正的结束。而对于冲突之后的国家或社会而言，国家架构尤其是宪法性架构的重建，是寻求和平与安全的基础所在。

联合国在冲突社会开展的各项和平行动为重新建立已遭冲突破坏的和平环境构建了完整的建设框架，而法治建设行动则是和平行动成功的重要保证。建设和平的目标是巩固已有的和平，并且力求在未来不再诉诸暴力，而内部冲突多数都是由制度或者组织的崩溃造成的，因此，对于已经经历严重冲突浩劫的国家或社会来说，衡量稳定的一个有效标准是政治秩序容纳和克服干扰的能力。在宪政秩序中，稳定源于政治制度尤其是宪政制度的持久性，当宪政制度得以确保一个政体的稳定，则能够有效地避免冲突。

在现代社会中，宪法作为限制政府权力、进行权力划分与制衡和保障公民基本权利的国家法治核心已经得到了绝大多数国家的广泛承认，而由此产生的宪政秩序则是围绕上述宪法所确定的分配权利、制约权力行使的法治和政治制度而建立起来的政治秩序。① 宪政秩序的建立，不仅有助于推动和平的进程，将一个社会从动辄诉诸武力的状态转变为诉诸政治途径来解决冲突，而且在冲突后的崩溃社会机制中能够以权威性法律组织的形式重塑新的政权框架，从而使未来可能发生的冲突得到缓解和控制而不是回归暴力。从这一层面上看，联合国在冲突社会中如何重建宪政秩序无疑是其法治重建所面临的首要问题，也是冲突社会实现和平的基础问题。

由此可见，宪政秩序重建是一国的民主过渡、建设和平和国家重建过程中最为中心的一环。没有政治环境的转变，没有宪政秩序的重建，即使冲突结束，其后进行的制度改革和选举也不会成功，也无法实现真正的和平。② 在全球范围内更是有超过半数的冲突国家因为建设和平任务失败而重返冲突。③ 此外，有很大比例的冲突国家，在其过渡阶段只获得了很脆弱的民主。④ 宪法的制定以及宪政秩序的重建在政治和政权过渡中起到极其重要的作用，也是冲突社会建设和平的重要途径及最终目标。⑤

事实上，联合国已经开始尝试在冲突国家或地区重建国内法治

---

① G. John Ikenberry, After Victory: Institutions, Strategic Restraint, and the Rebuilding of Order after Major Wars, Princeton University Press, December 15, 2000, p. 26.

② See Chetan Kumar, Building Peace in Haiti, IPA Occasional Paper, Lynne Rienner, 1998; Adekeye Adebajo, Building Peace in West Africa: Liberia, Sierra Leone, and Guinea-Bissau, IPA Occasional Paper, Lynne Rienner 2002.

③ 有学者认为，在最初的五年中有 39% 的几率和平会陷入崩溃，在随后的五年中仍然有 32% 的社会崩溃概率。Paul Collier and Anke Hoeffler, Conflicts, Bjorn Lomborg, ed. , Global Crises, Global Solutions, Cambridge 2004.

④ See Thomas Carothers, The End of the Transition Paradigm, Journal of Democracy, Vol. 13 (Jan 2002), p. 5.

⑤ 为本书的目的，"宪法"是指确立一国基本制度和规则的法律体系，可以是成文宪法，也可以是非成文宪法，在冲突社会中甚至还可以通过和约确定。

尤其是宪政秩序，① 并将其融入多数联合国和平建设进程之中，例如东帝汶、阿富汗、纳米比亚等地在联合国框架之下进行的立宪以及选举进程。② 但与此同时，联合国在冲突社会的宪政建设也面临着保证当地主导性与接受联合国支援平衡之间的矛盾，在类似于苏丹及东帝汶的政治环境下，公众参与难以实现时，联合国的机制也无法发挥应有的作用。③

二、冲突社会宪政秩序的实现

（一）宪政秩序

从宪法学的角度来看，宪政是近代民主政治的产物。一些学者认为"宪政就是宪法之治，以宪法治理国家。它的基本特征是用宪法这种根本大法的形式把已经争得的民主体制确定下来，以便巩固这种民主体制，发展这种民主体制"。④ 也有学者认为，宪政是"政府和立法机关的权力由宪法界定和限制，宪法享有基本的地位以及拥有通过不同形式的司法审查实施这些限制的权威"。⑤

事实上，宪政真正的含义不仅包括纸面上的宪法规范，还应包括动态的宪法实施，还包括更广泛的依据宪法规定而设立行政机构、确立司法制度以及社会经济秩序等。宪政制度的建构以及政治

---

① *See e. g.*, U. N. Secretary-General, Support by the United Nations System of the Efforts of Governments to Promote and Consolidate New or Restored Democracies, U. N Doc. A/51/512, Oct. 18, 1996.

② Muna Ndulo, The East Timor Crisis and International Intervention, Cornell Law Forum, Vol. 26 （2000）, pp. 3-9; Muna Ndulo, Afghanistan: Prospects for Peace and Democratic Governance and the War on Terrorism, Cornell Law Forum, Vol. 30 （2003）, pp. 10-18; *See* National Democratic Institute for International Affairs, National Building: The UN and Namibia, 1990.

③ Philipp Dann, Zaid Al-Ali, The Internationalized Pouvoir Constituant, Max Planck UNYB, Vol. 10 （2006）.

④ 张庆福：《宪法与宪政》，载《宪法与民主政治》，中国检察出版社1994年版，第3页。

⑤ 参见雅施·盖伊：《第三世界的国家理论和宪政制度问题》，载《宪法与民主政治》，中国检察出版社1994年版，第286页。

秩序的法律化表明宪政确立并维持国家的法律秩序，凡以宪法的形式建构政治体系，宪法在现实政治生活中能够发挥其控制公共权力、保护公民权利的功能，政治权力在宪法范围内有序运行的形态就是宪政秩序。① 换言之，如果宪法在政治运行过程中保持权利至上性，形成法律权威高于个人权威的状态，这样的政治和社会秩序就是宪政秩序。在宪政秩序之下，权力得以合理配置；政党受到监督，并进而建立起完善的权力监督体系。

然而，与现代纯粹国内法意义上的宪法与宪政不同的是，冲突社会作为国家机器和政治制度近乎完全崩溃的产物，并不具有稳定的社会结构，因此，冲突社会所面临的共同问题是严重的极端化趋势，为了避免这种极端化势头继续滋长而造成新一轮难以调和的社会矛盾甚至是武装冲突，在宪法条文中体现妥协就很重要。南非的宪法草案体现了冲突社会各个阶层和主要团体的意见，这样会让各个团体感受到自己的话语权，从而更容易缓和社会气氛。这种妥协在理论上与一般的宪政理论相悖，但也是冲突社会必须经历的进程。

对于联合国来说，参与冲突社会宪政秩序重建是其建设法治的重要组成部分。由于传统国际法对国际组织职能范围的限制，国际层面上冲突社会的宪政秩序重建仅包括宪法的起草或者对现存宪法的修改，以及对宪法性选举的协助和监督两个主要方面。从实践上来看，联合国业已参与了很多制宪进程，包括近年来在阿富汗、柬埔寨、伊拉克、尼泊尔和东帝汶的制宪，从中得到大量宪政建设经验。联合国为各国的制宪进程提供的援助是多样的，包括政治的、法律的，尤其是人权、能力建设、制度发展以及财政、行政支援等。例如法治科（Rule of Law Unit）下属的法治合作和资源组（The Rule of Law Coordination and Resource Group）就是联合国指定的宪政援助组织，用以确保驻扎在联合国各个机构和组织中的专家能够及时有效地流动。然而以往的经验也表明，联合国在制宪进程中的行动会导致产生很复杂的效果。例如，发生在海地的持续暴力事件以及不断派驻代表团和维和行动却不能实现长期和平的情形也发生在

---

① 朱福惠：《论宪政秩序》，载《中国法学》2000 年第 3 期。

很多其他冲突国家。

（二）宪政秩序的重建

宪政秩序的重建不同于任何一个单一、传统意义上平息危机的方式，即制造和平、维持和平、建立和平和预防性外交等。冲突社会的宪政秩序特指在遭受重大社会创伤的社会恢复以往的秩序或者是建立全新的以宪法为基础，保障基本权利和行政、司法等社会各个机构有效运行的一种状态。可见，冲突社会宪政秩序的恢复与重建需建立在建设和平的基础上，也是建设和平的必要组成部分；没有宪政秩序的恢复和重建，永久的和平将会成为遥不可及的神话。

具体而言，除了框架之外，联合国以宪政秩序的重建为例探讨冲突社会制宪进程的效果，就需要建立一些评估的标准：冲突社会是否实现社会的真正和平和民主就是评估宪法影响力最为明显的两大标准。[1] 对于那些刚刚摆脱暴力和冲突或者是摆脱暴力和冲突威胁的国家而言，持续和平的作用不言自明。长久性解除冲突的最好政权结构是民主机制，冲突社会的民主标准要建立在一个公开和平等的竞争和投票基础之上。[2] 宪政重建的过程尚没有形成一致而明晰的界定，通常包含了宪法原则或者过渡性宪法文件的制定和通过，召集民主选举，开展制度化建设以及批准宪法等一系列法治行动。

三、冲突社会宪政秩序重建的困境与出路

衡量冲突社会是否成功完成宪政秩序的重建，其中一个重要标志是冲突是否得到有效的治理，文明是否得到提升。宪政的成功实现当然还包括其他标准，例如，宪政模式决定了政权的组成形式，从而决定是否有效地避免权力滥用。通常情形下，宪法能否更好地保护个人权利和民主文化是衡量其是否成功的标志。但是对于现实

---

[1] Dr. Kirsti Samuels, Post-Conflict Peace-Building and Constitution-Making, Chicago Journal of International Law, Vol. 6, No. 2, p. 23.

[2] *See* Sunil Bastian and Robin Luckham, Introduction: Can Democracy Be Designed? Sunil Bastian and Robin Luckham, eds. , Can Democracy Be Designed? The Politics of Institutional Choice in Conflict-Torn Societies, Zed, 2003.

中的联合国实践来说，则面临较为复杂的困境。

　　一方面，从冲突社会宪法制定的角度而言，冲突社会的脆弱性与制定宪政秩序对于社会状况的稳定性和长期性的要求决定了二者之间存在着必然的矛盾。宪法的制定和实施不是靠着短暂的热情就可以成功的，它需要很多技术的支援和具体社会状况的考量。换言之，在什么样的环境下、通过何种方式去建立新的宪法，是冲突社会实现永久和平进程中要重点研究的问题。宪法一经通过，就应立即推进与宪法相关的诸多后续行动。但极度不稳定的冲突社会结构又促使其必须在极短的时间内通过宪法改造，否则不仅会造成和平保障机制的缺位，同时也会使后续法治重建行动缺乏明确的目标和指引。

　　另一方面，从宪法制定之后的国家选举来看，协助冲突国家或社会进行宪法性选举进程必然要对冲突地区的文化、历史和冲突的原因有深刻的理解；此外，现存的宗教、种族和社会紧张关系以及冲突各方在一个国家或者社会的地理分布和可能的区域联系也应考虑在内。但从目前的联合国实践看，即使对上述这些要素了若指掌，也并不能必然确保冲突社会选举的成功。回顾 2004 年阿富汗总统选举以及 2005 年各级议会选举的进程，不难发现，影响选举成功与否有着若干重要的不可忽略的因素。尽管阿富汗最终也在看似民主的进程中顺利产生了领导机构和政权组织，但是大选并非完美。

　　此外，尽管理论上主权与援助的平衡容易界定，但在实践之中，联合国对于宪政重建的支持与对国家所有权的控制却几乎无法实现。要使得联合国在冲突社会的宪政重建工作真正得以发挥，不仅需要强化国际法规则的适用，而且应当按照联合国秘书长《协助制宪进程指导手册》所强调的那样，联合国在协助各冲突社会进行宪政重建的过程中，应当"保证国家所有权"，① "联合国应当认识

---

　　① *See*, *e.g.*, Muna Ndulo, Constitution Making and Post-conflict States, *available at*, http://www.jlpp.org/2011/12/29/constitution-making-and-post-conflict-states/, visited on 16 March 2013; *see also*, Ginsburg, Elkins and Blount, Does the Process of Constitution Making Matter?, Annual Review of Law and Social Sciences, Vol. 5, No. 5, 2009; and Philipp Dann, Zaid Al-Ali, The Internationalized Pouvoir Constituant, Max Planck UNYB, Vol. 10 (2006).

到宪政秩序是一项国家主权行为（sovereign national process），其成功必须保障国家所有权与主导性，而联合国应当审慎提供建议和意见，以避免其援助成为（对冲突社会）强加的宪法"。① 此外，还应当通过各种渠道和方式，保障公众全面参与宪政建设，扩大其法治建设的透明度和包容度，使冲突社会公众得以参与宪政秩序的建成，最大限度地协调冲突社会与国际社会的关系，最大限度发挥联合国主导作用，恢复冲突社会的和平与法治。

第四节　小　结

作者拟再度强调本文所称的法治是广义的法治，不只是法院、法律、法官以及社会各成员对于法律的践行，还应包含一系列的相关要素。正如一些学者提出一些宏观层面的法治所包括的要素，例如，安全、过渡时期的司法、法官、法律院校，等等。这些要素都是无法或缺的。没有安全，无论是政权统治还是经济的发展都无法成功；没有过渡时期的司法，未来长期的法律和司法改革就无从谈起；没有警察和监狱系统，则犯罪无从惩处而正义无法声张；没有法官，则罪犯无法审判；没有法律院校，就无从产生未来的法律人。② 无论法治是如何定义的，法治不是凭空创造或者是保持的，除非一个社会中的多数成员认识到其价值并对于法治有着一种理性的信仰；法治既是一系列制度的叠加和共同作用，又是一种文化，是一种习惯，一种承诺以及对于承诺的履行等，对于普罗大众而言，是法典和制度，但是没有一种文化和一种自觉的承诺，他们也只是橱窗里面精美的礼服而已。这一

---

① Guidance Note of the Secretary-General: United Nations Assistance to Constitution-making Processes, United Nations Rule of Law, April 2009, *available at*, http://www.unrol.org/files/Guidance_Note_United_Nations_Assistance_to_Constitution-making_Processes_FINAL.pdf, visited on 15 March 2013.

② Jane Stromseth, David Wippman, and Rosa Brooks, Can might make right? Building the Rule of Law after Military Interventions, Cambridge University Press, 2006, p. 322.

点不论是在文明民主和稳定的发展社会中如此，在冲突社会中亦是如此。①

在冲突社会建立法治不仅是前述联合国"三个法治篮子"的重要组成部分，也是联合国在促进国际和平安全领域的一项重要任务。因此，在此进程中，联合国理应成为一种巨大的推力。

首先，过渡司法（transitional justice）机制是联合国在冲突社会加强法治的最重要措施之一，可以认为是联合国对冲突社会的一种法治输出。联合国作为最重要的国际组织，在经济、政治上为过渡时期的司法和冲突社会法治的建立作出了很多努力，也采取了很多的实际措施。真相委员会、刑事法庭、国际刑事法院、赔偿、公开道歉等都是极其重要的过渡司法机制。这些机制的宗旨是在遭遇过大范围人权破坏的社会中促进和解，并推动改革和民主进程，最终目标是缓和紧张状态、重建法治。这些机制各有特色，各有利弊，但是没有任何一个机制可以单独地一劳永逸地解决所有冲突社会的问题。只有将这些纷繁复杂的诉讼或者非诉讼方式有效地结合起来才能真正实现过渡时期司法的最终目标。

其次，在冲突社会实施和平行动一直是联合国法治工作的另一个重点，自创立之日起，联合国就在减少世界各国的冲突和促成和平协议、协助其实施等方面起到至关重要的作用。联合国在这个领域的法治支持经历了一个从"维持和平"（peace-keeping）到建设和平（peace-building）的过程。建设和平要求建设国家。正如韦伯（Max Weber）所言，一个国家需要对合法使用武力的垄断。② 而这样的武力垄断，也是建立在一个前提之上，即有为了保护生存于确定领土之上的人民。也正是在这个精神下，国家要确保其人民的安

---

① Jane Stromseth, David Wippman, and Rosa Brooks, Can might make right? Building the Rule of Law after Military Interventions, Cambridge University Press, 2006, p. 322.

② Max Weber, Soziologische Grundbegriffe, UTB Press, 1984, p. 91.

全。而往往一国由于其弱小的实力会导致内部冲突。① 那些越是缺乏能力为其人民提供平等社会福利的国家，就越是容易爆发社会冲突。② 这些国家就面临着在建设和平中建设国家的责任。但是确定"建设国家"责任总是和各种各样的政治因素联系在一起。建设国家的机制要根据不同国家的基础环境和特定的冲突来实施，有多少种冲突，即有多少种建设和平方案，这并不夸张。

其实无论是建设国家还是推进民主，都必然是在和平行动进程中相互包含和互相促进的措施，没有顺序之别。正如一些学者总结的那样，实现民主与建设国家，"二者的内在联系使它们无法从彼此中剥离出来"③。

最后，冲突社会宪政秩序的恢复和重建也是其完成建设和平任务的重要组成部分。联合国业已参与了很多冲突局势下的制宪进程，包括近年来在阿富汗、柬埔寨、伊拉克、尼泊尔和东帝汶的制宪，国际社会对此毁誉参半，不可否认，联合国从中得到大量制宪经验，也认识到很多不足。从形式上看，联合国为各国宪政秩序重建的援助是多样的，包括政治的、法律等各个方面，尤其是人权、能力建设、制度发展以及财政、行政支援等。④

一般来说，冲突社会的国家重建并没有固定的模式，而推进民主则是有着特定的目标和要求，即最终建立起一个"民有、民治、民享"（government of the people, by the people, for the people）的

---

① Simon Chesterman, Michael Ignatieff, and Ramesh Thakur, Making States Work: From State Failure to State-Building, International Peace Institute Policy Papers 2004, p. 16. *available at* http://www.ipinst.org/publication/policy-papers/detail/140-making-states-work-from-state-failure-to-state-building.html, visited on 12 March 2013.

② *Ibid*, p. 2.

③ L. Zanotti, Taming Chaos: A Foucauldian View of UN Peacekeeping, Democracy and Normalization, International Peacekeeping, Vol. 13 (2006), p. 151.

④ 例如法治科（Rule of Law Unit）下属的法治合作和资源组（The Rule of Law Coordination and Resource Group）就是联合国指定的宪政援助组织，用以确保驻扎在联合国各个机构和组织中的专家能够及时有效地流动。

政权。

　　在民主的社会，通过平等的选举，主权在民，民主并不是为着解决一个社会的冲突而催生的，民主是一种和平的、循序渐进的预防矛盾的方式。因此，民主的推进越来越被人们认为是冲突社会长期缔造及维持和平的有效手段。① 而国家重建最为重要的部分即为一国宪政秩序的恢复与重建。然而，在建立新制度的同时，旧有的既得利益者会反对民主与宪政秩序，因此建立伊始的稳定状态也极易受到破坏。这样的环境下，就需要有外来的力量（例如联合国）——在本国同意的条件下——协助推进宪政秩序的恢复与重建。笔者想再次强调，这样的过程，从广义上讲，绝对不仅包含政治制度的建立，还应包括经济和技术上的支援。

---

　　① Ch. Kumar, S. Lodge et al., Sustainable Peace Through Democratization: The Experiences of Haiti and Guatemala, IPA Policy Paper, March 2002, p. 6.

第四章　联合国与冲突社会的
法治实现：过渡司法

第一节　联合国对过渡司法机制的发展

近年来，国际社会为了应对和平威胁、解决对人道主义法以及人权法的破坏以及冲突管理等问题，发展了大量多元化的反应模式。① 过渡司法正是联合国数十年来一直关注的实质性领域。②

联合国安理会于 2003 年 9 月 24 日举行部长级会议，讨论联合国在为冲突社会建立司法和法治方面发挥的作用，③ 随后主席代表安理会发表了一项声明，④ 指出联合国系统拥有丰富的相关专门知识和经验，并着重指出有必要掌握和推广这些专门知识和经验，以便借鉴和吸取过去的经验教训。2004 年，联合国秘书长提交题为《冲突中和冲突后社会的法治和过渡司法》的报告，系统阐述了联合国在过渡司法领域作出的贡献以及未来所要努力的方向。⑤ 为了

---

① Hansjoerg Strohmeyer, Building a New Judiciary for East Timor: Challenges of a Fledgling Nation, Criminal Law Forum, Vol. 11 (2000).

② 自 1993 年以来，这一事项一直列于大会议程项目"加强法治"之下。各国元首和政府首脑在《联合国千年宣言》中认识到，有集体责任不遗余力，加强法治，并尊重一切国际公认的人权和基本自由。

③ United Nations Security Council, 4835th meeting, U. N. Doc. S/PV. 4835.

④ Statement by the President of the Security Council, U. N. Doc. S/PRST/2003/15, 24 September 2003.

⑤ UN Secretary-General, the Rule of Law and Transitional Justice in Conflict and Post-Conflict Societies, UN Doc. S/2004/616, 3 August 2004.

理解国际社会在加强人权、使个人免于恐惧和贫穷、解决财产争端、鼓励经济发展、促进负责治理以及和平解决冲突方面的努力，"司法"、"法治"和"过渡司法"等概念非常重要。这些概念既界定了开展工作的目标，也确定了工作的方式。然而，即使在这个领域中最紧密的联合国合作伙伴之间，对这些概念的定义和理解也是多种多样。① 联合国在 2004 年的秘书长报告中重新界定了"过渡司法"的概念，即"与一个社会为抚平过去的大规模虐害行为所遗留的伤痛，确保究问责任、伸张正义、实现和解而进行的努力的所有相关进程和机制"。② 这些进程和机制可以包括国际社会参与程度各有不同（或根本不参与）的司法和非司法机制、起诉个人、补偿、真相调查、制度改革、审查和革职办法，或其中任何一些的组合。③

联合国过渡司法工作主要在两个层面进行，即总部层面和实地层面。在总部一级，这样的支援主要包括需要评估、任务规划、专门工作人员的挑选和部署，以及向特派团的法治单位提供指导和支援。在实地一级，主要包括：加强国内执法和司法机构；帮助举行关于司法改革的全国协商；协调国际法治援助；监测和报告法庭诉讼情况；培训国家司法部门官员；向当地的司法改革机构提供支持；向东道国的法治机构提供咨询；审查和挑选本国警察、法官和检察官；起草新宪法；修订法律；对公众进行宣传教育；建立监察机构和人权委员会；加强刑事辩护律师协会；建立法律援助机构；设立法律培训机构；建设民间社会对司法部门进行监测的能力。④尤其值得一提的是，各和平特派团还帮助东道国建立法庭、真相调查与和解机制以及被害人补偿方案，以解决过去侵犯人权的行为所

---

① 例如在实践操作中，安全领域改革、司法领域改革以及政府改革之间往往存在概念的重叠。

② UN Secretary-General, the Rule of Law and Transitional Justice in Conflict and Post-Conflict Societies, UN Doc. S/2004/616, 3 August 2004, para. 8.

③ Naim Ateek, Justice and Only Justice, Maryknoll, NY: Orbis Books, 1989.

④ UN Secretary-General, the Rule of Law and Transitional Justice in Conflict and Post-Conflict Societies, UN Doc. S/2004/616, 3 August 2004, para. 12.

造成的问题。最有名的即联合国分别在卢旺达（International Criminal Tribunal for Rwanda, ICTR），和前南斯拉夫建立的国际刑事法庭（International Criminal Tribunal for the Former Yugoslavia, ICTY）；以及21世纪初建立的国际刑事法院（International Criminal Court, ICC）。其中不乏一些对当地情况的考虑甚至对习惯法（neo-traditional）①的适用。②

第二节　联合国对过渡司法机制的促进③

联合国建设和平活动必须体现国际法准则。但是，这并不意味着联合国应该不加批判地在冲突社会引进或者强制实施外国模式，因为一种模式并不能适用于所有情形。联合国也必须认真对其过渡司法行动进行规划，使其符合具体情势，符合有关国家的评估、参与以及国家的自身需要和愿望。过渡司法不仅意味着必须处理警察、法院、监狱、辩护律师和检察官等方面的问题，而且还必须顾及市民社会（包括受害者、妇女、儿童和少数族裔）的需要。因此，选择过渡司法机制最好的做法并不是在惩罚和宽恕之间作"非此即彼"的选择，而是建立某种综合机制。

一、真相委员会

兴起于大规模暴乱和违反人权土地之上的新兴民主国家很难起诉多数的人权罪犯。因此，针对大规模的人权破坏，需要发展更加广泛和富有创造性的战略，以确保社会整体的正义。刑事司法体系不能仅仅是强调对过去伤害事件的惩罚，而应该注重对真相的调查

---

①　Stephen Brown, Forging Political Unity in Rwanda: Government Strategies and Grassroots Responses, paper presenred at "Reconciliation", The University of Western Ontario, London, Ontario, 14 May 2005.

②　Joanna R. Quinn, ed., Reconciliation(s): Transitional Justice in Postconflict Societies, McGill-Queen's Press, 2006, p. 3.

③　本节内容参见吴燕妮：《浅析联合国框架下过渡司法机制的多样性及复杂性》，载《澳门理工学报》2011年第4期。

和澄清，因为只有查清事实才能实施刑事诉讼。①

　　创伤中受害的幸存者应该得到治疗，同样地，那些暴乱团体的成员也应得到治疗，即他们必须承认自己的罪行，为此道歉。② 传统的司法在于为冲突社会惩治罪犯，而真相委员会可以积极地改变传统司法体系，为国家和市民社会提供发挥作用的机会，它最适合于开始一项长期的和解进程。它还可以作为诉讼手段的补充，建立对肆意违反人权行为的问责制。③此外，它还提供了关于暴行的历史记录，通过事实调查团公开调查暴行的原因和后果，举办听证会，并将肇事者、证人和受害者记录于报表中。④ 关于真相委员会的一个成功案例是种族隔离之后南非建立的真相与和解委员会（Truth and Reconciliation Commission, TRC），其最重要的角色之一是促成官方承认侵犯人权。⑤ 在公众场合公开承认破坏人权的暴行，这一行为可以更有效地防止未来再度发生这类暴行。

　　市民社会也大量地参与了真相与和解委员会。例如，非洲国民议会与南非贸易联盟议会（COSATU）之间共同协作，证实了在大规模行动中发动社会团体的重要性。⑥ 真相与和解委员会中出现了两

---

　　① Payl van Zyl, Dilemmas of Transitional Justice: The Case of South Africa's Truth and Reconciliation Commission, Journal of International Affairs, Vol. 52 (1999), p. 234.

　　② Ervin Staub, Laurie A. Pearlman, Alexandra Gubin & Athanase Hagengimana, Healing, Reconciliation Forgiving and the Prevention of Violence after Genocide or Mass Killing: An Intervention and Its Experimental Evaluation in Rwanda, Journal of Social and Clinical Psychology, Vol. 24 (2005), pp. 297-334.

　　③ Elizabeth Evenson, Truth and Justice in Sierra Leone: Coordination between Commission and the Court, Columbia Law Review, Vol. 104 (2004), pp. 730, 734.

　　④ Diane F. Orentlicher, Settling Accounts: The Duty to Prosecute Human Rights Violations of a Prior Regime, Yale Law Journal, Vol. 100 (1991), pp. 2537, 2546.

　　⑤ Payl van Zyl, Dilemmas of Transitional Justice: The Case of South Africa's Truth and Reconciliation Commission, Journal of International Affairs, Vol. 52 (1999), p. 2.

　　⑥ Princeton Lyman, Partner to History: The US Role in South Africa's Transition to Democracy (USIP, 2002).

种类型的和解，一是个人之间的和解；二是国家的和解；后者主要是帮助一国在和平之上建立自身的民主。① 真相与和解委员会同时包括了司法体系和标准的真相披露系统，如果罪犯承认重大侵犯人权的罪行，大赦委员会将会进行听证，决定是否给予大赦，有罪不罚的制度，仅在十分必要的时候做出。② 然而给予实施侵犯人权行为之人以大赦，招致诸多批评，因为它消除了惩罚罪犯的威慑作用，弱化公众对于法律体系的信任。③ 真相与和解委员会最主要的目标是对于真相的追求，以及披露真相和惩罚罪犯，为受害者提供治疗的平台。④

在过去的 20 多年里，真相委员会一直是实现过渡司法的重要工具。因为这是介于不受惩罚和刑事起诉之间的一种妥协方式。真相委员会向被害人提供了一个平台，他们可以讲述自己的故事和遭遇，却不直接起诉人权践踏者。⑤

在实践中，真相委员会的作用主要体现在以下几个方面。

第一，真相委员会可以在冲突社会帮助重建法治。为实现这一目标，真相委员会应该致力于实现三个目标。首先，批判在冲突过程中违反国际法的行径，将一些行为标记为非法或错误，这为使用不惩罚方式解决冲突迈出第一步。其次，由于国家或者其他的行为者承认各自罪行，也就更证明了法律是适用于所有行为者的。再

---

① Tristan Anne Borer, Reconciling South Africa or South Africans? Cautionary Notes from the TRC, 8 Afr. Stud. Q. 19, 23 (2004).

② Payl van Zyl, Dilemmas of Transitional Justice: The Case of South Africa's Truth and Reconciliation Commission, Journal of International Affairs, Vol. 52 (1999), p. 12.

③ Gunnar Theissen, Supporting Justice, Co-existence and Reconciliation after Armed Conflict: Strategies for Dealing with the Past, Bergh of Research Centre for Constructive Conflict Management, 2004, p. 4.

④ Payl van Zyl, Dilemmas of Transitional Justice: The Case of South Africa's Truth and Reconciliation Commission, Journal of International Affairs, Vol. 52 (1999), p. 12.

⑤ Priscilla Hayner, Truth Commissions: Exhuming the Past, NACLA Report on the Americas, September 1, 1998.

次，通过法律的规定来保护践踏人权者的某些权益也是对于法律和秩序的再次认可。

第二，真相委员会可以教育公民认识到之前的罪行或者错误行径。① 这就要求真相委员会去实行完全不偏不倚的调查，并且公开公布其发现。彻底全面地调查人员、财政资助，还要注意证人的保护。2005 年 2 月 14 日，在黎巴嫩首都贝鲁特市中心的爆炸导致 20 余人死亡，其中包括前总理拉菲克·哈里里（Rafik Hariri）。联合国秘书长旋即派出一个真相调查团，前往调查该暗杀案的起因、情况和后果。调查团于 2 月 25 日到达贝鲁特后，会见了很多黎巴嫩的官员和各政治团体的代表，对黎巴嫩的调查和法律诉讼程序做了彻底的检查，研究了罪案现场和当地警察搜集的证据，收集并分析了罪案现场的取样，并同该案件若干目击者面谈。随后联合国真相委员会得出结论，黎巴嫩当局进行的调查不能取信于人，而应通过国际独立调查来查明真相。为此必须设立一个具有执行权的工作组，由调查工作所需的各个领域专家组成。尽管真相委员会的时间和人力有限，但联合国真相委员会的结论和建议无论是对当地的事实调查还是对恢复地区和平与稳定均大有帮助。委员会的负责人必须在政治上独立，并且在任何一个战争犯罪上都是无罪的。报告里必须要批判违反国际法的冲突的所有方面。其目标就是去告知所有公民暴行是如何实施的，是如何影响到个人生活的。在这方面，人们可以认识到过去暴行的疯狂也能更好抵制未来可能发生的暴行。

第三，真相委员会促进社会的复原，对于受害者的识别验证了人权缺失和人员失踪情况，② 之后才能走上赔偿程序。真相委员会应该为受害者受到的心灵和身体的创伤、财产的破坏而向政府索取赔偿，并且建议某种分配的体系。不像刑事起诉那样只聚焦于对犯

---

① Stephan Landsman, Alterantive Responses to Serious Human Rights Abuses: of Prosecution and Truth Commissions, Law and Contemporary Problems, Vol. 59 (Autumn 1996), p. 81.

② Neil J. Kritz, Coming to Terms with Atrocities: A Review of Accountability Mechanisms for Mass Violations of Human Rights, Law and Contemporary Problems, Vol. 59 (Autumn 1996), p. 127

罪者的惩罚，真相委员会给予受害者话语权。真相委员会还为纪念死亡者实施一些具体的措施。他们调查无名墓碑的位置、协助死亡者的合理安葬等。①

　　第四，真相委员会的成功还主要取决于对于罪犯的惩罚，而不侵害其权利。一些真相委员会惩罚罪犯，只是公布其罪行。2005年根据前联合国秘书长安南(Kofi Annan)的提议，联合国在布隆迪设立了"真相与和解委员会"，真相委员会在布隆迪确定历史事实，确认布隆迪种族冲突的起因和真实情况，将布隆迪自1962年独立以来的种族犯罪归类并鉴别责任人，而也正是在联合国真相委员会的基础之上，卢旺达国际刑庭对布隆迪的种族冲突也完成了对国际罪行追究惩罚的任务。而联合国东帝汶"真相和调解委员会"也在东帝汶建立起了惩罚罪犯的临时性法庭，协助东帝汶帝力区法庭于2001年12月11日对1999年9月25日东帝汶的一起屠杀案作出第五宣判，10名亲印尼的"蒂姆·阿尔法"(Tim Alpha)组织成员以"反人类罪"等罪名分别被判处17~33年的有期徒刑。真相委员会也推荐罪名昭著的罪犯被政府释放，这是一种刑事起诉和严重道德谴责之间的妥协。但是罪行不会被无条件地宽恕，任何在真相委员会下达成的大赦协定都要尊重国际法。

　　第五，真相委员会对未来可能违反人权的行为有威慑力。这个通常是指真相委员会可以提出加强民事和司法组织而逐渐减弱军事力量的建议。同时，真相委员会完成报告的过程也是在为国家的和平作准备。理论上讲，国家和地方的组织等应该一起努力。国家级别的努力致力于国家的重新统一和法治的重建；而地方层面的努力则包括地方团体实行自我复原。暴力多发生在当地，施暴者和受害者的距离接近，所以本地社团和组织就可以作成为施暴者和受害者沟通的最好桥梁；当地组织能有利于受害者将自己内心的恐惧和遭遇向最安全的对象倾诉。这一点在一个拥有多样文化背景的国家尤其重要。

---

　　①　Rosa Lopez, Engendering Hope in War-Torn Society, Challenge, Vol. 6 (1998), p. 9.

事实上，大多数的真相委员会并不能完全实现上述所有目标。当一个国家不能满足真相委员会必需的要素之时，另外一个实体则应该很快介入补充。

二、国际刑事审判机构

对大规模践踏人权行为、屠杀、战争犯罪以及人道主义犯罪的调查和惩罚，逐渐被国际社会和国际法所接受。国际司法体系在其中承担了重要的角色，它们能够确保中立，建立整套的体制和程序。尽管国际司法体系优势众多，但在解决针对破坏人权行为等犯罪时，其作用又显得十分有限。其一，这类案件中罪犯的身份往往比较特殊，例如，罪犯若是一国的政治领袖，则国际法律体系很难进行司法管辖。其二，由于国际法庭财力资源有限，只能对于那些极度严重犯罪的个人进行惩罚。其三，实践中，由于文化和语言的障碍，国际司法体系难以对于地方性冲突的解决产生实质性和根本性影响，地方社会很难理解国际司法体系的审判，甚至产生误解。最典型的例子即是波黑当地对于前南国际刑事法庭的认识。由于各个层级法官以及其他法律工作者并没有很好地了解到前南国际刑事法庭的工作，因此，他们怀疑前南国际刑事法庭工作的动机和结果，而这些怀疑和偏见在很大程度上源于法庭与当地民众之间的隔阂。①

正是由于国际司法系统存在诸多弊端，因此更有效的方法是，在国际社会的协助下一国依靠自己的司法来实现冲突后的审判，然而在二者之间达成平衡是十分困难的。在科索沃的案例中，联合国授权国际和国家层面的法官在科索沃当地法庭共同工作，允许国家和国际两个层面的律师为犯罪行为辩护，最终也是步履维艰，因为

---

① The Human Rights Center and the International Human Rights Law Clinic, University of California, Berkeley, and the Centre for Human Rights, University of Sarajevo, Justice, Accountability, and Social Reconstruction: An Interview Study of Bosnian Judges and Prosecutors, Berkeley Journal of International Law, Vol. 18 (2000), pp. 102, 136-147.

国际规范和本地法律对战争犯罪的矛盾难以调和。①

冲突过后，如若暴徒未能得到惩罚，正义无法被彰显，那么新的和平将无法达成，人民的愤怒和不信任都将成为阻碍社会重建和发展的主要力量。而未能彻底解决的不正义成为新的战争和冲突源头。②

在国际刑事司法体系发展的推动下，国际化刑事审判机构应运而生。在过去的几十年里，联合国设立或者帮助设立了各种形式的国际化刑事法庭，以处罚个人严重违反国际法的行为。1993 年联合国安理会创立了前南国际刑事法庭以回应在巴尔干冲突期间所发生的暴行。1994 年安理会创立了卢旺达国际刑事法庭以回应当年在卢旺达所发生的种族灭绝行为。此外，在塞拉利昂、科索沃、东帝汶和柬埔寨建立了几个混合法庭。期待已久的第一个基于条约所产生的国际刑事法院，也于 1998 年 7 月建立，并于 2002 年开始工作。国际化刑事审判机构的设立是在冲突后社会中促进和平与和解的新模式，是过渡司法的重要组成部分。

（一）联合国刑事法庭

联合国刑事法庭开启了反对有罪不罚（impunity）的斗争，随着联合国前南刑庭的建立，安理会的决议开始了联合国作为一个国际组织建立司法机关的先例。

以卢旺达特别法庭为例。1991 年，卢旺达爆发了大规模的种族大屠杀。据联合国估计，在这场大屠杀中有 80 万卢旺达人被

---

① Wendy S. Betts, Scott N. Carlson, and Gregory Gisvold, The Post-Conflict Transitional Administration of Kosovo and the Lessons Learned in Efforts to Establish a Judiciary and the Rule of Law, Michigan Journal of International Law, Vol. 22 (2001), p. 371.

② Gunnar Theissen, Supportingjustice, Co-existence and Reconciliation after Armed Conflict: Strategies for Dealing with the Past, Bergh of Research Centre for Constructive Conflict Management, 2004; See also, Fergus Lyon, Trust, Networks and Norms: The Creation of Social Capital in Agricultural Economies of Ghana, World Development, Vol. 28 (2000), pp. 663, 664.

杀。① 1994 年 11 月 8 日，联合国安理会通过决议，成立卢旺达国际刑事法庭(International Criminal Court for Rwanda，ICTR)。同时，安理会第 995(1994) 号决议还批准了《卢旺达国际刑事法庭规约》(ICTR Statue)。② 成立卢旺达国际刑事法庭的目的是起诉在 1994 年 1 月 1 日至 1994 年 12 月 31 日期间凡在卢旺达境内对犯有种族灭绝和其他严重破坏国际人道主义法的人和凡在这一期间在邻国境内犯有种族灭绝和其他这类罪行的卢旺达公民。③ 卢旺达国际刑事法庭设立的依据有四个法律文件，分别是《联合国宪章》第七章；安理会第 995(1994) 号决议；1949 年日内瓦公约及其第二附加议定书。在很多学者看来，卢旺达国际刑事法庭是历史上首次建立专门审理非国际性武装冲突的国际刑事法庭。④《卢旺达国际刑事法庭规约》第四条规定：卢旺达国际刑事法庭有权起诉犯下或命令犯下严重违反 1949 年 8 月 12 日各项《日内瓦公约》的共同第三条和 1977 年 6 月 8 日公约的《第二附加议定书》的行为人。

卢旺达刑事法庭有几个里程碑式的贡献。

首先，卢旺达国际刑事法庭突破了以往国际刑事法庭仅管辖国际性武装冲突的局限，成为历史上第一个授权起诉非国际性武装冲突中所犯罪行的国际性法庭。卢旺达国际刑事法庭的建立，突破了传统的国际人道主义法的适用范围，使其不只限于国际武装冲突和战争，而且也适用非国际武装冲突，即国内武装冲突。但联合国安理会同时强调，因为这种非国际武装冲突不是纯粹的国内武装冲突，而是该国内武装冲突已经威胁到国际和平与安全，所以可以适用国际人道主义法。这并不违背联合国宪章第七章的规定。⑤

其次，国际刑事法院认可了卢旺达国际刑事法庭确定的反国际

---

① U. N. Doc. E/CN4/1994/7(1994)，para. 24.

② 富有戏剧性的是卢旺达是安理会中唯一投票反对创造法庭的国家。

③ 参见《卢旺达国际刑事法庭规约》第 1 条。

④ 洪永红：《论卢旺达国际刑事法庭对国际刑法发展的贡献》，载《河北法学》第 25 卷第 1 期。

⑤ U. N. S. C. Res. 955, UNSCOR, 49th Sess. , U. N. Doc. S/INF/50 (1996).

人道主义犯罪，确认国际人道主义法的基本原则构成了国家习惯法的不可动摇的(intransgressible)原则。

最后，卢旺达国际刑事法庭管辖的犯罪范围，一方面突出了对灭绝种族罪的惩罚；另一方面，明文规定了对非国际性武装冲突中犯罪行为的惩罚。

诚然，卢旺达国际刑事法庭为国际刑事审判经验的积累作出了重要贡献，也为本国内的和解作出了贡献，但是其仍然受到多重质疑。

大屠杀后联合国关于卢旺达特别报告(the Special UN Report for Rwanda)认为种族大屠杀有三个原因：即对政治权力变更的排斥、种族仇视的有效煽动以及免罚文化的存在。① 然而这样看似全面的分析却忽略了最为根源的原因，即西方殖民者在卢旺达统治时期所埋下的种族歧视的仇恨种子。事实上，在西方殖民者到来之前，卢旺达的各个种族之间的差异已经日趋减小，并无宿怨。直到殖民时代和后殖民时代，身份划分才正式以种族主义的形式确定下来。② 这都是殖民者为了实现其自身有效统治而采取的有意识、强化种族区分的措施所直接导致。

此外，很多学者对于卢旺达国际刑事法庭的形式本身提出批判，例如，何塞·阿尔瓦雷斯(Jose Alvarez)教授就对国际社会对卢旺达种族灭绝的反应提出批评，国际社会既需要对严重侵犯人权的特殊情形作出反应，也需对在暴行发生后该地区的态势予以关注。他认为也许有某种特殊的文化或历史原因导致卢旺达人抵制国际社会设计或强加给他们的解决方案。国际社会不能以一种家长式态度来对待战争罪行及其受害者，即以一种偏见、狭隘、无经验和不适当的方式看待当地所发生的事情。混合法庭试图联合国际和国

---

① U. N. Doc. E/CN. 4/1995/71, 17 January 1995, paras. 22-25.
② 参见刘海方：《十周年后再析卢旺达"种族"大屠杀》，载《西亚非洲》2004年第3期。

内法官参与裁决战争罪行，从某种程度上说，这是更好的精英模型。① 事实上，这种论述反映了文化相对主义的理念，事实上是承认了混合法庭将更好了解和反映文化价值，也不易遭受道德帝国主义侵袭。笔者在文章多处表达了类似的观点，即所有的种族灭绝是引起国际社会关注的最严重罪行。然而，各个种族灭绝是独特的，追究责任者和安抚受害人的形式应该因案而异。但是这并不是绝对否认国际社会的力量在战争或是冲突中起到的作用。基于文化的差异认为非洲所发生的种族灭绝与欧洲的不同从而得出国际社会不应该干涉的结论也是非常可怕的。② 而国际刑事法官不应该只是单一地根据他们自己的文化准则简单地判断证人、事实以及被告的行为；应当承认和考虑文化差异。

应当认识到，卢旺达非常需要国际协助，而且，国际法官应当对追诉战争罪犯起很好的作用。例如，国际法官可以教育当地法官国际法方面的知识和世界最低公正标准；帮助其树立公正形象；教育当地法官在某种程度上远离政府施加的政治影响，等等。这些方面的国际协助是有益的。在创立卢旺达国际刑事法庭时，如果能更多地得到卢旺达人的参与，更多地考虑卢旺达人的需求也许是解决问题的最好妥协办法，而兼顾文化普适主义与文化相对主义所建立的具有国际和国内法院特征的混合法庭可能更加符合卢旺达人的需求。这一点将在后文的混合刑事法庭部分作更为详细的分析。

（二）国际刑事法院

在世界范围内建立一个统一的、常设的国际刑事法院是人类几十年的不懈追求，《罗马规约》的通过使国际刑事法院的建立由理想变为现实，其第一条就明确规定："兹设立国际刑事法院本法院。本法院为常设机构，有权就本规约所提到的、受到国际关注的

---

① Jose E. Alvarez, Crimes of States: *Lessons from Rwanda*, Yale Journal of International Law, Vol. 24 (1999), pp. 365, 366.

② Patricia M. Wald, The International Criminal Tribunal for the Former Yugoslavia Comes of Age: Some Observations on Day to Day Dilemma of an International Court, 5 Washington University Journal of Law and Policy, Vol. 5 (2001), pp. 87, 117.

最严重犯罪对个人行使其管辖权，并对国家刑事管辖权起补充作用。"国际刑事法院将过渡司法的规范化推向了一个新的高度，一百多个国家的共同签署意味着受到世界上最多国家认可的刑事过渡司法制度开始在常设化和制度化方面作出有益的尝试。①

《罗马规约》通过对严重的国际犯罪的惩处而突出对人类共同利益的人道主义保护，在其序言中明确指出了成立国际刑事法院的真正动意，即"重申《联合国宪章》的宗旨及原则，特别是各国不得以武力相威胁或使用武力，或以与联合国不符的任何其他方法，侵略任何国家的领土完整和政治独立"。

联合国前任秘书长科菲·安南说道："我们希望的是，通过惩处有罪者，国际刑事法院将为幸存的受害人和被针对的社区带来一些安慰。更重要的是，我们希望它将阻遏今后的战犯，以便终有一天无论在何处都没有任何统治者、任何国家、任何执政集团和任何军队能滥肆侵犯人权而不受惩罚……国际刑事法院是我们送给下一代人的最好的礼物，是强化国际社会秩序进程的巨大进步。"②巴西奥尼(Mahmoud Cherif Bassiouni)教授说："国际刑事法院的建立是全人类所共同倡导的国际社会基本价值的体现和具体化，它是全人类的一个巨大的胜利……它能帮助避免一些冲突，能够防止一些不必要的牺牲，能够使一些犯罪人得到公正的审判。而这些努力都将有利于国际社会秩序的稳定，将有利于世界范围内的和平和安全的实现。"③

国际刑事法院是继巴尔干和卢旺达地区临时刑事法庭建立的。④ 它设在了一个中立的地区，以第三方的身份对其他地区的严

---

① Rome Statute of the International Criminal Court, U. N. Doc. A/CONE 183/9 (1998), reprinted in 37 I. L. M. 999 (1998).

② 参见前联合国秘书长科菲·安南在罗马外交会议闭幕式上的致辞。

③ 张旭：《国际刑法现状与展望》，清华大学出版社 2005 年版，第188~189 页。

④ United Nations Diplomatic Conference of the Plenipotentiaries on the establishment of an International Criminal Court, 17 July 1998, Annex 11, U. N. Doc. A/CONF. 183/9, reprinted in 37 I. L. M. 999 (1998).

重国际刑事犯罪进行独立裁判。① 二战结束之后半个世纪以来，从纽伦堡到东京，从前南斯拉夫到卢旺达，国际刑事法庭的发展和变化始终无法摆脱"胜利者正义"（winner's justice）的影子以及"临时性"（ad hoc）的窠臼，尽管对严重国际罪行的惩罚在不断继续，但却一直面临着无法保证法律稳定性和延续性的尴尬。世界各国也逐渐意识到，"对于整个国际社会关注的最严重犯罪，绝不能听之任之不予处罚，为有效惩治罪犯，必须通过国家一级采取措施并加强国际合作"。② 事实上，国际刑事法院的出现象征着对"纽伦堡模审判模式"的保护和延伸：永久性国际法庭的创建确定了将对国际罪行的审判作为例行的国际法实践事项，对战争、灭种、反人类以及侵略罪行进行起诉和裁判。

但同时，这样的常设机制所带来的问题是用国际司法间接取代了国内的司法，这是一个两难的境地。③ 从《罗马规约》的最终文本来看，国际刑事法院作为以国际条约为基础的一个独立的国际司法机构，它不是联合国的下属机构。从《罗马规约》序言中的"设立一个独立的常设国际刑事法院与联合国系统建立关系……"以及第二条的"本法院应当以本规约缔约国大会批准后，由院长代表本法院缔结的协定与联合国建立关系"的立法足以表明二者的相互独立的关系。尽管如此，在国家主权和安理会的干扰之下，国际刑事法院的自主性和独立性确实存在问题，即国际刑事法院的审判权来自国家主权的让渡，如果没有独立的主权国家的支持，国际刑事法院

---

① 包括四种被各国所接受的最为严重的国际罪行：灭绝种族罪（The crime of genocide）、危害人类罪（Crimes against humanity）、战争罪（War crimes）以及侵略罪（The crime of aggression）。See Article 5, Crimes within the Jurisdiction of the Court, Rome Statute of the International Criminal Court.

② "[t]he most serious crimes of concern to the international community as a whole must not go unpunished and that their effective prosecution must be ensured by taking measures at the national level and by enhancing international cooperation", See Preamble, Rome Statute of the International Criminal Court.

③ Ruti G. Teitel, Transitional Justice, Oxford University Press, 2001, pp. 20-23.

便形同虚设。尽管在罗马规约中首先强调了国际刑事法院的管辖权对国内刑事管辖权仅起补充作用，但仍然有大国在这一点上存有相当的疑虑，并持有保留态度。① 国际刑事法院看似为一劳永逸地减少罪犯逍遥法外的现象带来了新的希望，但是各国批准的情况却令人担忧。到目前为止，中国、美国、俄罗斯、印度等重要国家仍然不是国际刑事法院的缔约国，无疑使得国际刑事法院的普遍性和权威性大打折扣。

尽管在《罗马规约》中规定了国际刑事法院的补充性管辖权，但国际刑事法院所建立的以检察官为主导的起诉审判制度以及普遍管辖问题还是受到许多国家的质疑和批评。② 认为《罗马规约》规定的这种管辖权不是以国家自愿接受法院管辖为基础，而是在不经国家同意的情况下对非缔约国的义务作出规定，违背了国家主权原则，不符合《维也纳条约法公约》的规定。同时，法制健全的国家有能力惩处国内武装冲突中的战争罪，在惩治这类犯罪方面与国际刑事法院相比，占有明显的优势；而且目前规约有关国内武装冲突中的战争罪的定义，超出了习惯国际法，甚至超出了《日内瓦公约第二附加议定书》的规定。鉴于此，许多国家认为应有权选择接受法院对这一罪行的管辖。目前《罗马规约》的有关规定虽对选择接受管辖作出了临时安排，但却从原则上否定这一接受管辖的方式，将会使许多国家对法院望而却步。更为重要的是，许多国家担心，

---

① 2000 年 12 月 31 日，在《罗马规约》开放签字的最后一天，美国克林顿政府签署了该规约。但在 2002 年 5 月 6 日，布什政府致函联合国秘书长，宣称："美国无意成为规约的缔约国。与此同时，美国对 2000 年 12 月 31 日的签署，不承担任何法律义务。"而中国尽管一直积极参与《罗马规约》的制定，并在罗马大会最后文件上签字，但也一直没有成为《罗马规约》的缔约国。

② 2009 年 3 月，国际刑事法院第一预审分庭以苏丹总统巴希尔涉嫌在苏丹达尔富尔地区犯下战争罪行和反人类罪行为由对巴希尔发出逮捕令，遭到苏丹政府的强烈反对和驳斥；2010 年初，国际刑事法院要求其第一预审分庭重新审议对苏丹总统巴希尔的罪行指控，这一裁决再次引发了国际社会的强烈反响。参见《苏丹政府对国际刑事法院裁决表示强烈不满》，载《人民日报》2010 年 2 月 9 日。

《罗马规约》所规定的检察官执行调查权不仅赋予个人、非政府组织、各种机构指控国家公务员和军人的权利，同时也使检察官或法院因权力过大而可能成为干涉国家内政的工具。此外，检察官的自行调查权不仅会使法院面临来自于个人或非政府组织过多的指控，使其无法集中人力或物力来应对国际上最严重的犯罪，同时也会使检察官面对大量指控而需不断作出是否调查与起诉的政治决策，不得不置身于政治的漩涡，从而根本无法做到真正的独立与公正。①

（三）联合国混合刑事法庭

混合法庭的构想最早见诸于1999年2月联合国秘书长指派的柬埔寨问题专家组的报告之中。专家组在探讨采用何种方式对前红色高棉领导人进行审判的问题时，提出可供选择的方式之一是建立一个联合国管理下的柬埔寨法庭，即一个国内法庭和临时性国际法庭的混合体式的法庭，以期避开建立临时性国际法庭的障碍并克服国内法院易受政治干扰而缺乏独立性的问题。②

混合型法庭（Mixed or Hybrid Tribunal）或国际化法庭，是某些国家为解决其境内发生的严重践踏人权和违反国际人道法罪行而建立的。但迄今为止，国际社会对混合型法庭尚未形成一致的定义。③ 有学者认为混合法庭意指那些在机构组织、结构、功能及其

---

① 朱文奇：《中国是否应加入国际刑事法院（上）》，载《湖北社会科学》2007年第11期。

② Report of the Group of Experts for Cambodia established pursuant to General Assembly resolution 52/135, 18February 1999, para. 185-192.

③ 各国学者在使用上述称谓时所指向的国际实践通常包括科索沃的64号法令小组（the Regulation 64 Panels in the Courts of Kosovo）、东帝汶严重犯罪特别小组（the Serious Crimes Panels in the District Court of Dili in East Timor）、塞拉利昂特别法院（Special Court for Sierra Leone）、波斯尼亚和黑塞哥维那战争罪分庭（War Crimes Chamber in the Court of BiH）、柬埔寨特别法庭（Extraordinary Chambers in the Courts of Cambodia）以及黎巴嫩特别法庭（Special Tribunal for Lebanon）。*See* Handbook on the Special Tribunal for Lebanon, April 10, 2008, International Center for Transitional Justice Prosecutions Program, *available at* http：//www. ictj. org/en/index. html, visited on 15 September 2012.

所适用的法律和刑事程序方面包含国内和国际元素的法庭。① 加利福尼亚大学伯克利分校的大卫·科恩（Daivd Cohen）教授认为"混合形式是一个（法庭）所在国和联合国共同承担审判责任的体系"。② 国际法律援助联盟成员苏珊娜·林顿（Suzanne Linton）把"国际化的国内法庭"定义为："嫁接到发生严重侵犯人权和违反人道法暴行的国家的司法体系上，或根据国际协定创设一个与国内司法体系无关的机构……国际和当地的法官组成混合委员会审判违反种族灭绝罪、违反人道罪和战争罪的行为。"③

总体看来，混合法庭是在国际社会和罪行发生地国家的共同努力下建立，由国际法律人士和国内法律人士共同组成，对一国特定时期内发生的一系列罪行进行调查、起诉、审判的机构。④

依照混合法庭设立的方式不同可以将现有的六个法庭分为三类：通过联合国派驻罪行发生地的管理机构发布法令设立；通过国家与特设国际刑事法庭签订协定设立；通过联合国与有关国家签订协议设立。

首先，联合国派驻罪行发生地的管理机构发布法令设立，其代表是科索沃和东帝汶。具体的设立过程不再赘述，但是可以肯定的是，在科索沃和东帝汶发生的武装冲突都涉及主权问题，在其政治地位正式确定之前都由联合国负责代管。联合国专门建立的联合国科索沃观察团（UNMIK）和联合国东帝汶过渡行政当局（UNTAET）实际上是两个地区的实际管理者，行使着主权性的权利，其发布法令的行为实质上等同于一种国内立法行为，东帝汶审判严重犯罪的

① See Kai Ambos and Mohamed Othman, eds. , New Approaches in International Criminal Justice：Kosovo, East Timor, Sierra Leone and Cambodia, Freiburg, 2003, p 2.

② See Suzanne Katzenstein, Hybrid Tribunals：Searching for Justice in East Timor, Harvard Human Rights Journal, Vol. 16 (（2003）, p. 250.

③ See Suzanne Linton, Cambodia, East Timor and Sierra Leone：Experiments in International Justice, Criminal Law Forum, Vol. 123 (2001）, p. 185.

④ Laura A. Dickinson, The Promise of Hybrid Courts, American Journal of International Law, Vol. 97 (2003）, pp. 295-310.

特别法庭和科索沃 64 号法令小组是"联合国的一个机构行使当地政府职能的产物"①是联合国管理机构在当地进行法治建设的组成部分。

　　其次，国家与特设国际刑事法庭签订协议设立，代表是在科索沃和波黑的混合法庭。波斯尼亚和黑塞哥维那（以下简称波黑）原为南斯拉夫社会主义联邦共和国的一个加盟共和国，1991 年南斯拉夫社会主义联邦共和国开始解体。1992 年 3 月初，波黑全民公决赞成波黑共和国独立，但该共和国中的塞族人进行了抵制。随后，波黑塞族人在塞尔维亚的支援下以武力方式寻求加入塞尔维亚，旷日持久的波黑内战爆发。内战中共有 20 万人死亡，超过200 万人流离失所。1995 年 12 月 14 日，解决波黑冲突的《代顿和平协议》（Dayton Peace Agreement）正式签署，依据该协定波黑由两个实体组成，即主要由穆斯林和克罗地亚人组成的波黑联盟（又称穆克联邦）以及主要由波黑塞族人组成的塞尔维亚共和国（Republika Srpska），两个实体都有自己的政府、议会和司法系统。同时，根据该协定，成立了高级代表办公室（Office of High Reprehensive(OHR)），作为《代顿和平协议》缔约国在波黑的代表，全面负责波黑的国家建设。2003 年，前南斯拉夫国际刑事法庭与波黑高级代表办公室签订协议提出在波黑法院内部成立一个由国际法官和波黑国内法官组成的专门的战争罪分庭，与之相配合的有专门的书记官并在波黑检察官办公室内设立专门的战争罪部门（War Crimes Department）。该战争罪分庭 2005 年 3 月起开始工作。可见，在战争罪分庭成立之前，存在纯粹的国际性刑事司法机构——前南斯拉夫国际刑事法庭，该法庭对 1991 年后发生于前南联盟境内的战争罪享有优先管辖权。波黑的混合法庭实践是对前南斯拉夫国际刑事法庭的补充。②

---

　　①　黄风、凌岩、王秀梅：《国际刑法学》，中国人民大学出版社 2007 年版，第 372 页。

　　②　张毅：《混合法庭——国际刑事司法制度的新发展》，中国政法大学2009 年硕士毕业论文。

最后，联合国与有关国家签订协定设立，代表是塞拉利昂特别法院、柬埔寨特别法庭、黎巴嫩特别法庭。以塞拉利昂为例，1991年，塞拉利昂的革命联合阵线（Revolutionary United Front，RUF）因为反对政府一党专政的统治而爆发内战，1999年7月7日，政府与革命联合阵线领导人在洛美（Lomé）签订了和平协定。随后，万余名联合国驻塞拉利昂特派团（United Nations Mission in Sierra Leone，UNAMSIL）士兵被部署到塞拉利昂执行和平协定。2000年8月14日，联合国安理会通过了第1315号决议，请联合国秘书长与塞拉利昂政府达成协议，建立一个特别刑事法庭，以检控在塞拉利昂境内所犯下的危害人类罪、战争罪和其他严重违反国际人道法的行为，以及塞拉利昂有关法律认定为犯罪的行为。①

混合性法庭是为应对国际或者单纯的国内法庭的不足而出现的。在很多国家，例如科索沃、塞拉利昂、东帝汶和波斯尼亚。法庭聚合来自国家和国际的职员，包括法官和检察官，主要设立在实施暴行的国家。比起国内法院资格不够、以及国际法庭远离当地支持这两个缺陷，混合法庭具有优势。因此混合法庭不仅符合国际法标准和程序，还能保证国内公民最大限度的参与，体现国家所有权，因此，混合性法庭更加验证了问责制的有效性。混合性法庭还可以协助国家的制度和能力建设；在发生暴行的当地设置法庭，当地公民在各个层面和程度上最大限度地参与其中，是一种很好的实践和能力的提高。此外，在国际和国家法官之间的交流互动过程中，他们有了更多的接触当地公民的机会，因此，混合法庭要比单纯尊重国际法的国际法庭和国内法庭更加高效。然而，混合法庭是否在实践中已经确实实现了这些目标还是个复杂的问题。

与联合国的特别法庭相比，混合法庭的优势得到了各方学者的充分阐述。例如，有学者认为，混合法庭比纯粹的国际刑事法庭有以下优势：它创建和运转的费用低；更能考虑受害者的需求；更有

---

① 卢有学：《塞拉利昂特别法庭及其对泰勒的审判》，载《山东警察学院学报》2007年第3期。

效帮助重建地方司法系统。① 国内的一些学者也习惯于将卢旺达刑事法庭与塞拉利昂的混合法庭作为案例比较，得出一些较为客观的结论，例如张永江教授就总结出，塞拉利昂混合法庭是根据联合国和塞拉利昂之间的条约而创立，而卢旺达特别法庭则源于安理会的授权；前者不仅能考虑侵害国际人道主义法，而且也考虑违反塞拉利昂国内法律的某些罪行；前者在塞拉利昂对检控犯罪有优先权；后者的法官完全由联合国大会选举产生，检察官则由安理会选择；前者的人员由塞拉利昂的法官、检察官和其他司法人员所组成，审判庭的三名法官其中一位由塞拉利昂任命，另外两位由联合国秘书长任命；上诉法院的五位法官其中两位由塞拉利昂任命，另外三位由联合国秘书长任命，塞拉利昂政府任命的法官可以但不必来自塞拉利昂；此外，塞拉利昂国际刑事法庭的另一个好处是该法庭位于塞拉利昂境内，这样更便于法庭更好和更及时地获取证人证言和其他证据，便于受害者和证人出庭作证，当地政府能积极参与法庭的创立和管理，而且也给当地留下法院的办公场所(对世界上最贫穷的国家而言这不是小事)，这样有助于塞拉利昂司法系统的重建与完善。②

　　混合法庭在机构设置、人员组成和管辖权方面所具有一定的灵活性，从性质上说是以国内模式为主体并添加了国际因素。混合法庭的初衷不仅仅是在于对具有管辖权的罪行进行公正的审判，更重要的是为罪行发生地国家的法治作出贡献。总之，纯粹的国内程序和国际法庭都不会是最完美的答案；二者都很难实现公平无偏私的正义；混合法庭是相对较好的选择。

第三节　过渡司法机制的复杂性

　　联合国在促进过渡司法和法治的进程中面临的主要问题都是来自

---

① Suzanne Katzenstein, Hybrid Tribunals: Searching for Justice in East Timor, Harvard Human Rights Journal, Vol. 16 (2003), pp. 245, 246.

② 参见张永江：《文化相对主义视角下的卢旺达国际刑事法庭》，载《河北法学》2007 年第 6 期。

于过渡司法机制自身的复杂性。而未来联合国应该充分认识到这些复杂性，积极应对，在促进过渡司法和法治方面作出更多的努力。

一、注重过渡司法的评估机制

对联合国冲突后司法和法治行动的进程和倒退的评估和认定是非常重要的。所以应该去测试过渡司法体系的功能和个人的努力从而审查不足之处，进而解决冲突国家的危机。而评估中最大的挑战就是要注意到这个复杂机制中的不同变量。①

首先，第一个也是最容易被忽略的变量，就是评价过渡司法效果的时间维度。②国际司法程序有时在冲突结束之前就开始运行。③而过渡司法不但反映力量对比，而且在改变这种力量对比中发挥着作用，因此在分析其影响时考虑时间因素就显得更加重要了。随着时间的不同而作出的评估便反映出现实的发展变化。被打败或削弱的领导者往往在被打败或削弱后的初期尚保留有破坏性的余威，可以参与到选择新的国内秩序模式的谈判中来。

根据具体情况，过渡司法的运行过程可以分为四个阶段。④

---

①　"变量"在研究过渡司法问题中的作用也参考了学者皮埃尔（Pierre Hazan）在《衡量惩罚和宽恕的影响：过渡司法的评价体系》（Measuring the impact of punishment and forgiveness：a framework for evaluating transitional Justice）中的观点。

②　德国是个尤其显著的例子。研究表明直到 20 世纪 60 年代，绝大多数德国人依然认为盟国建立的纽伦堡法庭仅仅实现了胜利者的正义。在他们看来，美、英空军对德累斯顿、汉堡和柏林的全面轰炸已经是德国社会为纳粹罪行付出的代价。直到 20 世纪 70 年代，纽伦堡法庭才成为德国人参照系的一个组成部分，并在年轻一代对前辈在战争中态度的质疑中发挥了一定作用——这种质疑在和平主义迅速崛起的过程中得到了体现。

③　例如，前南斯拉夫问题国际刑事法庭就是在前南斯拉夫战事正酣时建立的；类似地，联合国安理会将仍在继续发展的达尔富尔危机（在苏丹）提交给了国际刑事法院。

④　Pierre Hazan, Measuring the impact of punishment and forgiveness：a framework for evaluating transitional Justice, International Review of the Red Cross, Vol. 88, March 2006.

（1）武装冲突或镇压阶段。在这个阶段，由于那些政治和军事领导人部分或完全掌握着力量，战事和舆论宣传已经将人民大众动员起来，国际法庭难以发挥作用。

（2）冲突结束后初期。此时，军阀能够运用其力量造成社会动荡，能够动用忠于他们的媒体和资源。

（3）中期（第5年到第20年）。此时，经历着社会和政治重建的国家发展出新的观念。在新的政治环境中，被指控有罪的人和支援他们的网络得到削弱。

（4）长期。新一代人成长起来，他们对克服原有分裂的需要更加认同。实践中，必须结合这些不同阶段来评价过渡司法机制的作用。联合国建立起一套时间种类的标准是很有必要的，这样，联合国就可以更好地界定自己在过渡司法中的作用，也能为社会转型和民主化提供潜在的可能性。

其次，也是评价过渡司法的第二个变量，就是对不同的过渡司法机制要有不同的衡量标准。这些变量在实践中较难把握，因为过渡司法的效果跟随着机制实施的内部和外部限制因素而变化。例如，评价国际刑事司法的标准就有对国际性和混合性刑事法庭的刑罚效用、"示范性"审判（show trial）的影响还有威慑。而评价真相委员会的标准就包括"真相"的概念、"真相"的来源以及真相委员会之后对证人的保护等。而在这些众多的变量之外还有同时影响国际刑事司法和真相委员会实施效果的定量因素。由于变量标准难以把握，所以定量标准在实践中更加重要。

过渡司法制度特别注重关注受害人，其目的就是通过揭开真相和实施象征性或刑事性惩罚，使受害人得以恢复创伤并得到赔偿，从而使社会本身也从历史的伤痛中恢复过来，并实现重新统一。①有罪有罚以及满足受害人对事实真相和个人真相的需要，这两种方式都无一例外地保护了受害者。受害人还希望通过自己作证可以帮

---

① Jamie O'Connell, Gambling with the psyche: Does prosecuting human rights violators console their victims?, Harvard International Law Journal, Vol. 46, No. 2, 2005, pp. 295-345.

助恢复尊严，并在一定程度上使自己从过去的伤痛中解脱出来。但是，作证也有一定的危险，并可能影响作证行为的疗伤作用，因为受害人必须回忆起极其悲痛的事实。受害人在法庭作证和在真相委员会作证时心理上面临的危险是不同的。① 真相委员会的运作机理与司法程序不同。犯罪人没有得到惩罚的事实会在受害人中激起许多不同的反应。据位于南非开普敦的暴力和酷刑受害人伤痛治疗中心考察，在他们接触的众多受害人中有 50%~60% 的人在作证之后出现了非常严重的心理问题，或表示后悔参加真相委员会的听证。②

可见无论是国际司法制度还是真相委员会，都不仅不能确保平复战争或者冲突造成的创伤，还无法避免对受害人造成双重的伤害。因此，联合国的司法机制以及真相委员会都要注意到这一复杂状况。

二、多种解决方式合理使用

过渡司法的主要机制包括司法程序、真相委员会、赔偿、公开道歉等。这些解决方式是选择性适用的，同时使用或者是间或使用，主要依情况而定。一些国家选择了不予起诉，其他的国家则同时启用真相委员会和审判程序，还有一些则是最初使用宽恕政策，

---

① 以联合国在卢旺达、前南斯拉夫的临时法庭为例，法庭保证受害人证人是匿名的。不幸的是，在卢旺达，某些证人的身份暴露了，结果他们和家人的生活都受到了威胁，有时还被迫逃跑。这种危险扰乱了证人的内心，并勾起了他们对过去伤痛的回忆，因此影响到疗伤作用的实现。卢旺达是最极端的例子。在卢旺达，种族灭绝事件幸存的受害人和犯罪者之间待遇的差异令人瞠目结舌。这些罪犯曾将艾滋病毒传染给了卢旺达人，但是，由于卢旺达资金短缺，只有犯罪者能享有接受治疗的特权。这种施害人和受害人待遇的差异很大，影响了作证的疗伤作用。

② Eleazar Barkan, The Guilt of Nations: Restitution and Negotiating Historical Injustices, W. W. Norton and Company, New York, 2000.

随后使用惩罚政策。①

真相委员会(有时也称作真相与和解委员会)是以受害人为导向的。它们构成司法外程序，根据具体的环境，辅助或替代刑事司法程序，例如，真相委员会主导的赔偿程序。赔偿的历史和战争一样悠久。该性质的赔偿第一次是由德意志联邦共和国政府自 1952年起给予纳粹灭绝政策和集中营的生还者的。它是国家出于道义或政治原因自愿支付给个人或集体的。② 还有公开道歉程序，除了真相委员会以外，某些刑事法院目前也可以作出给予赔偿的命令。国家元首或高级官员表达歉意并不是什么新生事物。但是，冷战结束至今，这种忏悔行为的增加之多前所未有。在 20 世纪 90 年代末期，所有西方国家的首脑都为历史上的罪行公开道歉，有些罪行甚至发生在几个世纪之前。③ 司法程序、真相与和解委员会、公开道歉和赔偿都是一个国家表明身份和新的价值理念的行为，藉此认识历史。④

在很多情况下，刑事诉讼并不是过渡司法机制的首要选择。在决定是否适用某种机制时，首先要回答的问题是诉讼是否可行。诉讼对于实现某些目标是比其他的过渡司法形式更加奏效，在形式上也能更好地服务于过渡司法。但是非诉讼形式并非次一级的选择。一些目标恰恰是通过非诉讼程序来完成的。为了决定最适宜的机制，从而更易于推进威慑、恢复正义和复兴，需要更加清晰地了解

---

① 但是也有一些地区则一般性地适用宽恕政策而并不进行惩罚。例如在 1992 年莫桑比克内战结束时，采纳了全面大赦的政策。2005 年 11 月，阿尔及利亚也适用了类似的一般性赦免政策。根据当时阿尔及利亚国内公投的结果，更多地意向是授予在内战之中的参与者以一般性大赦。

② Eric Posner and Adrian Vermeule, Reparations for Slavery and Other Historical Injustices, Columbia Law Review, Vol. 103 (Apr., 2003), pp. 689-748.

③ 例如，托尼·布莱尔(Tony Blair)为英国在 19 世纪造成的爱尔兰人的饥荒道歉，雅克·希拉克(Jacques Chirac)为法国驱逐犹太人的责任道歉，格哈特·施罗德(Gerhardt Schröder)为德国的纳粹历史道歉等。

④ 这种认识历史的过程是与另一个以开放档案、重写历史教科书、建造纪念碑和纪念馆、设立纪念日为标志的覆盖范围更广的过程结合在一起的。

各种机制的内涵和特点。①

例如，起诉，可以产生严重的判刑，无疑是实现惩罚目标的最好措施；然而，对于威慑目标而言，成功的尺度就是避免未来大规模的人权犯罪。起诉对于威慑目标的实现益处不大；而真相委员会的作用主要在于解决矛盾和恢复正义。

总之，诉讼并非总是最为有效的方式，为实现过渡司法的目标而动辄适用诉讼程序，而不管是否具有可行性，是不明智之举。非诉讼方式在道德上并非一定是次一级或者低一级的选择。因此首先要决定过渡司法的目标，之后再决定应该给予起诉方式以何种优先性。

三、充分认识政治环境对过渡司法效果的影响

尽管有效的法治战略必须以法律要求为重点，但也必须适当重视各种政治因素。重建司法制度、规划法治改革以及商定过渡司法程序，是最直接影响公众利益的活动。② 尽管过渡司法机制主要集中于法律范畴，但是，不可忽略的是，政治要素也起到了至关重要的作用。过渡司法机制，包括司法的重建、法治改革的计划等都是最具有公众利益的大事，③ 所以他们也就更加容易受到来自政治的影响。

以国际法庭为例，其有效性取决于国家与国际法庭有效合作，否则其能力就会大大减弱。国际法庭的能力在很大程度上取决于掌管政治和军事力量的主体是谁。五大安理会常任理事国，尤其是英国、美国等，往往对于国际法庭产生较大影响。以卢旺达国际刑事法庭为例，超级大国的决策来授权和选择法官，决定是否提供政治

---

① Miriam J. Aukerman, Extraordinary Evil, Ordinary Crime: A Framework for Understanding Transitional Justice, Harvard Human Rights Journal, Vol. 15 (2002), p. 39.

② UN Secretary-General, the Rule of Law and Transitional Justice in Conflict and Post-Conflict Societies, UN Doc. S/2004/616, of 3 August 2004, para. 19.

③ UN Secretary-General, the Rule of Law and Transitional Justice in Conflict and Post-Conflict Societies, UN Doc. S/2004/616, of 3 August 2004, para. 19.

和经济援助，根据自身的国家利益来决定是否合作以及合作的程度，也是他们在突击队行动中逮捕罪犯、并给战争另一方施加压力，敦促其配合公诉。伊拉克战争后的重建反映了实践的巨大困难。① 伊拉克战后冲突的解决证明了胜利者的正义；显示出法律和强权之间的关系，即在伊拉克的过渡司法组织，总体来说都缺乏合法性，这与所谓的受政治驱动的"人道主义干涉"有着密切的联系。类似的，前南刑庭是在冲突阶段由国际社会建立的一个维持和平的措施，因此它缺乏明确的授权，也是一种胜利者的正义。该法庭缺乏对司法进程的全面控制，经常转而寻求国际社会的支援。司法的目标本身是为了促进地区的法治，然而在联合国安理会"第七章"规定的调停力量的发动下，联合国刑事法庭的主要目标却仅仅是"带来和平"②。

相反地，如果超级大国的政治意愿是缺失的，那么国际司法的能力也将变得十分有限，正如卢旺达刑庭所表现出的法庭运作不畅，在作出建立卢旺达问题国际刑事法庭的第 955 号决议时，安理会将"国内和解"确立为法庭的目标。决议授权法庭对造成 80 万图西族人死亡的种族灭绝事件主要犯罪者和在卢旺达爱国军进行的报复行动中犯下战争罪、反人类罪的主要罪犯进行惩罚。人们认为正义是实现卢旺达人民和解必不可少的前提条件。刚开始时，卢旺达政府为了向那些持怀疑态度的人证明灭种事件的真实性，与法庭进行了合作。在这个目的实现后，当政权中某些关键人物面临因其之前被指称所犯的罪行而被起诉的危险时，卢旺达政府开始实施积极的阻碍。

彻底消除政治对于过渡司法机制的干涉几乎是不可能完成的任务，而绝对不受外界政治力量影响的过渡司法机制也不是实现法治目标的最佳状态。联合国应努力在这两者之间实现微弱的平衡，在

---

① David Scheffer, Saddam Trial is a Critical Test for Iraq's Future, Financial Times, Aug. 12, 2005, at 17.

② The U. N. Charter, Chapter VII; S. C. Res. 808, U. N. Doc. S/RES/ 808, Feb. 22, 1993.

纷繁复杂的政治力量相互博弈的国际社会中为过渡司法机制寻求空间。

四、注重本地条件

在一个具体的环境下能够用什么特定的过渡司法机制，以及什么方式最可行，这些都取决于当地的经济和政治条件，社会、文化以及道德传统，甚至其他国家的参与和影响。①

经济、政治、社会和文化因素不仅影响到在某一个特定的社会哪些具体的过渡司法形式是可能的，而且可以影响到这种形式是否可以真正实现。显而易见，很多方式在某些特定的国家是不能够有效适用的。② 在卢旺达，大屠杀结束后不久，卢旺达民族团结政府就要求成立国际刑事法庭，以通过惩治罪犯来实现民族和解。1996年1月，由10名法官组成的卢旺达国际刑事法庭在坦桑尼亚北方城镇阿鲁沙正式开庭，并得到了很多资助。但法庭运转缓慢，从1996年开庭到2005年，国际法庭只完成了22起案件的审判工作。③ 尽管联合国和卢旺达政府一致认为：重建司法体系与保护人权是重新建立国家的最重要条件。而重建卢旺达司法体系的任务之艰巨令人吃惊，难以想象。要想用传统的审判程序彻底解决种族灭绝案件是不可能的，联合国领导下的卢旺达国际刑事法庭对于案件的审理也显得杯水车薪。④

以卢旺达的盖卡卡(*Gacaca*)，即同类审判为例。在卢旺达，

① Stephan Landsman, Alternative Responses to Serious Human Rights Abuses: of Prosecution and Truth Commissions, Law and Contemporary Problems, Vol. 59 (1996), p. 81, 87.

② Richard Goldstone, Exposing Human Rights Abuses-A Help or Hindrance to Reconciliation, Hastings Constitutional Law Quarterly, Vol. 22 (1995), pp. 615-616.

③ 刘海方：《卢旺达的盖卡卡传统法庭》，载《社会调研》2006年第3期。

④ 贺鉴：《论盖卡卡法庭与卢旺达国际刑事法庭及其在国际人权保护中的作用》，载《西亚非洲》2005年第1期。

一个以社团为基础的传统审判体系一直在补充着国内司法。大屠杀后的卢旺达，在起诉中大量使用了以盖卡卡为代表的乡村法庭制度。① 与许多习惯法审判一样，盖卡卡的最初目的就是通过将内部冲突事件提交给由村中德高望重的长者组成的非正式会议裁决并使双方和解，从而使社区的秩序得以恢复。推定是谁的过错并不是盖卡卡审判的中心内容，因为它的目的并非裁定谁有罪，谁清白，而是为了制止冲突并最终促进社区的团结。这种审判仅限于处理小的纠纷，而非常严重的争端则要交由部族首领来裁定。也正是因为这个原因，盖卡卡并无权审理卢旺达大屠杀的相关案件，但此后成立的盖卡卡法庭则被正式授权。② 在审讯过程中，嫌疑人在受害者的亲属面前陈述，或者承认，并求得谅解，然后在长者和受害者亲属的参与下决定嫌疑人是否有罪，有什么罪，要得什么样的惩罚。

这种传统的方式，为卢旺达的民族和解提供了一个解决方法，加速了种族灭绝案件的审理过程，也为整理整个种族灭绝发生的细节，提供了大量证据。诚然，在盖卡卡法庭审理案件中存在一些比较严重的程序问题，并可能导致审判的不公，但目前看来它却是卢旺达国家审判机构用以摆脱其审判困境的最有效方式。虽然盖卡卡法庭有的地方明显违反了国际公认的审判程序标准，然而，让成千上万的人留在监狱里遥遥无期地等待审判系统重建后的审理，似乎更令人无法接受。③

卢旺达经验体现了那些墨守成规的起诉程序在实现过渡后法治目标中的弊端，并且指出了应对可怕的犯罪应该有更灵活、创新的应对之策。④ 通过盖卡卡，卢旺达已经开创了一条之前从未探索过

---

① 它在卢旺达已有几百年历史，在传统上一直被用于解决争议和涉及偷牛罪的案件，它似乎更多地是作为一种解决争端机制而非刑事审判程序。

② 刘海方：《卢旺达的盖卡卡传统法庭》，载《社会调研》2006 年第 3 期。

③ 李立丰：《种族屠杀犯罪处理实效的批判与反思——基于卢旺达冈卡卡法庭模式的考察》，载《法商研究》2010 年第 2 期。

④ Jason Strain and Elizabeith Keyes, Accountability in the Aftermath of Rwanda's Genocide, Jane E. Stromseth ed., Accountability for Atrocities: National and International Responses, Transnational Publishers, 2003, p. 131.

的新道路。承认个人受害者及其家庭的巨大创伤，允许大屠杀的双方讲述他们各自的故事，帮助驱散集体犯罪感，取而代之的是培养一种法治支持下的文化理念从而促进和解，给予参与者一种迫切需要的尊严感、权力感。也正是因为如此，卢旺达政府对这种特殊程序有着特别的喜好，甚至视盖卡卡程序为实现司法的最重要路径。①

总之，这样一种符合当地特色的审判方式证明了联合国不能仅仅期待一种一劳永逸的模式就去解决所有危机。任何一种危机的解决都必须要适应当地的特殊文化状况。像塞拉利昂这样成功的混合型法庭并非在所有的情形下都适用；有时，国内法上的措施更加适用，盖卡卡即是如此。

但是，这些措施也要有国际社会的支持或是压力，由此加强国家措施的力量和效果。科索沃混合法庭能力建设的结果远远不像预期的那么好。尽管混合性的原意是让国家和国际层面的法官可以相互取长补短，然而，在早期，国际层面的法官并没有太多国际审判经验，因此他们对于国家法官能力建设的贡献也是极其有限的。而语言上的障碍，以及日益增加的工作量，都在一定程度上阻碍了能力建设。因此，科索沃的案例表明，只有对于混合性的安排进行更加技术性的设计，才能真正实现预期的问责制度以及公正审判。

五、发挥非政府组织的作用

在当今世界，联合国的努力能够促成和平协定，并且尽快终结战争。② 而交战双方达成和平协议意味着控制局势的仍然是缺乏对过渡时期司法和法治拥有坚定承诺的旧政府。政府不能彻底地调查战争过程中践踏人权的情况，也不能去惩罚这些犯罪者的暴行，更

---

① Maya Goldstein Bolocan, Rwandan Gacaca: An Experiment in Transitional Justice, Journal of Dispute Resolution, Vol. 2 (2004), p. 34.

② Michael W. Reisman, Stopping Wars and Making Peacing: Reflections on the Ideology and Practice of Conflict Termanation in Contemporary World Politics, Tulane Journal of International and Comparative Law, Vol. 6 (1998), p. 5.

不用说建立一个全新的对未来起到威慑作用的新体系。因此，以这种方式加速形成的和平局面必然很脆弱。联合国建立真相委员会，建立特别法庭，甚至将严重的犯罪者诉诸国际刑事法院等措施能够在一定程度上避免上述缺陷。然而，联合国的行动具有临时性，需要在短期内完成，更要受制于错综复杂的国际环境和国际社会的政治意愿，且较少关注受害者自身的复原。

非政府组织（Non-Governmental Organizations，NGOs）可以弥补联合国的不足。非政府组织对一个国家的影响是持续存在的，脆弱国家有一个较长的过程去逐渐适应冲突后逐渐发展和平的进程。① 此外，非政府组织不依赖政治意愿或者较少受到国际社会的关注，因此，它们便于提供持久的支援。非政府组织内部还特别招募了冲突国家的公民工作，这就在客观上便于他们自身拥有参与建设和平的力量。② 最后，非政府组织在受害者和国家的复原方面一直给与较高的关注。尽管它们无法实施刑事审判和起诉，但是能够建立一种特别的框架来促进和解和复兴。以危地马拉为例，在那里，联合国在危机后给与了过渡时期最基本的援助，包括经济援助、真相委员会、影响及敦促领导者去遵守其签订的和平协议等。而其他的一些司法援助则来自于广大的非政府组织。例如，天主教会很成功地弥补了不足，真正建立了真相和和解的程序，协助危地马拉开始了长期的和平和正义的变革之路。

正如联合国人权理事会文件文件所指出的那样，联合国人权事务高级专员办事处应该"在过渡时期司法的概念和分析工作方面增强其牵头作用，并协助各国从人权角度制定、建立和执行过渡时期

---

① Michael W. Reisman, Stopping Wars and Making Peacing：Reflections on the Ideology and Practice of Conflict Termanation in Contemporary World Politics, Tulane Journal of International and Comparative Law, Vol. 6 (1998), p. 5.

② Neil J. Kritz, Coming to Terms with Atrocities：A Review of Accountability Mechanisms for Mass Violations of Human Rights, Law and Contemporary Problems, Vol. 59 (Autumn 1996), pp. 127, 148 (suggesting that local people must play an active role on the transition to justice to avoid undermining the fragile new democracy).

司法机制"，而联合国的相关机构"以及其他国际和非政府组织则应进行密切的合作"，① 从而将人权纳入到过渡司法机制的制定和执行工作中，在法治和过渡时期司法领域加强联合国系统的持续进程。

事实上，无论是国际组织还是国家自身都会因为各种政治力量的制衡无法完全做到过渡时期的法治。因此以联合国为代表的国际社会和一些非政府组织就应该并肩作战，增强整体力量。在这个过程中，以联合国为主导，各个角色之间的作用是互补的，没有孰轻孰重，也不宜厚此薄彼。非政府组织在赋予当地居民力量、为其复原进行援助、提供稳定而持久的支持方面，作用不可忽视。②

因此，联合国和非政府组织应该相互协调，促进过渡司法机制真正在冲突后的国家和社会发挥作用，协助它们赢得持久的和平。然而，目前这样的协调在很大程度上仍是未解决的挑战，③ 且已经导致法治援助的重复、浪费和不足，甚至产生相互矛盾的援助方案。更严重的是，国际社会未经协调的干预可能会扭曲国内司法日程、浪费国内司法部门行动者的时间、消耗资源。

六、重视媒体的作用

媒体在冲突后的作用常常被低估，事实上，媒体有很大的潜力，或是煽动、或是平复社会的紧张氛围。过渡司法机制不可避免地要依赖媒体来传播一国历史上的黑暗真相。当然，在民主社会，媒体的主要作用还在于形成公共舆论导向。④ 联合国教科文组织

---

① 《增进和保护所有人权、公民、政治、经济、社会和文化权利，包括发展权》，A/HRC/9/L. 22，19 September 2008，联合国大会人权理事会第九届会议议程项目3，第12段。

② Naomi Roht-Arriaza, Truth Commissions and Amnesties in Latin America: The Second Generation, American Society of International Law Proceedings, Vol. 92 (1998), pp. 313, 316.

③ UN Secretary-General, the Rule of Law and Transitional Justice in Conflict and Post-Conflict Societies, UN Doc. S/2004/616, of 3 August 2004, para 58.

④ Lisa j. Laplante and Kelly Phenicie, Mediating Post-Conflict Dialogue: The Media's Role In Transitional Justice Processes, Marquette Law Review, Vol. 93, p. 251.

(United Nations Educational, Scientific and Cultural Organization, UNESCO)的一份报告指出，媒体提供一种安全的战场，协助将一种破坏性的冲突转变为非破坏性的论辩。①

南非的案例凸显了媒体在过渡司法进程中的重要作用，南非于1995年建立真相与和解委员会（the South Africa Truth and Reconciliation Commission, SATRC），解决了近50年的种族隔离（1948—1994）；南非的真相委员会与其他冲突社会相比，可以说是处于风口浪尖。媒体的报道、尤其是大量的广播，使得贫困人群、文盲以及生活在偏远农村的民众均能参与到真相调查中来，所以对于南非而言，真相调查确实是全国经历的事件而不是一小股"委员"们的专利。② 媒体确保真相委员会的工作进入公共领域，以便展开论辩。

与南非相反，秘鲁真相与和解委员会（the Peruvian Truth and Reconciliation Commission, PTRC）仅使用了有限的媒体资源，制作的报告也颇具争议，很难为冲突各方接受。从2001年到2003年，媒体对于秘鲁真相与和解委员会工作状况的报道仅限于丑闻和物流运送等，仅仅提供浅层次的信息而不去挖掘更深层面的问题。媒体在和解过程中起着重要的作用，然而，过渡进程的开始不是伴随着一个全新的媒体系统诞生的，而是继承着旧有的一切体制，包括旧有的媒体。新闻媒体也是一国经历冲突后的产物，新闻媒体也常常在冲突中遭受起诉、被威胁或是伤害，这会大大影响其中立性和言论的客观性。因此，一个正在进行过渡司法进程的国家要考虑如何解决媒体和文化系统长期遭受破坏的问题。

在冲突社会，文字与武器共同给一个社会带来四分五裂的状况，几乎所有的媒体都会附属于一个当权的政党抑或是地方政权；

---

① Andrew Puddephatt, Turning Broadcasters into a Genuine Public Service, Barry James ed. , United Nations Educational, Scientific and Cultural Organization, Media: Conflict Prevention and Reconstruction 21, 22 (2004).

② Catherine M. Cole, Performance, Transitional Justice, and the Law: South Africa's Truth and Reconciliation Commission, Theatre Journal, Vol. 59 (2007), pp. 167, 172.

与此同时，新闻媒体的职业道德和专业素养也会下降；而专业性的缺乏会进一步破坏这些媒体所声称的独立性。①

第四节 过渡司法机制的发展方向

尽管过渡司法机制的理念由来已久，但直到 20 世纪 90 年代南非的种族隔离制度结束之后，过渡司法概念才真正开始流行起来。② 经过半个多世纪的理论和实践的发展，过渡司法逐渐从一种理念发展为一种重要的法治模式，尽管概念并不统一，但国际社会以及学界对过渡司法机制及其实施本身的理解都是一致的。半个多世纪以来，联合国在理论和实践方面为实现冲突社会的法治和过渡司法作出了巨大的贡献，长久以来联合国对国家和本地层面的过渡司法制度的支持（政治或者经济上的）都是冲突国家或地区进行和解和法治重建的最重要动因。

尽管由于联合国自身的弊端以及过渡司法机制本身的复杂性，导致联合国框架下的过渡司法制度一直不能发挥最佳效果。但是，在平等和非歧视的基础上协助建立法治，尤其关注易受到危害的特殊群体和被边缘化的群体，这一直是联合国的职责所在，过渡司法机制则是联合国加强国家层级法治的重要措施，可以认为是联合国对冲突社会的一种法治输出。然而，这是一项复杂、困难而又长期的工作，其成功取决于国家各个团体的承诺。

联合国作为最重要的国际组织，在经济上、政治上为过渡时期的司法和冲突后法治的建立作出了很多努力，也采取了很多的实际措施。真相委员会、刑事法庭、国际刑事法院、赔偿、公开道歉等都是极其重要的过渡司法机制。这些机制的宗旨是在遭遇过大范围

① Monroe E. Price, Restructuring the Media in Post-Conflict Societies: Four Perspectives: The Experience of Intergovernmental and Non-governmental Organizations, Cardozo Online Journal of Conflict Resolution, Vol. 3 (2000), p. 643.

② Jens David Ohlin, On the Very Idea of Transitional Justice, Whitehead Journal of Diplomacy and International Relations, Vol. 8 (2007), pp. 51-68.

人权破坏的社会中促进和解，并推动改革和民主进程，最终目标是缓和紧张状态、重建法治。这些机制各有特色，各有利弊，但是没有任何一个机制可以单独地一劳永逸地解决冲突社会的所有问题。只有将这些纷繁复杂的诉讼或者非诉讼方式有效地结合起来才能真正实现过渡时期司法的最终目标。

无论是遍及世界各个冲突地区的真相委员会对于认识真相，寻求和解的努力，还是几个重要的地区刑事法庭的建立，或者是国际刑事法院这一常设机构的运作，都为今后的联合国活动吸取了重要的经验教训。尤其是过渡司法机制本身以及联合国自身的一些弊端致使这一机制在实践中面临着巨大的复杂性，概言之，针对这些复杂因素，过渡司法实施中能否成功取决于以下几个因素。

第一，要注重对过渡司法机制效果的评估。一方面注意评估中的变量，即过渡司法机制效果的时间维度；另一方面则抓住定量，即都要以保护受害者为其中一个目标，这是所有机制的共同点，是定量，这就意味着要确保为国际法规范和国际准则提供一个共同的基础，并调动必要的资源，以便在司法领域进行可持续的投资。

第二，过渡司法机制中的诉讼和非诉讼方式从本质上没有孰优孰劣，只是适用于不同的场合，更没有所谓的效力层级之分。而决定采用哪一种方式的重要标准则是不同地区法治所要实现的目标。因此，联合国的支持应该首先建立在一种可能性的基础上，进而考虑目标的实现。

第三，要避免以同一个办法套用于所有冲突社会的情况，避免完全照搬外国模式，而是把支援架构在国内评估、国民参与以及国家需要和愿望的基础上。总而言之，具体的支援要根据本地区的具体实践来决定。而联合国则要向国内改革的所有拥护者提供支助，帮助建设国家司法部门各机构的能力，促进关于司法改革和过渡司法的全国协商，并协助填补在很多冲突社会中存在的法治真空。

第四，联合国应该注意到政治力量对于过渡司法机制实施的影响力。强权的干涉和"胜利者的正义"曾为过渡时期的司法带来灾难；然而完全缺乏政治力量干涉的过渡司法机制有时又会导致局面失控。因此联合国框架下的过渡司法绝对不是纯然而然的法律问题，而是各种力量交错的复杂机制，鉴于此，要注意避免政治的过渡干涉。

第五，诚然，联合国无疑是促进过渡司法和法治的核心力量，但是并不代表国际社会的其他力量在这一问题中是沉默的。恰恰相反，各种非政府组织也一直试图或者已经在这一领域作出重要贡献。联合国应该认识自身力量的有限性，在未来重视非政府组织的作用，加强与非政府组织的合作。

联合国在促进冲突社会的法治进程中，要积极寻求现存机制之外的其他可能性，为过渡司法机制带来新的机遇，而不仅仅是针对旧有机制的局限性修修补补。联合国未来除了要在实施的技术上注意过渡司法机制的复杂性以外，也要注重将该机制纳入到联合国整体的法治援助框架中。

第五章　联合国与冲突社会的
法治实现：和平行动

第一节　和平行动理论

一、理论发展

如前文所述，在联合国"和平行动"是一个随着实践发展的概念。冷战结束后，大国矛盾缓和，联合国维和行动有了更加广阔的空间，冲突的蔓延也使得对联合国维和行动的需求大大增加。面对新的形势和任务，联合国的安全观以及维持和平与安全机制都发生了变化，一种更具综合性的新安全观替代了狭义的以国家安全为核心、以应对外来军事侵略为主要内容的传统安全概念。在千年首脑会议之后，新的安全观被联合国会员国广泛接受，不仅包括通常意义上的传统安全，还承认了非传统安全的存在并且需要国际社会积极予以应对。因此，联合国以维和行动为基础所发展的和平行动也在不断变化。

事实上，冷战后实施的维和行动，其范围和性质都超出了传统的维和行动，不仅仅停留在隔离交战方和监督停火上，还增加了日益扩大的民事任务，包括监督选举、组建政府，改组和削减军队，改革司法制度，保护人权和解决其他经济社会问题等。在这一过程中，除了维持和平（Peace-keeping），还出现了缔造和平（Peace-making）和建设和平（Peace-building）等概念。早期联合国维和行动的理论研究中通常试图将维和行动进行代际划分，包括第一代维和以及第二代维和行动。但是随着维和范围和联合国在冲突社会影响力和职能的不断扩大，维和概念逐渐与其他概念一起，发展为和平行动(peace operations)的组成部分。

1992年，时任联合国秘书长的加利提出，维和行动仅仅限于军事行动并不能满足维护国际和平与安全的期望，因此他在《和平纲领》报告中提出了包括预防性外交、建立和平、维持和平和建设和平在内的一整套新的维持和平构想。2000年，秘书长安南组建了联合国和平行动问题高级别小组，对联合国的和平与安全活动进行彻底审查。在该小组所提交著名的《卜拉希米报告》中，联合国和平行动问题小组报告明确提出了有关和平行动概念，以示与维和行动的区别。该报告中提出了联合国和平行动的四大要素，即预防行动、建立和平、维持和平与建设和平。

联合国所提出的建设和平概念，其含义是在冲突之后建立信任，防止冲突再起。《卜拉希米报告》对建设和平的解释是在冲突后进行的活动，目的是重新建立起和平的基础以及提供一些手段，让人们能在那些基础上建设和气、和平和正常的生活与工作环境。建设和平的任务非常之广泛，包括帮助前战斗员重返社会，训练和改组当地警察，帮助进行司法和刑法改革，监测和调查侵犯人权状况，促进民主发展，以及促进冲突的和解等。此外，建设和平还包括在战后促进和平与发展事业，加强互利互信，以及开发国际合作项目等后续行动。

二、维和行动与建设和平

从原则上讲，"安全、发展和保护人权"是建立稳固和平的三大支柱，因此维持和平与建设和平密不可分。尤其是在当今国际社会复杂的局势变化之中，冲突的结束往往并不必然意味着和平的到来，而在更深层面上依然存在着冲突的隐患。

因此，在联合国的实践中，建设和平的努力往往与维持和平的努力共同发挥作用。一些建设和平的活动，例如联合国监督1989年纳米比亚的选举、在莫桑比克的排雷方案以及在海地的训练警察活动等，均是在联合国维持和平行动框架内展开的，维和行动结束后，这些活动可能会继续。此外，维和行动还在努力加强冲突国家的行政管理能力，这不仅能够在短期内帮助地方行政当局向人民提供急需的服务，同时有助于建立长期稳定的政治治理架构。除法治、行政方面的努力外，联合国应在冲突国家或地区实现社会稳定并推动经济发展，这是维持和平与建设和平的重要契合点。只有当地人民能切实感受到其日常生活在改善，他们心中的不安全感才会消除，地区的和平与稳定才会真正得以巩固。

需要指出的是，在强调维持和平与建设和平有机结合的同时，也有必要区分维持和平和建设和平的专属职能。在通常情势之下，维和人员仅承担冲突后重建的初步任务，至于社会经济发展的长远进程，则由联合国相关机构特别是建设和平委员会，以及区域组织、国际金融机构和双边或多边捐助国更积极地参与进来。国际社会必须明确，联合国维和行动的目的并不主要是在所部署的国家进行重建工作，其他相关国际组织或机构可以以更高的效率和较少的花费开展此类活动。

第二节　和平行动的核心机构

一、联合国安理会

如前所述，联合国安理会是在维持国际和平与安全领域主要的执行机构。宪章第 33 条规定："任何争端之当事国，于争端之继续存在足以危及国际和平与安全之维持时，应尽先以谈判、调查、调停、和解、公断、司法解决、区域机关或区域办法之利用，或各该国自行选择之其他和平方法，求得解决。""安全理事会认为必要时，应促请各当事国以此项方法，解决其争端。"可见，安理会负有促请争端当事国通过谈判、调查、调停、和解、公断、司法解决、区域机关或区域办法等和平手段，加强交流合作，消除国际争端、维护世界和平的权利。

安理会有权依据第 33 条自动调查任何争端或情势，以断定它的继续存在是否足以危及国际和平与安全，也只有在这种情形下，安理会才能合法地行使它对于某种情势的管辖权。宪章第 34 条规定："安全理事会得调查任何争端或可能引起国际磨擦或惹起争端之任何情势，以断定该项争端或情势之继续存在是否足以危及国际和平与安全之维持。"调查的目的在于判断某项国际争端是否真实存在、是否足以威胁国际和平与安全，是采取其他行动解决国际争端的基础。为调查需要，安理会可以设立调查委员会，因为宪章第29条规定"安理会得设立其认为于行使职务所必需之辅助机关"。争端发生时，当事国出于对本国主权的考虑，可能拒绝接受其他国家或组织的调查。但是安理会凭借宪章所赋予的权利，以及"联合国会员国统一依宪章之规定接受并履行安全理事会之决议"的承诺，可以更为顺利地展开客观的调查。这种调查的权力，即使只是为了断定争端或情势的继续存在是否足以危及国际和平与安全，也使安理会有权对整个争端进行调查和讨论。

宪章第36条规定："属于第33条所指之性质之争端或相似之情势，安全理事会在任何阶段，得建议适当程序或调整方法。"第38条规定："安全理事会如经所有争端当事国之请求，得向各当事国作成建议，以求争端之和平解决，但以不妨碍第33条至第37条之规定为限。"可见，安理会具有建议权。宪章把安理会可以提出建议的时间规定为"任何阶段"，随时允许安理会提出建议，赋予其相当大的权力。同时宪章对安理会的权利也有所限制，即"建议适当程序或调整方法"。原则上，安理会只能就程序问题或方法问题提出建议，而不应涉及争议的实体问题。但第38条也作出了扩大安理会权利的例外规定，即"经所有争端当事国之请求"，安理会可以就争端实体问题做出反应。

此外，安理会还可以将争端提交国际法院。宪章第36条第3项规定："安全理事会按照本条作成建议时，同时理应注意具有法律性质之争端，在原则上，理应由当事国依国际法院规约之规定提交国际法院。"安理会向国际法院提交的案件，是国际法院管辖的一个来源。

二、建设和平委员会

如前所述，从20世纪90年代中期以来，维和行动即开始面临越来越大的挑战，而联合国所特别设立的委员会之间工作无法协调与统一，在联合国系统中并没有一个专门的机构应对冲突国家从战争向持久和平过渡的问题，行动效率极为低下。① 因此，联合国前秘书长安南专门指定了"威胁、挑战和变革"高级别小组就维和行动的变革问题进行讨论。随后在该高级别小组提交的报告中即指出，在内战爆发前的阶段和战后的过渡阶段，联合国和国际社会广大成员，包括国际金融机构都没有作出妥善安排来援助那些试图建设和平的国家。"维和人员一旦离开一个国家，这个国家就从安全理事会的雷达荧幕上消失了。"虽然联合国经济及社会理事会设立了几个特设委员会来处理具体事项，但无论是其获得的资源支援还是其工作成效都极其有限。因此，对联合国体系而言，需要的是一个单独的政府间机构，专门处理建设和平问题，并有权监测和密切注意有风险的国家，确保捐助者、金融机构采取协调行动，筹集资金，促进可持续和平。同样在针对冲突社会的维和行动实践中，联合国系统和其他国际社会的许多不同部门都在从事某种形式的建设和平工作，但在高级别专家小组看来仍然是效率低下，并且缺乏足够的工作协调。

这一"试金石议题"（touchstone issues）的成功得到时任秘书长安南的赞同，在其 2005 年 3 月所作题为《更大的自由：为人人共享发展、安全和人权而奋斗》的报告中采纳了这个建议，并认为，如果当事国能够采纳建设和平委员会的建议，并利用和平重建基金提供的援助加强旨在消除国内冲突的机构建设，包括加强法治机构的建设，则更能突出建设和平委员会的价值。随后，这一成立建设和平委员会的提议也得到了包括美国在内的成员国的广泛支持。②

正如安南所说："现在国际社会有了一个独特的政府间机构：

----

① See United Nations, Explanatory Note of the Secretary-General: Peacebuilding Commission, April 17, 2005.

② See United Nations, Explanatory Note of the Secretarty-General: Peacebuilding Commission, April 17, 2005. "I am gratified by the very broad support that this proposal has received among Member States".

第一个专门致力于建设和平的机构。"2005 年世界首脑会议成果文件，以及大会和安理会关于设立建设和平委员会的决议都重申，联合国需要有一个专门的机构专门负责帮助刚刚摆脱冲突的国家走向复原、重新融合，协助它们奠定可持续发展的基础。同时，虽然联合国很多部门参与建设和平进程，但是系统内缺乏一个监督该进程、确保其协调并提供长期支援的专职机构，从而造成和平行动存在断层和脱节，短暂建立起来的冲突社会脆弱的和平状态也常常因此瓦解，重新陷入冲突。

在建设和平委员会中，组织委员会是常设机构，此外还包括若干针对具体国家的委员会。组织委员会由 31 个成员国组成，任期两年，可以连任。组织委员会的成员构成非常特殊，是从以下五类会员国中推选的(1)从安理会中选出七个理事国(包括常任理事国)；(2)从经社理事会中选出七个理事国，并特别考虑到经历过冲突后复原的理事国；(3)从为联合国预算提供捐款，包括为联合国各个机构和方案以及建设和平基金提供捐款数额最多的十个国家中选出的五个；(4)从为联合国各个特派团派遣军事人员和民警人数最多的十个国家中选出的五国；(5)由大会推选另七个成员，以消除预留的地域不均衡的状况，并将经历过冲突后复原的国家包括在内。

除了国家行为体之外，建设和平委员会还鼓励包括国际政府间组织、非政府组织、私人企业和商业界在内的各个团体积极参与。这样的组成尽管有助于调动更多会员国以及其他行为体积极参与建设和平活动，但是如果捐助大国和跨国集团的影响过大，会影响联合国和平行动的公正性。

隶属关系上，成果文件将建设和平委员会定位为一个政府间机构；委员会的权力不是在安理会体制内，而是在大会或者经社理事会之内。因此，不能说委员会是安理会的附属机构，在一些学者看来，建设和平委员会是大会和安理会的咨询机构，[1] 也是联合国第

---

[1] World Summit Outcome Document in September 2005, para 99.

一个此类型的政府间机构。① 大会将通过对其年度报告进行辩论，全面负责审查建设和平委员会的工作。委员会要就规划和开始维持和平行动向安全理事会提供咨询意见。

根据大会决议，建设和平委员会有三个任务。第一，调动所有相关的行为体，筹集资源，就冲突后建设和平以及复原工作提供咨询意见和提出综合战略；第二，关注冲突后的重建和体制建设工作，支援制定综合战略，为可持续发展奠定基础；第三，提供建议和信息，改善联合国内外各相关行为体之间的协调，使国际社会长期关注冲突后复原问题。

建设和平委员会的不同寻常之处在于，其决策机关——组织委员会结构较为特殊。它的 31 个成员分别由安理会、经社理事会和联合国大会分别从 10 个最主要的财政贡献国和 10 个最主要的维和部队贡献国中选出。换句话说，联合国的三大机关对该委员会的组织委员会的成员国构成有同样的决定权，这在联合国的历史上还是第一次。尽管建设和平委员会负责向联合国的三大主要机关提供建议，但它仅仅需要向联合国大会提交年度报告。建设和平委员会的两个辅助部门分别是一个小型的建设和平援助办公室和建设和平常备基金，前者由具备相关资格的专家组成；后者的资金来源则来源于自愿捐助。该委员会各方面的情况每五年审查一次。

（一）建设和平委员会的实践职能

1. 制定文件前的准备——访问冲突国家

实践中，通常安理会提出要求，建设和平委员会需要制定类似于冲突国家未来建设和平理论政策或者具体的行动纲领的文件，一般称为建设和平战略框架。为了更好地准备此项文件以及相关后续工作，一般委员会为基础的访问团会对冲突国家进行初步的了解和访问。一些国家的常驻联合国代表团成员可以加入访问团，访问的目的是向冲突国家发出这样一个讯息，即向人们保证委员会的参与旨在充分尊重国家所有权的同时，使冲突国可持续建设和平的努力持续得到国际社会的重视和支持。委员会的支持可以包括：使所有

---

① World Summit Outcome Document in September 2005, para 97-98.

相关的行为者汇聚在一起，组织资源，并就建设和平综合战略提出咨询意见。访问的成果一般涵盖：就委员会参与冲突国事务的今后步骤，得到该国政府谅解和承诺；访问也要增强冲突国政府和国民的信心，即委员会可以发挥至关重要的作用；尤其是协助促进致力于巩固和平的所有利益攸关者进行进一步对话和协调。

而建设和平政策纲领所要重点实现的目标，也即后续行动审查的重点方面也在此次的访问中就已经确定了，可以说，访问是所有委员会后续工作的先头军以及奠定基调的重要行动。以布隆迪为例，早在 2007 年 4 月到 5 月建设和平委员会布隆迪访问团的访问过程中，就已经确定日后布隆迪工作的关键问题，包括(1)促进善治，即布隆迪的民主应该通过与布隆迪社会所有行为者对话并把他们纳入进来加以巩固；促使以和平、可持续的方式解决土地问题，特别是与难民和流离失所者返回家园和重返社会有关的土地问题，同时适当考虑到性别层面的问题。(2)促进安全部门改革，即应该根据相关和平协定的规定以及人权和善治原则进行军队和安全部门改革。(3)过渡司法，强烈建议根据国际标准迅速建立过渡时期司法机制，其中包括真相与和解委员会。(4)重建及复原，确保建设和平努力解决贫穷和饥饿问题，使受到冲突危害的最脆弱的民众享受到和平红利。[1]

2. 协助制定战略框架

建设和平委员会第二步开展的工作通常是根据安理会的要求对于特定的冲突社会提供咨询意见。该意见的出台往往是要和该国政府以及联合国驻该国的办事处协作开展工作，确定一定时期该国面临的关键性建设和平优先事项，并将这些事项列入建设和平《战略框架》。从而使冲突国家、建设和平委员会和其他利益攸关方可在《战略框架》下，为巩固和平作出承诺和进行对话。和平框架涵盖的内容十分广泛，包括几方合作的原则、背景以及对于合作目标、主要工作和挑战以及风险的详细分析，以制定对应的策略。

---

① 资料来源于 http：//www.un.org/zh/documents/view_doc.asp？symbol =PBC/1/BDI/2，作者整理，访问日期 2013 年 2 月 3 日。

3. 就制定的框架向安理会汇报

由于建设和平委员会是安理会和大会的咨询机构，因此及时向联合国相关机构汇报工作也成为其重要工作内容。除汇报安理会要求的关于建立建设和平框架的内容之外，还会根据实际情况向各个利益攸关方提出建议，同样以布隆迪为例，① 建设和平委员会对政党、对布隆迪政府、对解放党（民解力量）、对非洲联盟、安理会、国际金融机构、捐助者和捐助国、联合国秘书处和联合国各个机构、基金和方案均提出意见，以协助布隆迪更好地执行和平框架。

4. 后续框架执行的监察和跟踪②

从整体上来说，建设和平委员会对冲突国家建设和平战略框架进行监察和跟踪，以便定期审查《战略框架》的执行进展。除此之外，建设和平战略框架之后，成功的建设和平案例还应包括第二代的《减贫与增长战略框架》，布隆迪即是如此。从字面上看，如果说建设和平是冲突后最基本恢复重建的步骤，那么如果实施顺利，下一步将是社会的全面复苏和发展，即以减少贫困和经济增长为目标的行动。鉴于此，对于建设和平战略框架执行情况的审查，尤其是介于两代行动之间的，第一代后期的审查还应该做好过渡工作，例如，是否设立一个《战略框架》与《战略文件》所共享的监测和评价小组，而撰写专题报告的责任则要转交给制定《战略文件》的部门小组。

（二）建设和平委员会的工作

仍以布隆迪为例，从 2008 年 6 月到 2012 年 11 月，建设和平委员会对其进行了 6 次关于执行和平战略框架的审查，并作出详细的审查报告。从历次的审查报告中不难发现，建设和平委员会所集中关注的内容是冲突双方的停火协定、安全部门的职能发

---

① 2007 年 9 月 21 日，2007 年 9 月 20 日建设和平委员会布隆迪专题小组主席给安全理事会主席、大会主席和经济及社会理事会主席的同文信，PBC/2/BDI/2。

② Source：United Nations Peacebuilding Commission, Monitoring and Tracking Mechanism of the Strategic Framework for Peacebuilding in Burundi, PBC/2/BDI/4, 27 November 2007.

```
                              ┌─────────────────┐
                              │ 为安理会、大会和经社理事 │
                              │   会提供意见      │
                              └─────────────────┘
                                       │
          ┌───────────────┐    ┌─────────────────┐
          │ 合作伙伴协调组政治 │┄┄┄│ 建设和平委员会审查会 │
          │    论坛        │    │ 议和其他后续活动   │
          └───────────────┘    └─────────────────┘
                  │                     │
 ┌──────────┐    │            ┌─────────────────┐
 │ 发展报告  │────┤            │ 市民社会非正式情况通 │
 └──────────┘    │            │    报会          │
          ┌───────────────┐    └─────────────────┘
          │ 合作伙伴协调组战 │
          │    略论坛      │
          └───────────────┘
         │                    │
 ┌───────────────┐    ┌───────────────┐
 │ 监察和评价组（《建设 │    │ 检查评价组（《减贫 │
 │ 和平战略框架》）   │    │ 战略文件》）     │
 └───────────────┘    └───────────────┘
         │                    │
 ┌───────────────┐    ┌───────────────┐
 │ 《战略框架》监察汇 │    │ 各部门小组（《减贫 │
 │   报表        │    │ 战略文件》）     │
 └───────────────┘    └───────────────┘
```

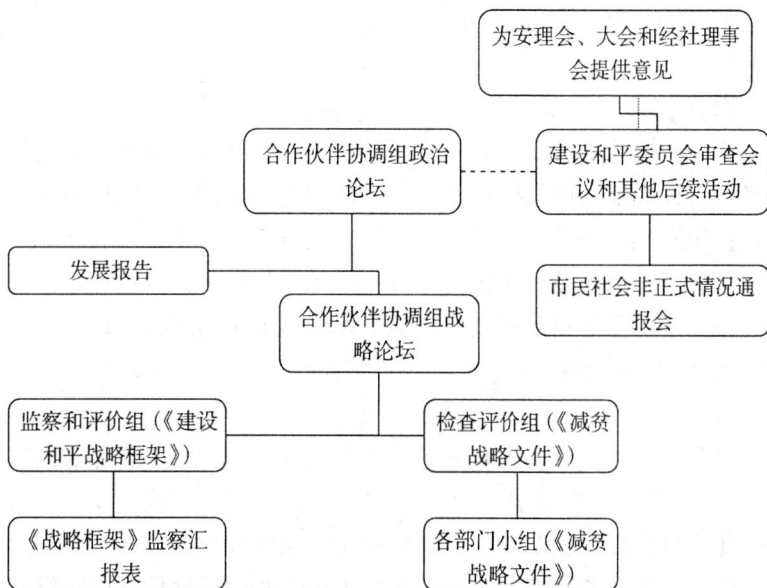

联合国建设和平战略框架的监察和跟踪机制表

挥、过渡时期司法的实施、社会的重建，民众是否重新融入社会经济生活、如何协调和调动国际援助；最重要的是，选举的进展以及宪法的制定是否顺利等，以及根据这些内容对后续实践提出进一步的建议。

1. 安全

安全是建设和平的前提和基础，也是建设和平委员会首要关注的问题。除了总结以往的经验和教训之外，委员会往往建议冲突国家政府开始实施改革国防和安全系统的国家行动计划；继续在全国实现国防和安全部队的专业化以增强安保；继续扩大安保部门对议会、民众和民间社会的透明度和问责制；加强努力解除平民武装，管制国防和安全部队手中的武器，特别是通过在选举前完成第二轮自愿解除平民武装运动，加强选举前后的安全，和提高公众对这些部队的信心；确保国防和安全部队在选举进程中的中立性（不偏不倚）和专业精神。并要求国际行动者继续向安全部门提供必要的支援，并特别注意与选举进程和正在进行的警察专业化相关的具体挑战。①

2. 善治

（1）选举。

要求政府尊重公民权利和政治权利，尊重见解自由和各政党依法举行会议和活动的权利；确保平等使用公共媒体；在选举中不偏不倚；积极创造条件协助各个利益方有效对话，宣传、鼓励社会各界支持选举；而建设和平委员会自身以及其他的国际行动者也要积极筹备选举所需的财政和技术资源，确保国家和国际选举观察员之间的良好沟通和协调。

（2）打击腐败。

以布隆迪为例，要求政府迅速最后制定《善治和打击腐败国家战略》，以便调集资源予以执行；制定一个切合实际的行动计划，以强化各种反腐败机制和机构，并向司法系统提供必要的手段来起诉与腐败有关的罪行；要求建设和平委员会和国际伙伴帮助布隆迪政府改进善治和打击腐败。

3. 司法保护人权

对此问题，建设和平委员会提出的基础原则是尊重人权，在发生侵犯人权行为时进行必要调查，采取防范此类侵犯行为的措施，及确保根据国家法律在法院对此类行为的实施者或唆使者提出起诉并予以惩处；根据国内和国际法的规定，严格、不带偏见地对待被指控侵犯人权的国家人员；为了打击有罪不罚现象，起诉严重犯罪的犯罪人，进行行政和刑事处罚；为高级法院法官举办初期培训，考虑到性别平衡问题，并针对业已发生的性别问题，优先制定被羁押人隔离计划，特别是将已被判刑者与未被判刑者、妇女与男子以及成年人与青少年隔离。尤其值得一提的是，建议布隆迪批准《公民及政治权利国际公约任择议定书》，并发表宣言，接受非洲法院受理个人和非政府组织向其提交案件的职权。这一点不仅促进了布

———————

① 联合国建设和平委员会：《审查布隆迪建设和平战略框架的执行进展情况》，PBC/5/BDI/3，2011年5月26日。

隆迪社会的复原，更为其将来积极融入区域一体化和国际司法进程创造了条件。

4. 社会重建

要求政府最终完成实施重新融入社会经济生活国家战略的行动计划，并与建设和平委员会密切合作，为执行行动计划调动必要的资源；建设和平委员会自身动员和协调财政和技术支援，以实施重新融入社会经济生活国家战略。例如，同样以布隆迪为例，为了促进难民重新融入社会经济生活，重新复原，关于该问题的相关部门小组举行会议，将各级代表聚集一起进行协调和对话，给予了重返社会问题合作伙伴方案达成一致的机会。布隆迪政府已经组织了若干联合评估访问团，对冲突地区过去的状况开展评估，以期实现社会真正复原。布隆迪政府也已经向合作伙伴提交了一份关于居住在难民营流离失所者的分析研究草案，找到持久的解决方案。

（三）建设和平委员会面临的挑战

作为联合国和平行动的重要协调机制，尽管建设和平委员会已经建立，但其尚且不能从根本上解决前述冲突国家从战争向持久和平过渡的问题。事实上，建设和平委员会这一机构的设立在许多学者看来，仅仅只是解决了联合国高级别小组所指出问题的一小部分。如前文所述，在现代，联合国在冲突社会的和平行动，其内容和范围已经远远超出最初的设计，而作为主要协调和统一机构的建设和平委员会却并没有监督和管理和平行动的职能，更无法在冲突后崩溃的社会体系中承担完整的管理和建设责任，因此从这一层面而言，建设和平委员会无疑又是较为脆弱的机制，无法在冲突社会的和平行动中发挥强力的作用。

此外，2005年峰会成果文件指明委员会的主要任务是经济行政管理，也就是恢复经济和发展援助等工作的计划和协调，但是仅仅依靠这些措施是无法实现一国经济复苏和社会重建的。这就要求委员会必须在原则上进行决策，即其自身作用究竟是局限于资源或者说技术的管理（Technocratic），还是其职责可以涵盖到更加广泛的领域，譬如为一些实质性的重建问题例如制度重建（managerial approach）提供意见。

第三节　和平行动的辅助机构 ①

一、联合国大会

根据联合国宪章的严格意义，联合国大会并不承担维护国际和平与安全的责任，因此也无法决定采取和平行动。但 1950 年大会通过的联合国维持和平决议，即《联合一致共策和平》（Resolution on Uniting for Peace）②规定，"安理会遇似有威胁和平、破坏和平、或侵略行为发生之时，如因常任理事国未能一致同意，而不能行使其维持和平及安全之主要责任，则大会应立即考虑此事，俾得向会员国提出集体办法之妥当建议，倘系破坏和平或侵略行为，并得建议于必要时使用武力，以维持或恢复国际和平与安全。当时如属闭幕期间，大会得于接获请求后二十四小时内举行紧急特别会议"。尽管这一执行权转移确是当时安理会"僵局"的妥协之举，但也引发了国际法学界的广泛争议。一些学者对此持有否定态度，例如美国学者汉斯·凯尔逊（Hans Kelsen）在其 1951 年著作《联合国法的新趋势》中就明确表达了这一观点；而英国的博威特（Derek W. Bowett）则认为此项决议是合法的。因为基于联合国的宗旨和原则，该决议仅仅设想大会可以采取维持和平行动而不是强制行动。③

不过，联合国大会是由全体联合国会员国组成的机关，即使存

---

① 本章所讨论的问题是"建设和平"，所以不仅包括传统意义上的维持和平，也就是所谓宪章"第六章半"的内容，还包括联合国主导下或者授权之下使用和平或者其他强制方式促成国际和平与安全的措施。从宪章的规定来看，还应包括宪章第六章和第七章的内容。因此，在此领域内，促进建设和平行动的联合国机构包括大会、安理会、建设和平委员会、维和行动事务部与维和行动支援部、地区性安全组织等。

② A/RES/377(V)，《联合一致共策和平》，A 段。

③ D. W. Bowett, The Law of International Institutions, Stevens, 1982, p. 52.

在执行行动领域的限制，但仍然拥有广泛的职权。在和平与安全领域内，大会可以讨论宪章范围之内的相关事项，并可以向会员国或者安理会或兼向两者提出关于此等问题或事项的建议。① 但是，这些建议，往往只具有政治性的影响力，却没有法律上的直接约束力。因为联合国大会从根本上来说还只是一个审议机关，而并非一个执行机关。除了大会决议对于各个会员国缺乏约束力之外，大会每年只召开一届常会，只有经秘书长或大多数会员国的请求才召开特别会议。② 因此，我国有学者认为，综合分析联合国大会的各项职权，与建设和平联系最为紧密的反而是预算权，因为藉此大会可以审核每次具体和平行动经费的预算。③

二、维和行动事务部与维和行动支援部

为了更好地领导、组织、实施维和及和平重建行动，联合国秘书长潘基文对于原有支持上述行动的联合国行政部门进行了改革，目前由联合国维和行动事务部和维和行动支援部专门负责与此相关的工作。

维和部的历史可以追溯到 1948 年首批联合国维和行动——联合国停战监督组织（停战监督组织）和联合国驻印度和巴基斯坦军事观察组（印巴观察组）创建之时。直到 20 世纪 80 年代晚期，维和行动一直通过特别政治事务厅运作，在 1992 年，加利就任联合国秘书长后正式组建了维和行动部。维和部向世界各地的联合国维和行动提供政治和行政领导，在执行安全理事会任务规定的过程中与安全理事会、出兵国和出资国及冲突各方保持接触。维和部积极统筹联合国、政府和非政府实体在维和行动中所做的工作。维和行动部由行动厅、法治和安全机构厅、军事厅、政策

---

① 《联合国宪章》第十条。

② D. W. Bowett, The Law of International Institutions, Stevens, 1982, p. 47.

③ 黄惠康、黄进：《国际公法国际私法成案选》，武汉大学出版社 1987 年版，第 242 页。

评价和培训司以及维和部主任组成，并就军事、警务、地雷行动和其他问题向联合国其他政治和建设和平特派团提供指导和支持。

在利比里亚、东帝汶、海地和刚果民主共和国，维持和平行动与国家当局共同制定了综合计划，其中包括重建或成立新的警察局、法庭和监狱。同时，这些特派团还与所在国政府一道，协助本地发展确保上述机构能够开展运作所需的能力和人力资源。作为和平行动总体重建方案的一部分，联合国维持和平人员与国家合作伙伴和国际捐助方共同监督培训中心、大学和警察局的重建工作，并确保其能够培训所需人员。例如，维持和平官员在刚果民主共和国制定了应急培训方案，以培训数以百计的警官。2012 年，联合国行动事务部向 16 个和平特派团部署了联合国法治人员，其中包括约：315 名司法事务干事；370 名惩戒干事；13500 名警官(9.8%为女性)和授权部署 16300 名警官。常备人员包括 41 名警官、3 名司法事务干事和 2 名惩戒干事。①

这两个部门之间也有着明确的分工，维和行动事务部的使命侧重于计划、筹备、管理、指挥维和行动，以此来促使各类行动能够有效地完成安理会和联大在其权限范围内所作出的授权。② 维和行动支援部则专门负责维和行动实施地区的行政管理和后勤保障等事宜，将在人员、资金及预算、通讯、信息技术以及后勤等方面提供"应急型专业知识"。③ 经过改革重组后的部门将会有利于联合国更加有效地实施维和及重建行动。

---

① 参见 http://www.un.org/zh/peacekeeping/issues/ruleoflaw/index.shtml，访问日期 2013 年 5 月 6 日。

② 资料来源：联合国维和网站，http://www.un.org/Depts/dpko/dpko/info/page3.htm，访问日期 2012 年 11 月 26 日。

③ UN General Assembly Department of Public Information, Momentous Year For United Nations Peacekeeping as it Mounts Two Unique Operations in Africa, Sustains 18 More, Restructures Department, Fourth Committee Told, GA/SPD/382, 31 October 2007.

第四节　和平行动的主要挑战

一、建设和平的目标困境

联合国和平行动的复杂性决定了其行动目标往往会受到来自各方面因素，尤其是政治因素的影响。在联合国东帝汶的和平行动案例中，独立的目标是清晰且毫无争议的。尽管联合国援助的重建行动有时行动缓慢，有时缺乏效率，但是如果有明确的独立目标，那么和平行动还是可以相对成功地在联合国计划之内得以实现。但通常情形则是联合国的和平行动受到纷繁复杂的各方压力影响，例如在科索沃和平行动中，正是由于联合国行动始终未能阐明清晰的行动目标，因此不仅抑制了国内建设和平与法治进程，同时也阻碍了联合国行动效率。这种不明确的目标，从政治上而言是北约军队于1999年轰炸南联盟之后，美国和俄罗斯两大国之间斡旋之后妥协引发的后果；① 联合国也因为阻碍科索沃的民族自决而广受指责——国际社会对于由于科索沃行动目标不明确引发的一系列暴力事件未能妥善解决而对联合国失去信心。

一方面，从和平行动的效果来看，任务目标的混淆会引发行动本身的模糊。② 联合国的附属机构和专门机构应该在原则上根据过渡行政当局的安排配置技术和人力资源，高效展开行动。但是在联合国和平行动的实践中，美国和其他发达国家往往不愿将其武装力量置于联合国的控制指挥之下，这就在客观上阻碍了上述理想状况的实现。因此，实践中和平行动的协作就显得尤为重要，否则将必然会导致联合国和平行动的失败。

---

① U. N. Doc. S/RES/1244 (1999).

② International Crisis Group, Bosnia: Reshaping the International Machinery (Sarajevo/Brussels: ICG Balkans Report No 121, 29 November 2001) at 13, online: International Crisis Group, *available at* http://www.crisisgroup.org/home/index.cfm? id=1495&l, visited on 23 September 2012.

另一方面，从实践情况来看，联合国和平行动的重心也往往会受到政治因素的影响而发生转移。例如波斯尼亚和科索沃的联合国使团（mission）签署了大多数的人权条约，但随后却发现有太多的"国家政治因素"（*raison d'Etat*）阻碍上述条约的进一步执行。事实上，联合国和平行动在过去的实践中往往倾向于将注意力集中在对于过去最高级战犯的起诉和处理上，而不是放在对未来控制和管理犯罪的机制建设和发展上。如前所述，人道主义援助和发展援助也更多受到供而非需的驱动导致这些受到资助的计划最终代表了不同的利益，反而最终实现了供方而不是需方的要求。①

二、和平行动的资源困境

从 20 世纪 60 年代起，联合国和平行动就一直缺乏资金，也缺乏供联合国调动的部队，这些问题的存在严重制约着建设和平行动的顺利开展，在一定程度上影响着行动的成败。联合国和平行动的费用一般是由联合国会员国根据大会批准的特定比例分摊，个别情况下直接由当事国负担，或者由会员国自愿捐献。冷战结束以来，联合国和平行动部署频繁，造成经费大涨。为使和平行动发挥更积极有效的作用，保证其顺利进行，防止其被滥用，就应该不断完善其机制及法律体系，必须建立和健全其指挥和控制机制，对联合国安理会、秘书长和建设和平行动出兵国的权利与义务作出更明确的规定，同时也需要更多成员国的参与，特别是冲突国家自身在建设和平行动决策问题上的发言权和监督权，使和平行动的实施更能反映国际社会多数国家的意愿。

显然，联合国在和平行动中的资源全部来源于其成员国，而也正因为这样，联合国的和平行动在很大程度上受制于成员国提供资源的有效性与方向性。不可避免的是，许多国家，尤其是提供多数资源的大国，在联合国和平行动中往往更加倾向于对其自身国家利益的考量。因此，联合国在冲突社会建设和平所需的资源往往受到

① *See* generally Shepard Forman and Stewart Patrick, eds., Good Intentions: Pledges of Aid for Post-conflict Recovery, Lynne Rienner Publishers, 2000, p. 23.

资源提供一方利益的驱动而不是接收方的需求。这也在很大程度上导致了援助方通常倾向于在那些与其利益息息相关的项目上提供资源和援助。

实践中上述大国利益驱动资源的提供往往给联合国在冲突社会的和平行动带来难以逾越的障碍，这一点已经在 2003 年发生于巴格达的联合国人权袭击事件中得到了证明。① 2003 年美国推翻了阿富汗的塔利班政权，布什总统随即发表了提供援助重建灾难国家的声明，但在仅仅 12 个月之后，美国国会在讨论议案时即重新分配了 300 万美金的援助。② 同样，类似大国政治利益的驱动也使很多资金的承诺延迟或者根本无法到位，例如 1992 年 6 月在柬埔寨恢复和重建问题部长级会议中各国承诺 880 万美元的资金，③ 但是到新政府 1993 年 9 月成立之时却只有 200 万资金到位。此外，即使是援助资金数额能达到和平行动的要求，但援助项目之间协调性、区域性方法的缺乏、国家和实体机构的不充分等问题仍然会带来反面效果，例如波斯尼亚获得的资金援助人均上已经超过了欧洲，但还是造成了持续性的资金危机。④

---

①　2003 年 8 月 19 日，联合国驻伊拉克特派团总部所在地巴格达运河旅馆（Canal Hotel）遭到汽车炸弹攻击，包括联合国人权事务高级专员兼秘书长伊拉克特使德梅洛（Sérgio Vieira de Mello）在内的 22 人遇难，其中大部分是联合国工作人员，还有数百人受伤。参见 http：//www. un. org/chinese/events/memorial/19august/2006/sg. html，访问日期 2013 年 2 月 6 日。

②　Paul Krugman, The martial plan, New York Times, 21 February 2003, A27; James G. Lakely, Levin criticizes budget for Afghanistan; Says White House isn't devoting enough to rebuilding, Washington Times, 26 February 2003, A04. Aid was later increased further: David Rohde, US Said to Plan Bigger Afghan Effort, Stepping Up Aid, New York Times, 25 August 2003, A3.

③　Statement by Parliamentary Vice-Minister for Foreign Affairs Koji Kakizawa to the General Session of the ASEAN Post-Ministerial Conferences, Diplomatic Bluebook 1992: Japan's Diplomatic Activities, July 24, 1992, pp. 414-421.

④　See, e. g., International Crisis Group, Bosnia's Precarious Economy: Still Not Open for Business, Sarajevo/Brussels: ICG Balkans Report No 115, 7 August 2001, online: International Crisis Group, http：//www. crisisgroup. org/home/index. cfrn? id = 1494&l = 1, visited on 3 October 2012.

因此，有学者认为，如果联合国和平行动的资源提供者，包括主导和平行动的大国和建设和平机构，能够在可预期的基础上对和平行动进行资金投入，而不是在个案的基础上考虑政治利益为过渡行政当局捐助救灾和重建基金，则可以在很大程度上解决上述问题。也就意味着，联合国和平行动自身在获得各成员国的资金之后就具有了一定的活动自主性，从而使得其建设和平的行动更加有效。但是，鉴于现有的联合国和平行动所面临的预算压力，这样的资金链改革事实上很难予以推进。因此，也有学者认为相对于直接投入资金，更加实际的做法是，通过独立性信托基金的推动建立一个资源捐助的渠道，由联合国和平行动所在地当局和联合国混合机构进行协作，此外，还需要在联合国层面建立追踪资金流的监督机制，以确保资金真正投入到国际社会所关心的危机之中去。

从联合国资金援助的实践中可以看出，在应对 2004 年 12 月 26 日印度洋地区海啸的基金援助中，前秘书长安南也认为必须要提醒援助国政府"在过去的日子里，我们的认捐与实际捐助之间已然有很大的差距，我希望这样的情况在这样的情形下不再发生"。①

三、与区域组织的协调困境

传统意义上的和平行动多由联合国安理会调查、组织和筹划、执行。冷战结束后，区域组织越来越多地参与到集体行动中来，这些行动也涉及了越来越广的范围。因此，现阶段一种新的和平行动是经由联合国安理会授权后由单个国家或某个国家间组织采取行动，而部队的指挥权由该国家或国家集团拥有。

这种形式的和平行动第一次是由联合国前秘书长加利在《和平纲领(补编)》中提到的。而后，一些学者对此种行动进行总结，即安理会可以授权成员国组建并部署一支中立且公正的武装力量到冲突地区，而且并不需要获得所有相关方同意，而其授权的目的是有

---

① Scott Shane and Raymond Bonner, Annan nudges donors to make good on full pledges, New York Times, 7 January 2005, A12.

限的，并不包括阻止入侵者或终止强制敌对行动。①

早在《和平纲领（补编）》之前，欧洲安全与合作组织、非洲联盟都对本组织进行维和部署等事项作出了相关决议。在亚洲，由澳大利亚领导的东帝汶维和行动也是以区域办法来执行联合国授权的例证。② 一些地区性安全组织自行制定了关于对本地区事务实施干预的规则，这些规则在很大程度上摆脱了联合国安理会的约束。③ 联合国前秘书长安南在第四次"联合国与区域组织合作会议"发言中也指出了联合国与区域组织合作的五个领域，即和平协定的谈判与执行、促进安全和稳定、推进有效治理、民主化和人权保护进程、实现正义与和解、寻找有效途径将紧急救济和长期发展援助相结合。④

《联合国宪章》第八章界定了区域安排和区域组织在维护国际和平与安全方面能够发挥的作用，这实际上肯定了联合国同区域组织之间建立和发展相互关系的必要性。在《和平纲领》报告中，加利肯定了区域安排和区域组织在维护国际和平与安全中的作用，并指出了发挥这种作用的前提与方式。他认为过去区域安排的建立往往是因为没有一个全球性集体安全制度。因此，区域安排的活动有时候会与建立有效世界组织所需要的团结意识背道而驰。但是在这一大好良机的新时代，区域安排或区域机构如果以符合联合国宪章的宗旨

---

① Walter Gary Sharp, Protecting the Avatars of International Peace and Security, Duke Journal of Comparative and International Law, Vol. 7 （1996），p. 107.

② 薛磊：《联合国和平重建行动的发展与中国的对策》，载《国际问题论坛》2008 年夏季号。

③ 例如，在欧安组织框架下，1990 年于巴黎制定的《欧洲宪章》为其组织化发展奠定了基础，该文件设立了秘书处、常设理事会、危机预防中心、民主制度与人权办公室（ODIHR）以及安全合作论坛（FSC）等一系列机构。这其中较有影响力的是诞生于 1992 年的少数民族事务高级专员（HCNM），按照设立时的授权，该高级专员的责任就在于遇有严重冲突风险的情势时发布早期预警的信号，他具有对于成员国进行预防性干预的能力和权力，这是其他国际组织很难做到的。

④ UN Press Release, SG/SM/7706.

与原则的方式进行活动，并且根据第八章的规定，与联合国、特别是与安全理事会建立关系，就可以发挥很大的作用。① 因此，可以说联合国是把区域国际组织纳入其维护国际和平与安全体制。

近年来，区域组织在维和行动中的作用日益增大。非盟、欧盟、美洲国家组织、西非经济共同体等区域、次区域组织，通过多种管道有力地支持和配合了联合国维和行动，有的甚至还自行组织了维持和平行动，这发挥了它们在维护地区和平与安全方面的独特优势，为遏制冲突和缓解人道主义危机作出了独特贡献。区域性国际组织的成员国，往往在民族、历史、语言、文化或精神上具有密切联系，培育了某种共同意识；或在现实国际生活中具有共同关心的政治、军事、经济或社会问题，形成了某种相互依赖关系。对于解决冲突的要求和愿望更为迫切，行动上也更为积极。同时他们对冲突形成的背景和原因了解得比较全面和彻底，在制定解决冲突决策的过程中，能充分考虑到各方的利益。其方法较为符合实际。因此，同其他类型的国际组织相比，区域组织具有更加稳定的社会、政治基础。区域性国际组织一般既有政治方面维持和平与解决争端的职能，同时在发生区域危机时，也能够因地理上的临近，反应时间快而迅速介入争端，比起外来力量，占了较大的上风。此外，加强同多边和区域性国际组织的战略性伙伴关系，鼓励区域性国际组织维持本地区的和平与安全已成为共同分担维持和平负担的一个主要优先事项。②

但是在实践中，由于安理会缺乏对区域组织的有效监督与控制，导致发生较为严重的后果。例如，在波黑内战期间，安理会授权北约对塞族控制区采取武力打击，直至代顿协定签订后，安理会通过第 1031 号决议，授权北约组建一支为期一年的多国部队进驻波黑，并可采取一切必要措施执行和平决议。结果北约对塞族进行

① 陈须隆：《联合国与区域组织相互关系的一个范例——试析联合国与欧安组织合作关系的建立与发展》，载《国际政治研究》2000 年第 3 期。

② 唐黎立：《浅析区域组织维和的优势》，载《法制与社会》2009 年第 5 期。

了大规模空袭却没有有效解决矛盾。区域组织作为安理会武力解决争端的实施者，应满足以下条件：授权应明确；具体采取措施的区域组织应与所解决的争端具有密切联系，否则应避免由该组织武力介入；武力的使用要符合相称原则，即合比例原则，指武力反击的规模和强度要与所受之攻击相当。被授权使用武力的区域组织应对超出授权的行为所造成的后果负责，授权范围内的行为所造成的后果由被授权使用武力的区域组织与安理会承担连带责任。[①]

区域组织维持和平与安全面临很多挑战。从联合国方面讲，宪章许多地方含糊其词，实践中难以把握，类似"区域组织"、何为"区域办法"等重要语词均缺少明确的规定。至于区域组织在采取相关行动时，如何向联合国报告、怎样接受联合国的监督和控制等更是鲜有提及。安理会常常因其内部矛盾陷于瘫痪，其本身既不能在联合国范围内履行其职责，也不能运用其自身的权力完成对区域组织的监督、控制和协助。从区域组织方面讲，区域组织不是联合国的下属机构，其存在和活动都是自主的。区域组织可以有选择地接受联合国所赋予的任务，联合国只能要求区域组织"应该"、"力求"，而非"必须"、"完全"。因此，许多地区冲突的解决并非联合国所愿。区域组织本身的权力构成及其运行存在的问题，也使其作用发挥受到诸多方面影响。如北约在处理前南斯拉夫问题上，其内部主要大国的矛盾和斗争使问题复杂化。欧安组织在介入波黑冲突后因其成员国太多，意见不合而作用微乎其微、阿拉伯联盟在解决海湾危机时因立场各异而丧失诸多时机、北约依靠自身强大的政治、军事、经济力量以及在安理会常任理事国占多数的地位，在解决波黑冲突中超越联合国，甚至是牵着联合国的鼻子走。通常的情况下，对区域组织范围内的冲突都是内部解决。而一旦冲突的解决涉及区域组织以外的国家和地区，区域组织作用的发挥就受到极大的限制。1991 年 12 月 9 日美洲国家组织宣布对海地实行禁运并冻结其在海外的资产。尽管美洲国家组织呼吁其他国家支持对海地的

---

① 参见李雪锋：《对区域组织使用武力进行监督与控制的制度构建》，载《郑州航空工业管理学院学报（社会科学版）》第 25 卷第 4 期。

禁运，但事实上，此项决议在法律上仅能约束美洲国家组织的 34
个会员国，因此，美洲国家组织所采取的禁运措施在很大程度上受
到削弱。① 联合国与区域组织的相互协调过程中亦存在很多的问
题。对于地区冲突的处理，联合国着眼于全球利益。根本原因在于
联合国是由全球范围内众多国家组成，其决策必然受到全球范围内
其成员国各国利益的制约，而区域组织则侧重其区域范围内的利
益。区域组织在许多情况下并没有按照要求实现联合国所赋予的任
务。② 在联合国和区域组织共同参与解决某一地区冲突的过程中，
各自内部大国之间利益差异及其政策的不同选择也引发二者之间的
矛盾和斗争。③

四、和平行动的法律责任困境

冷战后很重要的一个特点就是联合国在世界范围内广泛开展和
平行动。和平行动是一种手段，但是它只是针对冲突的症状而非源
头。新一代的国内冲突所具有的某些特征给联合国和平行动人员带
来了未曾遇到过的挑战，参加冲突的不只是正规部队，还包括平民
和武装平民(海地的行动就证明这一点)。他们纪律松弛，指挥系
统不清，是没有前线的游击战。在武装力量之外，还雇佣更多的民
警协助援助工作。这些雇佣人员自身的犯罪和过错行为也时有发
生。新一轮的海地和平行动中，不断传出有关联合国行动的新闻。
由于参与联合国和平行动的人员大多来自世界各地、不同的国家，
人员的繁杂性和流动性，造成了行动内部管理不善，管理上缺乏有
效的监督机制，监督和管理不力必然容易导致腐败等行为，诸如
"石油换食品"计划的腐败案以及维和人员性侵犯丑闻，就暴露出

---

① The Washington Post, May 31, 1992, A2.

② Report of the Secretary-General pursuant to the statement adopted by the
Summit Meeting of the Security Council on 31 January 1992, An Agenda for Peace
Preventive Diplomacy, Peacemaking and Peace-Keeping, A/47/277-S/24111, 17
June 1992, p. 38.

③ 关于本段内容，请参见仪名海：《联合国和区域组织在解决地区冲突
中相互关系初探》，载《前沿》2000 年第 5 期。

联合国在内部管理上的缺陷和弊端。因此，全面加强行动的内部管理可谓势在必行，这也就提出了联合国和平行动人员如何承担相关法律责任的问题。

事实上，不论是单一的维持和平行动还是综合性和平行动，联合国在其中的法律责任一直都是亟待解决的问题。然而，长久以来，联合国关于和平行动并未出台相关完善的法律，和平行动在不同的国家有着截然不同的复杂情形，导致联合国人员的法律责任问题一直无法解决。①

首先，关于个人法律责任的处理之规定大都反映在《维持和平行动部队地位协定模板》和《联合国与提供联合国维持和平行动人员和装备的会员国之间的协定模板》②、《联合国秘书长关于联合国维持和平部队遵守国际人道主义法的公告》③中。联合国维持和平行动的所有成员，包括当地征聘的人员，在执行公务时发表的口头或书面言论和进行的一切行为应豁免于法律程序。此种豁免在上述人员停止作为联合国维持和平行动的成员或停止受聘用之后，或在部队地位协议及人员和装备提供协议其他条款效力终止之后，仍继续适用。此外，特别代表、联合国维持和平行动军事部队指挥

---

① 和平行动中可以适用于和平行动的法律文件主要有联合国宪章，大会和安理会的相关决议，一国的国内法等。有学者认为，1946 年的《联合国特权和豁免公约》、1949 年的日内瓦四公约及 1977 年的两个附加议定书、1954 年的《关于发生武装冲突时保护文化财产的公约》在内的适用于军事行动的一般国际公约之原则和精神、1990 年的《维持和平行动部队地位协定模板》、1991 年的《联合国与提供联合国维持和平行动人员和装备的会员国之间的协定模板》、1994 年的《联合国人员和有关人员安全公约》以及 1999 年的《联合国秘书长关于联合国维持和平部队遵守国际人道主义法的公告》等也都理应成为和平行动中所要尊重和遵守的重要文件。参见贾万宝：《联合国维和行动中的法律责任问题探析》，载《西安政治学院学报》2009 年第 6 期。

② Report of the Secretary-General, A/45/595, 15 October 1990.

③ Comprehensive Review of the Whole Question of Peace-Keeping Operation in All Their Aspects, Model Agreement between the United Nations and Member States Contributing Personnel and Equipment to United Nations Peace-Keeping Operation, A/46/185, 23 May 1991.

官、联合国民警总长以及特别代表、部队指挥官手下工作人员中经政府同意为高级成员者，还享有与国内或国际法给予外交使节相同的、在行动地区的人身、寓所、财产不受侵犯，非公务行为下的刑事和民事、行政责任之东道国管辖豁免。

其次，关于联合国的法律责任处理目前没有专门规定，实践中是按照和参照《联合国宪章》和《联合国特权和豁免公约》、《国家对国际不法行为的责任》执行的。① 联合国对维和人员执行公务以外的行为所造成的死亡、伤害、或损害不承担任何法律和经济责任。对应当归属于联合国的法律责任，通常做法是：先由受害人或受害国向联合国提出赔偿请求，然后通过在当地临时设立维和部队内部求偿审理委员会②或谈判和协商③方式，对受害人或受害国实施以补偿为主的赔偿。联合国的赔偿只针对人员伤亡及财产损失，而且在确定赔偿时还要考虑提出索赔的受害人或任何人或实体由于故意或疏忽促成损害的情况。对惩罚性和道义性的赔偿、精神损害赔偿、一些动产和不动产的赔偿，以及赔偿数额和求偿时效，是明确给予排除或限制的。④

---

① 即"本组织于每一会员国之领土内，应享有于达成其宗旨所必需之特权与豁免……，联合国具有法律人格。联合国并有行为能力……提起诉讼。联合国，不论其财产与资产位于何处，也不论其由何人持有，对于各种方式的法律程序享有豁免，但在特殊情况下，经联合国明示抛弃其豁免时，不在此限。惟缔约各国了解抛弃豁免于不适用任何强制性之措施……，维和部队和维和人员(含受雇佣的实体和个人)执行公务时的行为视为联合国的行为，由联合国承担法律责任。

② 所谓联合国维和部队内部求偿审理委员会方式，也即针对受害人的求偿，由维和部队中的行政管理官员、法律顾问、经济事务官员或负责赔偿任务的官员组成单边性求偿审理机构，在调查的基础上作出裁定的一种内部解决方式。

③ 所谓谈判和协商方式，也即针对受害国的求偿，由联合国和受害国代表在调查的基础上相互交涉达成一揽子赔偿的政治解决方式。

④ Financing of the United Nations Protection Force, the United Nations Confidence Restoration Operation in Croatia, the United Nations Preventive Deployment Force and the United Nations Peace Forces Headquarters, A/RES/50/235, 2 August 1996.

最后，关于人员和装备提供国与东道国的法律责任处理目前也没有专门规定，实践中也是参照《国家对国际不法行为的责任》条款。就人员和装备提供国而言，如果它履行了人员和装备提供义务，而且又严格遵守了《联合国与提供联合国维持和平行动人员和装备的会员国之间的协定模板》的规定，即联合国维持和平行动的职责纯属国际性质，所提供的人员应完全从联合国的利益出发约束自己的行为。除本国行政事项外，他们在执行职责时不应寻求或接受联合国以外任何当局的指示，政府也不应向他们发出此种指示，那么它对维和中所发生的任何特定法律事实也都无须承担法律责任。但如果遇有它提供的人员的严重疏忽或故意过失以致造成损失、损坏、死亡或伤害，以及由它部分或完全指挥和控制军事分遣队及维和人员行动的情形，则要由它分担或完全承担本应由联合国承担的法律责任。① 人员和装备提供国与东道国应当承担的法律责任是第二位的法律责任，除非有特别的约定，受害人和受害国不能直接向它提出法律责任请求，而是要通过联合国维和组织。②

第五节　和平行动的发展趋势

一、和平行动的要素变化

（一）保护的责任（the responsibility to protect）

1999 年和 2000 年的联大会议上，秘书长安南呼吁国际社会就如何处理冷战后国际干涉的困境问题达成新的共识。随后，加拿大政府会同一批基金会于 2000 年 9 月在联大会议上宣布成立"干涉与国家主权问题国际委员会（International Commission on Invention and

---

① 见《联合国与提供联合国维持和平行动人员和装备的会员国之间的协定模板》，第 9 条。
② 人员和装备提供国和东道国承担法律责任的形式规定于《维持和平行动部队地位协定模板》第 51 至 54 条和《联合国与提供联合国维持和平行动人员和装备的会员国之间的协定模板》第 29 条。

State Sovereignty，ICISS）"，并于 2001 年 12 月提交了一份名为《保护的责任》的研究报告。该报告中首次出现了"保护的责任"这一概念，主张用它取代人道主义干涉来形容正在进行和可能进行的国际干涉。随后，在 2004 年 12 月"威胁、挑战和改革问题"高级别名人小组向秘书长提交的报告中，也对"保护的责任"作出了回应。按照保护的责任理论，如果一个主权国家不能或者不愿履行保护责任从而造成人道主义灾难，并且这一事实得到确认，那么通过国际社会普遍接受的某种形式进行干涉就是合情合理的。但是对于人道主义灾难的确认必须严格且有法可依，要杜绝因干涉门槛过低而造成干涉滥用。一方面需要将干涉标准具体化并形成国际法，使未来国际保护责任的履行有法可依、有法必依；另一方面要加强安理会在判断国际干涉门槛以及履行国际保护责任方面的权威，使包括联合国维和行动的国际干涉既有权威性又有合法性。①

（二）基本原则的变化

关于"非武力原则"，联合国前秘书长安南曾多次强调，蓝盔人员有权进行自卫并保卫他们负责保护的人，但他同时强调，应该永远把使用武力当成最后手段。因此，传统的维和行动以"当事方同意"、"自卫"以及"中立性"作为三项基本原则，其特点在于强调冲突涉及各方的共同同意、武装部队的完全自卫性（仅配备轻武器）、中立性以及任务的简单性（隔离冲突双方或几方）。在联合国关于维和行动新颁布的文件中，"中立性（Neutrality）"原则已经被"公正性（Impartiality）"原则所取代。"公正性"原则意味着，如果当事方违反对和平进程的承诺或者维和行动遵循的国际规范和原则，那么这种行为将不会由于中立性而被姑息。② 这一点也体现在关于自卫的立场上，目前的维和部队日益奉行所谓的"积极自卫"原则，即除了保护自身的安全之外，还可以将这一范围扩展至其执

---

① 王永刚：《冷战后联合国维和行动的困境与变革：一种国际机制变迁的视角》，复旦大学 2009 年硕士学位论文。

② United Nations，United Nations Peacekeeping Operations：Principles and Guidelines，2008，p. 33.

行任务的领域中，例如维护安全区或者实施人道主义救援，都可以以武力保障其使命得以顺利执行。

此外，伴随着国际环境的变化，新一代的"多维度"联合国维持和平行动也应运而生。这些行动一般是在惨烈的国内冲突背景之下部署的，可能动用军事、警察以及民事混合性的资源来支援一项综合性和平协定的实施。在这一更为广阔的背景之下，联合国多维度维和行动的核心功能包括了如下内容：（1）在充分尊重法治和人权的前提下，创造安全稳定的环境，增强所在国保障安全的能力；（2）通过促进对话和解以及支援建立合法及有效的治理机制来促进政治进程；（3）创立一个框架，以此确保所有联合国以及其他行为体在国家层面以一致性和协同性的方式开展活动。①

二、参与者之间的有效协调

（一）联合国主导地位的加强

要加强联合国的作用。冲突后阶段要确保联合国的主导作用，也要保证在联合国体系内更高水平的透明度、适应性和可预测性。联合国要在冲突发生后早期就设立各项任务的优先性次序，并且与国家层面的各位行动者采取联合行动。在整个进程中，各个行动者之间的作用可以相互加强，任何一方的缺席或者脆弱性都会损害整体。此外，作为联合国和平与安全机制核心的安理会应促进利益攸关方加强互动，如建立安全理事会、秘书处、实地指挥官和维和人员派遣国联席会议的互动机制，加强从维和规划到后续行动以及对进展情况的评估。此外，除召开会议外，安理会应当加强实地考察的力度，以便评估并弥补指挥部与实地运作部门之间的差距。

因此，增强联合国的作用也是为了更好地协助各国在冲突后完成建设和平的任务。尤其是，建设和平委员会理应进一步考虑应如何更好地发挥其建议作用。对一些建设和平的优先事项保持较高关

---

① United Nations, United Nations Peacekeeping Operations: Principles and Guidelines, 2008, p.23.

注。要鼓励相关行动者实行适当、及时的人力和财力资源，发展一个国家在优先领域内的能力和制度。通过对国家和国际级别的行动者实施共同的评估进程来监督国家对和平战略框架的实施情况，并且给予必要的政治支持。

需要注意的是，发挥联合国的主导作用并不意味着对冲突地区一律采取联合国框架下的执行行动。联合国和平行动更多是一种恢复和平与法治的冲突社会解决路径，而不是强力的军事手段；是冲突社会各种矛盾的调解方式，而不是强制途径。因此，为使和平行动发挥最大效能，冲突方和冲突区内必须有足够多的人相信，解决分歧的最有效工具是和平方式，而不是暴力手段。如果不存在这一认知前提，那么联合国就应慎重采取维持和平行动甚至是综合性和平行动。但另一方面，如果联合国在冲突地区能够有所作为却无动于衷，那么这个最权威的集体安全机制的价值将大打折扣。

联合国的主导作用在冲突后早期，有重大意义，而联合国要真正发挥主导作用，也面临诸多困境。联合国在建设和平方面面临着前所未有的巨大挑战，这也提出了很高的要求，要求联合国具备独特的性质和能力，无论在人员配置，还是在决策方面，都远远高过一般的国际组织。而参与其中的各个组织个人应该以配合联合国整体行动为目标，保持这样一个庞大组织在运作过程中的平衡性。联合国应该有一个更加强大的、具有协作性的团队，这不仅有利于联合国各机构、也有益于联合国外部的合作团体更好地发挥作用。而为了能在冲突后最短的时间内迅速完成任务，联合国除了自身的专家以外，应该得到外部专家或者专业人员的广泛支援。而各个层级和部门的人员也要为实现联合国的主导作用而合作。应该避免这些人员的整体作用大于他们个人发挥作用的总和，也要避免各个机构作用分离，否则，联合国的主导作用很难真正实现。

（二）与冲突国家自主权的协调

必须要明确的一点是，尽管联合国是和平行动的主导，但和平行动无论在地位上还是在性质上都是促进冲突社会恢复和平与法治的手段，因此，建设和平与法治在本质上是一种对冲突社会的挑战和责任，也只有在这一层面的参与者可以确认其自身需求以及用一种可持续的方式解决问题。① 各国在冲突形式上都有各自不同的特色，但是大多数国家在冲突后的初期也有着很多共性，尤其是安全问题、政治上的不确定性以及持续的不稳定。持续的脆弱性往往伴随着不断变化的和平进程。

如前所述，事实上冲突地区人道主义危机和持续侵犯人权的行为可能会在敌对行动正式停止之后继续发生。因此，冲突的结束并不一定意味着和平的到来，相反，往往因为社会制度的崩溃，使得整个社会所有参与者之间仍然缺乏政治共识和信任，冲突的原因也还会持续存在。除了可能出现持续的暴力事件之外，对人权的损害、各种人道主义危机也时有发生，严重的犯罪事件，尤其是性暴力事件更是会破坏和平与法治进程。这一情势也意味着在主要国家决策者之间达成一定程度的政治意愿、承诺和共识是十分必要的，否则，和平与法治进程很容易会陷入失败。而这种共识要达到什么程度则取决于整个和平进程的特性、和平协定的内容等。例如在柬埔寨的和平进程中，由于得到很多政治团体的支援，和平进程全面推行，因此，建设和平也相对较成功。但是也还有很多的和平进程十分脆弱，要求国际和国家层面的行动者坚持建设和平的目标。在一些冲突国家，充分行使国家自主权的能力和意愿可能会受到限制，因为这一阶段的国家当局往往是任命的而非选举产生，通过冲突各方接受调解达成的协议而设立，他们可能不完全代表民众或被民众所认可，甚至他们可能过去曾涉嫌参与侵犯人权行为或重大暴行。

因此，要建立对和平进程的信心，必须要做到国家当局与民众进行有效沟通和包容性对话，尤其要让民众对短期内国家可以取得的成果产生切合实际的期望。而联合国发挥自身主导作用并不代表可以越俎代庖，代替国家行动，反之，联合国应该要努力协助加强各国自身的和平建设能力。

---

① Report of the Secretary-General on Peace-Building In The Immediate Aftermath of Conflict, A/63/881-S/2009/304, 11 June 2009, para. 7.

（三）非政府组织作用的加强

关于非政府组织的定义，经社理事会曾在 1968 年 1296（XLIV）号决议中认为，任何不是根据政府间协定建立起来的国际组织均应被视为非政府组织。① 前秘书长安南将非政府组织称为影响国际社会的第五种力量，并誉为联合国"不可或缺的伙伴"。以非政府组织为主体的全球市民社会已经成为国际关系中不可回避的力量。安南在 2001 年 7 月安理会上提交了《预防武装冲突的报告》，指出，非政府组织能在早期阶段找出冲突的根由，并提供非暴力的手段促进和平与安全的维护。另外，当政府和国际组织外交无果时，非政府组织能作为实施二轨外交的一种重要手段。② 美国的罗德·桑德斯（Harold Saunders）在其《公众和平进程：通过长期对话化解民族冲突》一书中详细阐述了市民社会在化解民族冲突中的重要作用。他认为，市民间的人际关系是国际和平和国内和睦的核心。民族冲突并不只是政府之间的冲突，它在根本上是通过人与人之间的冲突表现的，民族之间的怀疑、歧视、恐惧、憎恨造成了冲突，解决冲突就要消除这些因素，这是政府谈判所解决不了的。政府的作用仅仅是表面化的签订和平协定或条约，而只有政府之外的市民才能将人们之间的冲突关系转变为和平关系。否则，和平的恢复就没有稳固的基础。这种由市民运用自己的力量改变冲突关系、建立和平的过程被称为"公众和平进程"。③

在实践中，非政府组织的作用往往贯穿着整个冲突解决的过程，例如在早期的冲突预防阶段，非政府组织的国际网络使其方便提供一种预警功能，国际非政府组织还可以与本地的非政府组织建

---

① 参见郑启荣：《试论非政府组织与联合国的关系》，载《外交学院学报》1999 年第 1 期。

② 《秘书长关于联合国工作的报告——预防武装冲突》，大会第五十五届会议，A/55/985 - S/2001/574，2001 年 6 月 7 日。

③ Harold Saunders, Peace-A State of Interpersonal Relationship：Comments on A Public Peace Process：Sustained Dialogue to Transform Racial and Ethnic Conflicts, New York：St. Martins Press, 1999, pp. 13-79.

立联系，获取信任。① 以卢旺达为例，早在大屠杀和联合国行动之前一些非政府组织业已向世界传递了很多重要本地情势。此外，非政府组织的优势还在于其拥有很多专业人士，他们可以提供更多的冲突社会的状况。在冲突的情势中，非政府组织是政府与公民之间、冲突双方之间的一个重要的调停者。他们不仅为双方传递谈判的重要信息，还准备谈判双方和解的条件和基础。

除此之外，就是所谓第二轨外交（track-two diplomacy）的概念。如果说国家间冲突解决主要是通过政府间的官方外交来进行，即所谓的第一轨外交，那么非政府组织代表或者是有官方背景的学者和专家进行对话从而调解冲突解决机制，则是第二轨外交。而在冲突后，非政府组织的监控功能体现得更为充分。主要是对于暂时停火协定或者选举程序等的监控。由于非政府组织在冲突中的中立性和地理的第三方地位增强了它促进建设和平活动的能力。它注意与媒介合作，医治冲突给人们带来的心理伤害。它帮助人们去纠正战争时代的扭曲宣传，并重新塑造对以前敌人的印象。而在建设和平的阶段，非政府组织的重要任务则是信息和技术方面的援助；尤其是对于选举工作的援助。

非政府组织作用的发挥还依赖于与联合国以及国际政府间组织的合作。首先，非政府组织向联合国提出冲突社会的情势和建议、对军备控制和防止武器扩散施加影响、借助与经社理事会的咨询地位，加强与联合国的信息交流等。此外，获得咨询地位的非政府组织有权以咨询者和观察者的身份出席理事会议并参加联合国的各种会议，并且有权作出发言。②

---

① 参见罗建波：《非政府组织在非洲冲突管理中的角色分析》，载《国际论坛》2008 年第 1 期。

② William Zartman, Putting things Back Together, In Collapsed States: The Disintegration and Restoration of Legitimate Authority, 267-73（Co: Lynner Rienner 1995）.

第六章 联合国与冲突社会法治的实现：宪政秩序重建

第一节 宪政秩序与冲突社会重建

一、宪法与宪政秩序

马基雅维利（Machiavelli）在其著名的《君主论》中提到，对于无法实施自我防卫的国家，无论其法律是多么完善，也都无法生存。① 而当世界上不存在国家强制力的时候，任何人对世界上的一切事物都是有普遍使用权利的。但所有人对超越他人优势地位的追求则导致人类陷入一种结构性困境的恶性循环，每个人对于权力的追求只能导致他们对更大权力的追求，这就是霍布斯所言人类的"战争状态"，"每一个人对每个人的战争"。② 这样一来，人的自我保全和幸福生活都得不到保障。因此，霍布斯也同时认为，这种对于自身命运的关切反而可以让人们走出这种恶性循环，也是人们寻求出路的基本出发点。

因此，对于经历战火纷扰的冲突社会而言，对国家架构尤其是宪法性架构进行重建，则是寻求和平与安全的基础所在。事实上，

---

① Niccolò Machiavelli, The Prince, Translated by W. K. Marriott, Chapter 6.

② ［英］霍布斯著，黎思复、黎廷弼译：《利维坦》，商务印书馆1985年版，第95页。

联合国已经开始尝试在冲突国家重建国内法治尤其是宪政秩序的努力，① 并将其委任于多数联合国和平建设进程之中，例如在东帝汶、阿富汗、纳米比亚等地，在联合国框架之下进行的宪政立法以及选举进程都是为典型案例。② 但与此同时，联合国在冲突社会的宪政建设也面临着保证当地自主权与联合国支援之间平衡的问题，使得联合国加强当地自主的进程一方面在许多重建实践中被忽略；而另一方面，在苏丹以及东帝汶的政治环境无法促进公众参与时，联合国的机制则又无法发挥鼓励参与的良性作用。③

在近现代国家的发展史上，随着法治、人权、民主的思想逐渐成为资产阶级革命的共识，作为承认上述基本原则的新宪法也往往标志着一个国家的特殊历史进程：近代史上第一部成文宪法是美国从英帝国的控制之下获取独立后进行变革的结果，是一种旧秩序的扭转；而德国1949年宪法，标志着一场战争真正的结束；土耳其的凯末尔宪法则伴随着了奥斯曼帝国的毁灭；宪法或是宣布独裁者死去，例如西班牙宪法正是在大独裁者佛朗西斯科·佛朗哥（Francisco Franco）死亡之后才建立；有时宪法则是主权政府被迫进行的变革，例如20世纪80年代末期东欧原社会主义国家领导人与反对力量通过谈判达成的一种国家性质和制度上的根本转变；还有一些是大众从少数掌权者手中夺权，而建立新的宪法，例如南非长久以来实施种族隔离制度，直到这种制度被废除，真正建立民主的宪法。

---

① See e. g. , U. N. Secretary-General, Support by the United Nations System of the Efforts of Governments to Promote and Consolidate New or Restored Democracies, U. N Doc. A/51/512, Oct. 18, 1996.

② Muna Ndulo, The East Timor Crisis and International Intervention, Cornell Law Forum, Vol. 26 (2000), pp. 3-9; Muna Ndulo, Afghanistan: Prospects for Peace and Democratic Governance and the War on Terrorism, Cornell Law Forum, Vol. 30 (2003), pp. 10-18; See National Democratic Institute for International Affairs, National Building: The UN and Namibia, 1990.

③ Philipp Dann, Zaid Al-Ali, The Internationalized Pouvoir Constituant, Max Planck UNYB, Vol. 10 (2006), p. 32.

　　尽管宪法与宪政联系密切，但二者也有着有原则性的区别。单从纯粹的概念上分析，宪法首先是法律，而宪政是一种政治制度或政治形式或政治行为的运作过程，而不是法律。① 就现代国家的实践而言，一个国家实行宪政，必须有一部好的宪法；但即使一个国家有宪法，也并不必然实行宪政。宪法是法律的一种，属于"社会规范"的范畴；宪政是政治制度的一种，属于"制度"范畴。宪法存在于宪法文件中，是纸上的东西；宪政存在于现实生活中，是正在实行的东西。一方面，宪法是宪政的法律表现，宪政是宪法的实质内容，不可分离；另一方面，实行宪政，需要有一部好的宪法作为合法依据和基础。可见，实现宪政是宪法制定和实行的灵魂、方向、目的与支柱。②

　　与现代宪法所确立的国家组织、权力分配与运行以及监督制度化结构类似，宪政秩序是围绕上述宪法所确定的分配权利、制约权力行使的法治和政治制度所建立起来的政治秩序。③ 在宪法的最高规定之中参与和决策的制度化进程得以创立，从而对权力的拥有者进行限制。尽管现代国家之中确立的宪政秩序往往包括了成文法典，但宪政秩序通常更需要制度化的规则以及对权利的保护与承诺，共同塑造并限定秩序内权力的行使。④ 在这一点上，"宪法首先是政府限制、约束和允诺控制政治权力运行的工具"。⑤

---

　　① 莫纪宏：《宪法审判制度概要·绪论》，中国人民公安大学出版社1998年版，第48页。

　　② 李步云：《宪政与中国》，载《法理学论丛》第1卷，法律出版社1999年版，第589页。

　　③ G. John Ikenberry, After Victory: Institutions, Strategic Restraint, and the Rebuilding of Order after Major Wars, Princeton University Press, December 15, 2000, p. 26.

　　④ 目前世界上多数国家均是宪法国家，但事实上，宪法本身并不造就宪政性的政治秩序。See Jon Elster, Claus Offe and Ulrich K. Preuss, Institutional Design in Post-Communist Societies: Rebuilding the Ship at Sea, New York: Cambridge University Press, 1998, p. 63.

　　⑤ Giovanni Sartori, Comparative Constitutional Engineering: An Inquiry into Structures, Incentives and Outcomes, London: Macmillan, 1994, p. 198.

按照美国著名的战略学者约翰·伊肯伯里（John Ikenberry）的观点，① 宪政政治秩序包含三个本质特征。首先，根据宪法形成宪政秩序意味着民众与政府在国家运行基本层面的原则和规则上达成了一致意见，参与和赞同均基于这些达成共识的基本原则和规则。这一基本层面意见一致，从根本意义上赋予了政治秩序的规则和制度的合法性。其次，宪法性规则和制度的创立，确立了对权力行使的约束性、权威性限制。宪法是对政治进行合法限制的一种形式，常常体现为明确规定权利、保护和基本规则的原则宣言。制度设计和程序，诸如权力的划分、牵制与制衡也确保了制度限制，而权力的持有者必须在一个制度化的政治进程中行使其权力。在这一秩序之中，"每一团体通过政治制度行使其权力，其权力因此而缓和、受到节制乃至重置，从而使得某一主导性的社会力量与其他众多力量相契合"。② 再次，宪政秩序的形成，在一定程度上能够促进这些规则和制度扎根于更为广泛的政治体系且不易变更。一旦宪政秩序获得稳定的地位，则政治只会在这些法律和制度范畴内出现。换言之，宪法和宪政的变革存在政治"路径依赖"的观念。改变一个国家更高层面的法律需要动员"人民"，这是宪法规则所规定的程序，也符合通过造就充分的"民主合法性"来实现根本性宪政变革的需要。

在成熟的宪政民主国家中，宪政对权力的限制作用清晰可见。当某一政治派别赢得选举并上台秉政，其所能够运用权力的范畴即受到根本性的、极其明确的限制。因此，这一宪政结构的匮乏也在某种程度上导致了种族、宗教分裂的国家出现冲突。在这些国家里，胜利意味着绝对胜利的可能，如果某个宗教或种族团体赢得了对国家机器的控制，对其他团体而言，则失去了防止被暴力摧毁的

---

① ［美］约翰·伊肯伯里（G. John Ikenberry）著，门洪华译：《大战胜利之后——制度、战略约束与战后秩序重建》，北京大学出版社 2008 年版，第 68 页。

② Samuel Huntington, Political Order in Changing Societies, New Haven: Yale University Press, 1968, p. 9.

保障，进而必然导致各团体爆发激烈武力冲突。而只有每一个团体都保证放弃使用武力，并允许其他集团暂时运用权力（并且这一权力受到极大的限制）才能够达成稳定的宪政协定。这一点也是冲突社会宪政法治重建的基础所在。

二、冲突社会宪政秩序的重建

尽管当今世界各种冲突的形成都有不同的复杂因素，但对于已经经历严重冲突浩劫的国家或社会而言，恢复和平与稳定无疑是最迫切的重建目标，而衡量稳定的一个有效地标准是，克服秩序干扰的能力。在宪政秩序中，稳定源于政治制度尤其是宪政制度的持久性，当宪政制度确保了一个政体的稳定，则能够有效地避免冲突。尽管冲突社会面临着很多综合性的艰巨任务，但从长远上讲，宪政秩序的重建目的是为了推进人权与法治、加强国家的制度建设以及稳定性；而在短期来讲，其目的更是为了协助冲突的根本解决和获得和平。

冲突社会法治的实现，是在冲突状况下重塑稳定社会状态的宪政秩序，但建立宪政秩序首先要有一部符合宪政精神和法治价值的宪法。只有依据弘扬人民主权，限制政治权力的基本理念而成长起来的宪法才是法治之根本法，"良宪"的存在及其理性运作是依法治国的基础和关键。法治国家的内涵不只是依宪治理，更在于依良宪治理。①

因此，从这一层面上来讲，宪政秩序的重建过程往往也是新宪法的制定过程。冲突社会原本的政治结构被打断，通常会引发新的宪法变革，进而创制新的宪法。也有学者认为，宪法在一个国家的历程中，从来不是在平静中产生的，相反而是来自危机或者是动乱。人们对新宪法的期望往往不仅仅是在于引导国家度过政治危机，还期待它能够带来更多进步，使新的宪政秩序成为国家一切法律制度和行政管理的基础。"宪法的观念……在其产生之初就饱含

---

① 汪习根：《论宪法对构造法治国家的价值》，载《政治与法律》1999 年第 6 期。

着激情，包含着所有政治进步的希望"，① 当其获得成功之时，即"向社会施加了有益的影响使得社会理性化，并且自我完善"。因为宪法的明确目的在于改善现有的环境，这也是宪法的起草者永远不变的对未来的憧憬，光明并充满希望。②

不过，新宪法在冲突社会的建立关系着一国的性质以及未来政体的选择。当一个国家面临完全的政治洗牌而从零开始时，其宪政制度的选择无疑关乎未来长期的稳定与和平，无疑也是冲突后面临重建宪政秩序任务的国家和国际社会所要共同思索的问题。③ 冲突社会的目标是在民主和宪法原则上建立新的政治体系。民主能确保政权力量的改变，而制宪则界定了权力实施的限制。制宪进程代表民众意愿，达成对未来国家的共识，确保对人权和民主治理等基本原则的尊重。④ 要在众多的政治团体以及广泛的民众参与中求得平衡，还要在各个行动者之间解决分歧，取得制定宪法这个短期任务和建立稳定的宪政秩序这个长期目标之间的平衡。⑤

在冷战结束后的数十年中，许多冲突国家宪政秩序的重建是伴随着长期战争的结束而实现的。从宪法学角度而言，如果说过去学

---

① Ulrich k. Preuss, Deborah Lucas Schneider, Trans., Constitutional Revolution: The Link Between Constitutionalism and Progress, Prometheus Books, 1995, p. 64.

② Kim Lane Scheppele, A Constitution Between Past and Future, William And Mary Law Review, Vol. 49, p. 1377.

③ Jamal Benomar, Constitution-Making after Conflict: Lessons for Iraq, Journal of Democracy, Vol. 15 (April 2004), p. 54.

④ See Ted Robert Gurr, Peoples Versus States: Minorities at Risk in the New Century, United States Institute of Peace, p. 153.

⑤ As Jock Covey, Deputy Special Representative for the Secretary-General in Kosovo highlights that peace will only become durable when parties seek to achieve their goals through peaceful means in a legitimate competition for power. Jock Covey, Making a Viable Peace: Moderating Political Conflict, Jock Covey, Michael J. Dziedzic, and Leonard R. Hawley, eds., The Quest for Viable Peace: International Interview and Strategies for Conflict Transformation, US Institute of Peace 2005, pp. 99, 114.

者将更多地焦点关注于冲突社会重建宪政秩序的成败是由宪政体制决定的，即所谓总统制、议会制以及混合制之争，那么近年来，越来越多的学者开始超越宪制形式本身来思考冲突社会的民主问题，① 亦即一系列外源性观点出现。他们认为，民主的巩固实际上与总统制、议会制、混合制等这些宪制形式没有太大关系。有学者认为，无论冲突后宪政政治体制是采取总统制还是议会制，对于民主制度的巩固并无明显的影响。作为民主形式的总统制与议会制，二者都有民主巩固与民主崩溃的案例，行政权力的宪制类型差异与民主或威权结局之间的所谓密切关系并不明显。② 从这一角度说，冲突社会重建宪政秩序的能力和效果都不可避免的受到本国经济、政治、文化和历史遗留因素等综合环境的影响。一方面，关于民主政治与经济发展的关系，自古以来就有论述。③ 而从现代国际社会的发展和实践中不难看出，富足的国家往往拥有更多的民主可能性。④ 因为一个国家越富足，其国民进行政治表达的利益驱动力就越大，同时又不至于突破理智和自我约束。而且，富裕国家的贫富差距往往更小，社会财富的分配更加公平，从而有助于缓和社会冲突，遏制极端主义势力，创造一个和平理性的民主环境。一个高度工业化的现代经济和更为复杂的社会及其所需要的受过教育的人口更有助于民主政权的建立。可以合理地假设，这些社会也将比那些非工业化的社会更有利于新民主政权的巩固。⑤ 另一方面，那些关注政治文化的学者们特别看重与民主相适应的政治文化，他们认

---

① 张勇：《转型国家的宪制选择与民主巩固》，载《学海》2010 年第 2 期。

② Seymour Martin Lipset, The Centrality of Political Culture, Larry Diamond and Marc F. Plattner, eds. , The Global Resurgence of Democracy, Johns Hopkins University Press, 1993, p. 150.

③ 例如亚里斯多德认为，中产阶级的大量存在有利于民主政治的稳定。

④ 西摩·马丁·李普塞特：《政治人：政治的社会基础》，上海人民出版社 1997 年版，第 27 页。

⑤ 亨廷顿，《第三波——20 世纪后期民主化浪潮》，上海三联书店 1998 年版，第 326 页。

为，不同的文明群体和历史文化传统在价值观与行为上对民主巩固具有不同的影响。例如，天主教文化和伊斯兰教文化不适宜民主政治的生长，它们往往更加崇尚精神权威，而对民主缺少热情。①

三、联合国框架下的宪政秩序重建

从传统意义上来说，制宪和建立完整的宪政秩序无论如何均属于一个国家的主权事务或者民族自决的范畴，不应受到任何其他国家或组织的干涉。但随着联合国在冲突社会重建尤其是法治重建中的地位不断加强，联合国对冲突地区宪政秩序的重建、援助与监督也在实践中得到拓展。② 不过值得注意的是，尽管目前联合国在冲突地区的实践已经大大超越了科斯肯涅米（Marti Koskiennemi）所认为的传统"辅助"性质和"技术支援"性质，③ 但宪政重建的过程仍然淹没在联合国漫长而繁复的维持和平与建设和平行动之中，国际法学界对其也并没有形成一致而明晰的界定。但作为宪政重建核心的冲突社会制宪模型则在联合国的反复实践中逐渐形成，往往包含了宪法原则或者过渡性宪法文件的制定和通过，民主选举的召集和制度化建设以及最终宪法的批准等一系列法治行动。

（一）直接协助

事实上，联合国已经在实践中为冲突社会恢复宪政建立了一系列协助机制，尤其以联合国在其中的直接参与和协调为主要特点。

---

① Adam Przeworski, Michael Alvarez, Jose Cheibub, and Fernando Limongi, Democracy and Development: Political Institutions and Well Being in the World, 1950-1990, Cambridge, Cambridge University Press, 2000.

② *See* Yash Ghai, The Constitution Reform Process: Comparative Perspectives, International Conference "Toward Inclusive and Participatory Constitution Making", 3-5 August, 2004, Kathmandu (Nagarkot), *available at* http://www.idea.int/news/upload/Nepal% 20-% 20workshop% 20paper% 20-% 20Yash%20Ghai. pdf, visited on 26 April 2013.

③ Marti Koskiennemi, Foreword, O. Korhonen and J. Gras, eds., International Governance in Post-Conflict Situations, University of Helsinki, 2001, p. vi.

尽管针对不同冲突地区的具体情势，联合国框架下的宪政建设可能各有不同，但它们在运行中也确实具有共性，这些联合国协调和主持下的直接协助措施，不仅包括对冲突地区的经济和物质援助，而且还涵盖建立透明化、公众参与的运作体系；① 设立宪法起草机构，为本地立法者提供专家咨询和相应的智力支援，例如在索马里制宪进程中为索马里过渡联邦议会宪法委员会举办简介讲习班，以及为独立联邦宪法委员会提供人权咨询；② 管理以及监督选举法律的制定和立宪后选举；与当地市民社会和非政府组织合作，建立机构信息公开管道和公众参与路径。例如在吉尔吉斯斯坦政府的制宪进程中，联合国的积极支援和联合国机构间的努力，推动了其宪法经全民公决通过；监督宪法的实施规划。由此可见，联合国对冲突社会宪政建设中的直接协助在流程上涵盖了完整的宪法起草和制定过程，并且对其实施还可能进行初步监督，例如联合国还在津巴布韦的制宪过程中提供援助，全面审查津巴布韦宪法。③

（二）间接影响

从广义上来说，联合国在冲突社会重建宪政和法治的过程，也是国际法不断发展的过程。作为国际和平与安全核心的普遍性国际组织，联合国无疑在当今世界影响着国际法的发展进程，也对各成员国国内法规则不断渗透。因此，从这一层面上说，宪政重建也是国际法律规则发展实践的重要表征。例如在二战后各冲突地区法治建设多倾向于强调民族自决，而当今国际法的发展同样也使得联合国在重建冲突社会法治，特别是宪政重建之中，更加注重"良治"

① *See e.g.*, UNDP, Support to the Constitution-making Process in Afghanistan-Final Report: 2002-2004, AFG/03/024.

② *See* UNDP, Support to the Constitution-Making Process in Afghanistan-Final Report 2002-2004, AFG/03/024; *See also*, Vijayashri Sripati, *Book Review*, Human Right Quarterly, November, 2008.

③ Report of the Secretary-General, Strengthening and Coordinating United Nations Rule of Law Activities, Sixty-fifth session: The rule of law at the national and international levels, UN Doc. A/65/318, 20 August 2010.

(good governance)和国际法精神。① 例如联合国秘书长在《加强和协调联合国法治活动》报告中即指出，"宪法符合国际人权以及其他规范和标准"。② 这一点也在 2009 年联合国秘书长《协助制宪进程指导手册》(Guidance Note of the Secretary-General：United Nations Assistance to Constitution-making Processes)中得到体现，该文件提出了著名的"指导六原则"，强调和鼓励遵守国际法规则和国际法律标准。③

如何实现冲突社会的宪政秩序要求，这需要以联合国为代表的各个国际组织和其他社会团体、国家的共同协作。一般情况下，冲突社会制宪的进程包含以下技术性要素：(1)对宪法的制定作出必要的预测，在冲突社会，可以在和平协议或者类似的工具性文件中规定制宪进程；(2)建立代表性机构，引导对公众的教育，完成公众咨询，为宪法的起草作准备；(3)主要的赞助者之间通过谈判达成协定来确定重建宪政秩序的进程，包括为整个过程建设框架和蓝图并确定参与人员，商讨宪法的通过程序和办法，解决彼此之间的矛盾和冲突等；(4)及时公开相关信息，对民众进行宪法的普及教育，向民众广泛征询关于宪法草案的意见；(5)主要机构对宪法草案进行讨论和修改，如若继续波黑宪政进程的老路，没有能对宪法的草案进行全社会范围内(尤其是主要机构)的充分讨论和分析，那么宪法条文本身就已经是问题重重了，更为重建宪政秩序、实现

---

① *See e.g.*, UNDP, State-Building and Government Support Program-Afghanistan (2007)；UNDP, Learning from Experience for Afghanistan-Report on Afghanistan Programming Workshops (2002)；UNDP, Governance for Sustainable Human Development-A UNDP Policy Document.

② Report of the Secretary-General, Strengthening and Coordinating United Nations Rule of Law Activities, Sixty-fifth session：The rule of law at the national and international levels, UN Doc. A/65/318, 20 August 2010.

③ Guidance Note of the Secretary-General：United Nations Assistance to Constitution-making Processes, United Nations Rule of Law, April 2009, *available at*, http：//www. unrol. org/files/Guidance_Note_United_Nations_Assistance_to_Constitution-making_Processes_FINAL. pdf, visited on 15 March 2014.

未来长久和平埋下了隐患。①

按照联合国秘书长《协助制宪进程指导手册》的规定，联合国在协助各冲突社会进行宪政法治重建的过程中，应当：（1）顺势促进建设和平；（2）鼓励遵守国际法规则和标准；（3）保证国家自主权；（4）支援包容度、参与度与透明度建设；（5）动员和协调各领域专家；（6）促进适当的后续行动。多数国际法学者认为，联合国指导原则的核心应当是"保证国家所有权"，② "联合国应当认识到宪政秩序是一项国家主权行为（sovereign national process），其成功必须保障国家所有与主导，而联合国应当审慎提供建议和意见，以避免其援助成为（对冲突后社会）强加的宪法"。③ 此外，联合国的宪政援助和支持行动还应当因地制宜，必须承认，并没有一个普适性质（one size fits all）的宪政模式可以推行于所有的冲突社会。

尽管理论上主权与援助之间的平衡容易界定，但在实践之中，联合国对宪政重建的支持与国家所有权之间的平衡却几乎无法实现。对于经历冲突劫难的国家或社会而言，所有现代国家运行机制的崩溃使得重建工作，特别是宪政法律制度的重建，必须以较高的政治和法律水平和较大的公众参与度才能够完成，而这两项在冲突社会虚弱的现实之下显然均无法达到。一方面宽松的联合国控制会使得亟须重建的宪政陷入虚无主义的泥潭，但另一方面强力和全面

① Jamal Benomar, Constitution-Making and Peace Building: Lessons Learned From the Constitution-Making Processes of Post-Conflict Countries, United Nations Development, August 2003.

② See, e.g., Muna Ndulo, Constitution Making and Post-conflict States, available at, http://www.jlpp.org/2011/12/29/constitution-making-and-post-conflict-states/, visited on 16 March 2013; see also, Ginsburg, Elkins and Blount, Does the Process of Constitution Making Matter?, Annual Review of Law and Social Sciences, Vol. 5, No. 5, 2009; and Philipp Dann, Zaid Al-Ali, The Internationalized Pouvoir Constituant, Max Planck UNYB, Vol. 10 (2006).

③ Guidance Note of the Secretary-General: United Nations Assistance to Constitution-making Processes, United Nations Rule of Law, April 2009, available at, http://www.unrol.org/files/Guidance_Note_United_Nations_Assistance_to_Constitution-making_Processes_FINAL.pdf, visited on 5 May 2013.

的外来援助则又会带来侵蚀国家自主权的问题，例如利比亚。"全国过渡委员会"制定宪法，为过渡期结束后举行议会和总统大选做准备，2011 年 8 月公布《过渡时期宪法宣言》，2011 年 11 月 22 日，过渡委员会宣布利比亚过渡政府成立；2012 年 8 月 8 日，全国委员会正式将权力移交给利比亚国民议会，国民议会成为利比亚的最高权力机构。也正是在联合国的参与下，利比亚的权力由全国过渡委员会正式交给议会——渡过了过渡阶段。然而，也有学者指出，联合国在冲突社会重建宪政秩序的实践中，包容性不足，当地参与机制也并不完善，使得加强当地自主的进程一方面在许多重建实践中往往易被忽略；另一方面，在例如苏丹以及东帝汶这样的政治环境无法促进公众参与的国家，联合国的机制则又无法发挥鼓励作用。①

第二节　宪政秩序重建的现实困境：宪法制定

一、冲突社会的特殊矛盾

如前所述，宪政秩序的建设和形成是一系列复杂政治、法律和社会运行有序的结果，因此传统上的宪法制定与宪政秩序的形成需要很长时间的积累和相对稳定的社会状况。但这一点对于经历冲突的社会来说却异常困难，一方面，从冲突社会自身的状态来说，在冲突结束的过渡期间，整个社会并未完全实现和平而仍然处于一种动荡不安的状况；另一方面，从冲突后国际社会对该国家所施加的影响来看，大量国际社会的资源会在这一时期涌入冲突社会，如果能够将各个资源加以配合有效利用，那么会收到事半功倍的效果，而如果一种机制不符合当地文化和社会状况，则不仅会丧失宝贵的重建宪政秩序的黄金时期，还会造成制度上的混乱，为全面的法治与和平建设埋下失败的种子。

---

① Philipp Dann, Zaid Al-Ali, The Internationalized Pouvoir Constituant, Max Planck UNYB, Vol. 10 (2006).

这二者之间的矛盾往往在冲突社会重建和平初期无法调和——制定宪法需要的是长期审慎的考量和制度设计以及稳定的社会秩序，而冲突后危机的状况又不允许这样的审慎思考。"冲突"的现实情况通常意味着存在一种建立全新宪政秩序的动力，但也意味着一劳永逸、成功制定出一部宪法的几率很小。①

此外，与冲突社会的重建宪政秩序相关的另一个困难来自于宪法自身的特性。现代国家普遍接受宪法在法律层级上具有最高效力，这也就意味着宪法要比其他法律更难作出改动，变革、废除、重新订立宪法的过程也更加艰巨。在武装冲突所带来的社会危机中，宪法的基础性以及最高法律效力等特点有助于提升公众热情，进而容易制定出最好的法律制度。但也正是由于宪法的稳固性本质，以及在法律层级中的基础性和最高性地位，可能会成为很多方面的不利因素。既得利益集团惧怕因为宪法的变革而失去权力，因此会通过各种手段尝试阻挠新的宪政进程。而在一个多数派占据绝对地位的社会之中，少数派，以及政权更替社会的少数派，也都会拒绝参与一个旨在加强多数派地位的宪政进程；更何况在这样的社会之中往往法治较弱而法制亦不健全，少数派也可能根本不希望将自己的未来寄希望于一纸权力文书之上，② 这也是联合国建设宪政框架下所遇到的严峻挑战。

因此，有学者提出，在目前联合国辅助的宪法制定进程中，可以通过制定"过渡性宪法"的方式快速获得冲突社会法治建设的基础性依据，而同时可以缓解制定稳固宪法的压力。③ 过渡宪法的性质可以不像正式的宪法文件那样具有稳定性和相对永久性，而可以根据冲突社会的现实情势具有一定的弹性。尽管其批准通过的过程可能会欠缺一定的民主性，但它能够迅速赋予有关机构以权力，从

---

① Vicki c. Jackson, what's in a name? Reflections on Timing, Naming, and Constitution-Making, William and Mary Law Review Vol. 49, p. 1249.

② Karol Edward Sołtan, Constitution Making at The Edges of Constitutional Order, William and Mary Law Review, Vol. 49, p. 1409.

③ 例如已经制定的北爱尔兰宪法性协定以及过渡时期的南非宪法。

而作出有拘束力的决定，而这对于稳定冲突社会秩序则是必需的。从这个意义上来说，过渡性宪法能够赋予有关机构对今后正式的制宪过程以管理和实施的权力，或者是有权规定制宪所要遵守的原则和方法，其成功机率是很高的，因为它的临时性特征不仅可以吸引各个团体广泛参与，还可以有效节约时间和成本、提高效率，实为冲突后短期恢复宪政的很好选择。但是从时效性的角度来说，由于其很快就会被更加成熟、完善的正式宪法文件所取代，其成功又只是一种暂时的成功。① 就冲突社会制宪来说，一些临时安排更有可能提高制宪的成功率。如前所述，在和平情势下执政者更加可能去较多关注长远的社会整体利益，而在冲突情势下则恰恰相反。因此，在和平谈判进行时期或是暴力正在发生阶段做出一些临时安排对于未来全面的制宪是有诸多益处的，"就如同一个借鉴现存宪法和适应自身状况而立宪的混合体"。②

正是由于冲突社会的脆弱性与制定宪政秩序对于社会状况的稳定性和长期性的要求之间有着难以调和的矛盾，所以这一进程才会存在诸多困境。宪法自身的最高法律地位属性不仅给宪政秩序的建立蒙上了一层神秘的色彩，而且极易在冲突社会利用普罗大众对于全新社会秩序和全新生活方式的期许，以建立全新的秩序为名吸引民众的巨大参与热情。然而，宪法的制定和实施不是靠着短暂的热情就可以成功的，它需要很多技术的支援和具体社会状况的考量。换言之，在什么样的环境下更容易通过何种方式去建立新的宪法，是冲突社会实现永久和平进程中要重点研究的问题。宪法一经通过，就应立即推进与宪法相关的诸多后续行动。后续行动可以包括对公众进行与宪法相关的宣传教育、发展附属性立法。这些行动经常要求增加更多的财政和人力资源。如果新宪法缺乏充分的实施，缺乏保障，那么，即便宪法的条文多么完美，制定宪法的程序多么

① Vicki c. Jackson, What's in A Name? Reflections On Timing, Naming, And Constitution-Making, William And Mary Law Review Vol. 49, p. 1249.

② Princeton Workshop on Constitution Building, Proceedings Workshop on Constitution Building Processes, May 17-20, 2007, Princeton University, pp. 25-26.

成熟，都会从根本上破坏整个宪政秩序的重建。

二、联合国框架下制宪的实践困难

2001 年 11 月底至 12 月初，在联合国的主持下，阿富汗四方（北方联盟、罗马集团、塞浦路斯集团和白沙瓦大会）代表在波恩举行会议并签署了《波恩协议》。① 与会各方一致同意在阿富汗组建临时政府，并推举普什图族温和派领导人卡尔扎伊（Hamid Karzai）出任临时政府主席，任期 6 个月。这一推举曾被普遍认为是在外部势力干涉之下确立临时政府主席，也为卡尔扎伊随后在选举中的获胜打下了基础。2002 年 6 月，阿富汗大国民会议在首都喀布尔举行。来自全国各省、各民族和部落的 1600 多名代表出席了会议，并选举产生了阿富汗过渡政府。卡尔扎伊以高票当选过渡政府总统，宣誓就职。

2004 年 1 月，在联合国所提供的国际协助之下，② 阿富汗制宪会议通过了阿富汗新宪法，这也是人类社会进入 21 世纪之后制定的第一部新宪法，标志着阿富汗国家制度的重建步入正轨。在同年年末，阿富汗举行历史上首次总统直接选举，卡尔扎伊以绝对优势当选阿富汗总统并在随后任命了由 27 名成员组成的新内阁。2005 年 9 月阿富汗议会选举成功，随后首届民选议会在阿富汗召开会议，标志着阿富汗三十年来首届民选议会正式开始工作。③

---

① Agreement on Provisional Arrangements in Afghanistan Pending the Re-Establishment of Permanent Government Institutions, *available at* http://unama. unmissions. org/Portals/UNAMA/Documents/Bonn-agreement. pdf, visited on 17 January 2013.

② 按照《阿富汗制宪计划书》中所描述的过程，此次制宪是在《波恩协定》（Bonn Agreement）的主要原则指导之下，尤其是阿富汗人民自由决定其将来之政治的原则之指导下进行的。*See* Overview of Constitution-making Exercise, The Constitution-making Process in Afghanistan, the Secretariat of Constitution Commission of Afghanistan, March 10, 2003, p. 2.

③ 该新闻材料来自于新华网，http://news. xinhuanet. com/ziliao/2005-09/19/content_3510123. htm，访问日期 2013 年 4 月 22 日。

从阿富汗宪法的制定过程来看，其所经历的三个阶段，包括宪法草案起草阶段、宪法草案的民意征集和审定阶段、宪法最后确定阶段，都是在过渡政府组织下进行的，同时也在一定程度上体现了民众参与的特征，特别是在此过程中阿富汗主要政治势力、不同领域的组织或代表就一些悬而未决的重要问题展开了激烈争论和多轮反复较量，在一定程度上吸取了历史教训，反映了民意，考虑了民族平衡以及传统因素。因此，从这个层面讲，联合国对阿富汗制宪进程的援助在技术上是奏效的。① 众所周知，阿富汗 2004 年宪法实质上是建立了一个政教分离的、单一制的总统制和中央集权型的民主共和国。这种政体是各个势力进行激烈争夺和妥协的产物，并间接反映支持阿富汗现政权西方大国的政治与战略需求。这种因为政治力量的平衡而实现的制宪可谓是一种表面上的成功，它是否真的能够实现一国的文明和民主尚值得商榷，但是在阿富汗，至少短期的制宪目标是得到了较好的实现。

客观上说，联合国在阿富汗辅助推进宪政秩序，在各方力量的平衡以及公众参与的程度方面是相对成功的。从联合国在阿富汗制定宪法过程中的地位来看，2002 年阿富汗通过选举产生了过渡政府（Transitional Administration），过渡政府与联合国特使赫达尔·卜拉希米（Lakhdar Brahimi）磋商之后决定了制宪进程的细节，而由联合国特使在各个方面实施监督和协助。可见，联合国特使在阿富汗宪法制定中具有非常重要的直接作用，而联合国驻阿富汗援助使团（United Nations Assistance Mission in Afghanistan，UNAMA）的角色，一方面在于引领技术援助、提供咨询，另一方面则是为与所有其他参与者合作，所有参与进程的人员都要经过联合国使团的审查。事实上，在实践当中联合国使团的工作人员往往直接对整个进程的发展和走向进行监控，为整个进程的改进作出备忘录，确保对宪法的实质性内容咨询提供协作性、一致性的意见。

此外，联合国的专家协助也在制宪进程中扮演了重要的角色，

---

① 王凤：《从制宪进程看阿富汗现行政治体制的特点》，载《西亚非洲》2008 年第 10 期。

专家顾问或是对于阿富汗政治很了解，或是宪政方面的专业人士，其专业性为阿富汗民众与建设和平的各方团体之间的有效沟通创造了便利。由此可见，联合国的制宪援助在阿富汗发挥了较大的影响力。

但是，也有不少学者认为，阿富汗自治政府在联合国框架协助之下开展的制宪进程在某种程度上并没有成功创造阿富汗冲突后施行法治与民主的条件。① 尽管阿富汗新宪法在引言中指出，"我们阿富汗人民……通过我们所选之大支尔格议会之代表于伊斯兰纪1382 年于喀布尔市制定本宪法"，② 表明了一定的实质性民主特点，但真正的宪法的合法性不仅在于其实质内容的合法，还在于程序上的合法性。③ 尽管从过渡政府的政权交替到选举的展开到宪法的制定，阿富汗冲突后的重建都是在相对有序的情势下进行的，但从时间上来看，在多国军事力量摧毁了阿富汗塔利班政权之后，北约军队随即开进喀布尔，接着《波恩协定》缔结，这一系列连接紧密而影响深刻的军事和政治行动，使得阿富汗的宪政秩序建设始终无法摆脱大国政治和胜者逻辑的影响，这在某种程度上减损了联合国在冲突社会宪政建设中的法律属性。众所周知，民主的制宪进程要尽可能的考虑到公众的参与性以及不断加强公众对于自主权的感

① Cornelia Schneider, The International Community and Afghanistan's Constitution, Peace, Conflict and Development: An Interdisciplinary Journal, Vol. 7, July 2005, *available at* http://www.peacestudiesjournal.org.uk, visited on 24 May 2012.

② Islamic Republic of Afghanistan, The Constitution of Afghanistan, *available at* http://www.afghanembassy.com.pl/cms/uploads/images/Constitution/The%20Constitution.pdf, visited on 17 March 2013.

③ J Alexander Thier, The Making of a Constitution in Afghanistan, Panel Presentation at a Conference on State Reconstruction and International Engagement in Afghanistan: Re-Establishing a Legal System, Bonn, Germany, June 1, 2003, *available at* http://bglatzer.de/arg/arp/thier.pdf, visited on October 26, 2012.

受和认同;① 而就阿富汗而言，制宪进程最重要的目标绝不是为了满足西方世界对阿富汗未来的期待而是要全方位符合阿富汗自身的利益，充分考虑阿富汗特殊的社会情况。②

系统来说，阿富汗制宪进程所体现的一些弊端早在《波恩协定》中就埋下了隐患。

首先，尽管宪法的制定中有正式的征询民意阶段，但是被邀请参加谈判的各方并不能代表阿富汗各个阶层，不具备最广泛的代表性，这也与《波恩协定》序言中所宣称的不同。③ 对于阿富汗这样拥有特殊历史和文化的国家而言，伊斯兰文化所产生的一系列社会现实在制宪进程中是不可忽略的，而国际社会在这一点上缺乏经验。因此，最后的结果是，在阿富汗的冲突后进程中，世俗派战胜了宗教派。很显然联合国在这个宪法起草中的援助是十分有限的，在很大程度上都是照搬其他国家在冲突社会的制宪经验，然后提供给阿富汗的宪法起草委员会，例如，在宪法起草阶段联合国借鉴了肯尼亚的经验，在宪法谈判阶段是南非的经验，而在国家体制的选择上则是哥伦比亚的经验等，不一而足。④ 这样的经验借鉴在冲突后早期确实解决了燃眉之急，但是对于长远的宪法实施是无益的，因为各个冲突社会都有自身的特点和适应自身宪政秩序的宪法，一味照搬只能引发混乱，导致日后更为频繁、繁琐的修宪程序。

其次，如前所述，联合国框架下过渡宪法的制定被认为是缓解

---

① Vivien Hart, Democratic Constitution Making, Special Report, United States Institute of Peace, *available at* www. usip. org/files/resources/sr107. pdf, visited on 25 March 2013.

② Amin Tarzi, Role of the Media in Afghan State Building: The Case of the Afghan Constitution, RFE/RL Afghanistan Report, April 2003.

③ Alexander Thier and Jarat Chopra, The Road Ahead: Political and Institutional Reconstruction in Afghanistan, Sultan Barakat, ed. , Reconstructing War-Torn Societies: Afghanistan, Palgrave Macmillan, 2004, p. 102.

④ Chris Johnson, William Maley, Alexander Thier, and Ali Wardak, Afghanistan's Political and Constitutional Development, Overseas Development Institute, January 2003.

冲突社会现实矛盾的临时性方案，但阿富汗却没有在《波恩协定》签订的同时制定临时宪法，或者至少签署可以规定对过渡宪法进行审查的"日落条款"（sunset clause）或者其他保障在特定期限之后对过渡宪法进行审查的机制。这样的规定就能使过渡宪法的起草者迅速设计出仅限于在过渡时期采用的国家建设制度或措施，而后则可以基于长期治理的需要作出改变。国家建设需要的体制类型或政治结构可能与随后长期执政所需要的体制并不相同，这一点从目前各界对用于过渡的强权总统制度的猛烈批评中可以得到验证。不过阿富汗官员对此则持不同意见，因为在宪法文件已经受到如此多的批评和威胁之时，他们必须保持谨慎行事以防对该文件造成进一步的损害。卡尔扎伊总统也承认，现行宪法并不是坚如磐石的（或者说，"并不具有可兰经的地位"），① 并且也可以根据需要作出改变。但是，国际社会如果能早在波恩时期就作出决定，提前建立这样的临时宪法安排，那么就可能使阿富汗人民接受临时宪法的理念，进而在随后的社会发展中尝试制定稳定宪法，从而避免目前上述在阿富汗国内关于宪法稳定性的争论。

再次，《波恩协定》为整个的制宪进程规定了一个十分严格的时间表，留给阿富汗战后不稳定社会进行宪政建设的时间则是相当短暂，"两年半的时间几乎无法使得一个失败国家转向民主稳定的社会状态"，② 从阿富汗政府的行为来看，根据《波恩协定》，宪法委员会成立了宪法起草委员会（Constitution Drafting Commission），紧迫的时间表客观上导致阿富汗制宪进程普遍缺乏公众辩论程序。事实上，尽管委员会宣称他们的工作已经尽可能的反映了民意，但宪法起草委员会甚至并未对外公布宪法草案，使得客观上阿富汗人民对于制宪的进程根本无法知情。因此，最后的矛盾争点就变为上述委员会是否应该牺牲时间表的安排而耽误时间去广泛的征询民意。

---

① Barnett R. Rubin, Crafting a Constitution for Afghanistan, Journal of Democracy, Vol. 15 (2004), p. 9.

② *Ibid.*

阿富汗制宪进程时间表①

事　　件	日　　期	波恩协定时间表	波恩协定条文
过渡管理机构（Interim Administration）建立	2001 年 12 月 22 日	2001 年 12 月 22 日	第 1.1 条
紧急国民大会（Emergency *Loya Jirga*）	2002 年 6 月 10 日—19 日	2002 年 6 月（过渡管理机构 6 个月后）	第 1.4 条
过渡政府（Transitional Authority）	2002 年 6 月 19 日	2002 年 6 月（过渡管理机构 6 个月后）	第 1.4 条
起草委员会（Drafting Commission）	2002 年 10 月 5 日	2002 年 8 月（过渡政府 2 个月后）	第 1.6 条
国民议会（Constitutional *Loya Jirga*）	2003 年 12 月 13 日—2004 年 1 月 4 日	2003 年 12 月（过渡政府 18 个月后）	第 1.6 条
总统选举（Presidential Elections）	2004 年 10 月 9 日	2004 年 6 月（紧急国民议会 2 年后）	第 1.4 条

　　除了起草过程不透明之外，宪法起草委员会和宪法委员会的任命也没有任何公众参与，而向公众咨询的过程也并不满足公平与公开原则。甚至委员会人员的喜好决定了民众咨询意见的倾向性，例如在关于国家政权组织形式的决策中，倾向于联邦制的代表很少获得参与讨论的机会，最后的阿富汗政权显然是单一制获胜。② 国际危机小组（International Crisis Group, ICG）认为，联合国在这个方面存在的问题是对公众的教育和咨询迟延、经费支持过少，甚至几乎没有计划性。对此，联合国则认为在阿富汗的社会危机之中，如果

---

① Barnett R. Rubin, Crafting a Constitution for Afghanistan, Journal of Democracy, Vol. 15（2004），p. 9.

② International Crisis Group, Afghanistan：The Constitutional Loya Jirga, Kabul/Brussels：International Crisis Group, December 12, 2003, *available at* www. icg. org/home/index. cfm？id＝2417&l＝1, visited on 12 April, 2013.

完全开放进程，则可能引发委员会成员的人身安全问题，将使其面临被极端分子迫害的危险，同时也会引起公众的误解或者迷茫。① 对于制宪而言，阿富汗最大的问题就是安全问题。安全问题得不到妥善解决，阿富汗的选举将无法正常进行；政治和经济的重建也就无从谈起。

最后，从联合国在阿富汗制宪进程中的实际作用角度来说，如果说联合国在东帝汶冲突后局势中无论在法律上（*de jure*）还是在事实上（*de facto*）均取得了实质性控制地位，那么在阿富汗局势下则只是"轻微影响"（light expatriate footprint）。② 随着《波恩协定》的签订，尽管联合国安理会分别通过第 1386 号决议和第 1401 号决议建立了国际安全与协助部队（International Security and Assistance Force，ISAF）和联合国驻阿富汗援助团（UN Assistance Mission to Afghanistan，UNAMA），③ 但是这两个观察团并没有起到实质性的作用。在制宪方面，联合国除了给予阿富汗一些技术上的援助之外，几乎没有作出任何实质性的帮助，而制宪过程也几乎没有咨询过专家学者的意见。为此，德国马克思·普朗克比较公法和国际法研究所的学者们颇为不解，④ 认为联合国的协助仿佛由于过于畏惧外来文化和观念的入侵，从而让阿富汗的制宪进程每一步都显得谨

① Louis Aucoin, The Role of International Experts in Constitution-Making: Myth and Reality, Georgetown Journal of International Affairs, Vol. 5（Spring 2004），p. 94.

② First envisaged in The Situation in Afghanistan and its Implications for International Peace and Security: Report of the Secretary-General to the Security Council and the General Assembly, UN Document A/56/875-S/2002/278, March 18, 2002: para. 98（d），*available at* http://daccessdds.un.org/doc/UNDOC/GEN/N02/289/20/PDF/N0228920.pdf? OpenElement, visited on March 25, 2013.

③ UN Security Council Resolution 1386/2001 of December 20, 2001, para. 4, *available at* http://daccess-ods.un.org/TMP/1078470.html, visited on 10 December, 2012.

④ The Secretariat of the Constitutional Commission of Afghanistan, The Constitution-Making Process in Afghanistan, March 10, 2003.

小慎微。尽管这可能是出于对冲突社会充分本地自主权的考量，但实践中公众参与和透明度的缺乏又使得联合国的辅助过程成为阿富汗民众指责的焦点，即便事实上卡尔扎伊是阿富汗通过民主进程选举出来的领袖，但其宪法也会被指责是在外部势力的支援下"被指定"的干预宪法。① 因此，可以说，联合国在阿富汗制宪进程中的自主权与国际协助的平衡在很大程度上出现了缺失。

第三节　宪政秩序重建的现实困境：宪政选举

一、冲突后选举的基础

如前所述，在冲突社会的宪政建设中成功制定和实施宪法仅仅是基础和开端，在现代社会宪法施行的重要保证是经过民主选举而产生遵守宪法的政府。事实上，宪政秩序的重建并不必然意味着宪政秩序的形成，相反，秩序的形成往往需要耗费巨大的时间以完成制度的建立，而联合国作为国际辅助机制的局限性决定了其无法完成全部过程，而仅仅只能通过协调和努力促进宪法和政府选举的最初过程。因此，联合国在冲突社会宪政重建的进程并不意味着实现了最终的和平和稳定，而只是为和平和稳定开启了一扇门，是后续一切和平行动和法治建设行动的基础。

冲突社会实行选举的目的在于推进两个相互关联的目标，即战争的终结和民主的重建。可以说，选举已经成为冲突解决之后从各方谈判中衍生出来的一个让新领导体系合法化的最主要路径。② 但

---

① Exil-Afghanen: Amerikaner verhalten sich wie seinerzeit die Russen, Frankfurter Allgemeine Zeitung, June 15, 2002, http://fazarchiv.faz.net/webcgi? START = A20&DOKM = 17516_FAZN_0&WID = 65963-8050574-23502_9, visited on 23 December 2012.

② Timothy D. Sisk, Elections and Conflict Management in Africa: Conclusions and Recommendations, Timothy D. Sisk and Andrew Reynolds, eds., Elections and Conflict Management in Africa, Washington, D.C.: United States Institute of Peace Press, 1998, p. 146.

与正常国家的制度化选举不同，冲突社会的选举不但要解决困扰一个社会内部和外部各种有关合法性的争议问题，还要在混乱的社会秩序下，在安全机制失灵、充满恐惧、信任缺失和制度坍塌的社会环境中重建秩序。

（一）和平协议

从国际社会解决冲突社会宪法性选举的实践来看，和平谈判的最后成果往往构成了选举进程的基础，但每一个冲突后的和平协议又各不相同，因此其所规定的选举进程也有所差别。但由于和平协定通常是冲突社会停止武装冲突后的第一步进程，因而签订也较为仓促，其所规定的选举进程往往并不符合现实的需要。最主要的表现之一即是和平协议中规定的不切合实际的时间表，因为冲突社会宪政秩序的恢复，无论是立宪或是选举，事实上都无法确定准确的时间，而是要根据实际情况不断变化。

20 世纪 90 年代初，前南斯拉夫在经历了三年痛苦的战争和残酷的种族清洗之后，一个纯粹由精英分子参加的代顿会谈（Dayton Talks）于 1995 年展开，经过两周的艰苦谈判在美国俄亥俄州的代顿草签了波黑和平协定，又称为《代顿和平协定》（Dayton Peace Accords），至此彻底结束了波黑战争。《代顿和平协定》对于波黑的影响十分深远，不但为波黑制定了宪法，而且调动了各主要国际组织和机构参与执行代顿协定，并且在协定中对临时选举委员会、宪法法院的组织均作出了规定。《代顿和平协定》结束了长达 3 年半的武装冲突和战争，据此协议波黑国家获得重建。然而，实践最终表明，《代顿和平协定》只是一个经过长期谈判而达成的停火协议，并不是一个把波黑建设成一个能有效运转、现代的多民族欧洲国家的蓝本。直至今天，《代顿和平协定》所建立的宪法也不能独立地解决塞尔维亚、克罗地亚以及穆斯林之间的权力关系和政治体系，宪法的运作在很大程度上仍然依靠外界的势力。

由此可见，尽管和平停火协定在某种程度上能够完成简单的冲突后宪政建设任务，但将其与最终宪法和宪法性选举混同则无益于冲突社会的法治建设。和平协定的谈判与短期的冲突终结相关，而宪法的制定以及一国宪政秩序的重建往往包含着对国家长期制度的关注，所以武装冲突的终结以及和平协定的签订都注定只是宪政秩序的前提。

（二）选举委员会

冲突社会的选举作为宪法制定与最终实施过程中重要的一环，事实上处于在看似分离实则相连的两个过程即战争中止和民主化进程的实现之间，因此必然受到联合国的重视。从冲突社会的管理角度来说，一方面，冲突后复杂而不稳定的社会需要通过国际协助对选举过程进行指导和监督；另一方面，制度的合法性对于长期的和平与民主也相当重要，选举委员会在这个过程中承担了多重功能，是冲突社会选举的重要力量。

不过，从联合国目前在协助冲突社会选举的实践来看，无论是选举委员会还是联合国，在选举方面都没有固定的模式，各国都并不完全相同。① 通常情况下，联合国通过设立相应的临时机构，例如监督和检测委员会（the Supervisory and Monitoring Commission，CSC）和停火委员会（the Cease-Fire Commission，CCF）等联合决策机构汇聚主要的政治行动者，通常由联合国秘书长特别代表主持进程，并在冲突社会协助建立独立的选举委员会展开选举工作。例如阿富汗独立选举委员会的前身即是阿富汗临时选举委员会，其最初是为了对应联合国阿富汗选举管理部门而设立的，其目的是由该临时委员会与负责选举的联合国对应部门共同组成一个联合选举管理机构，并通过大批阿富汗本国登记人员在安排和举行选举的过程中负责更多工作。

选举委员会的任务通常涵盖整个选举和民主建设过程，既要负责冲突社会选举的组织和管理，还要兼管冲突的解决和民主的建成，其主要目标是组织一场"可信的选举，即自由和公平的选举"，② 从而解

---

① Guy S. Goodwin-Gill, Free and Fair Elections in International Law, Geneva: Inter-Parliamentary Union, 1994, p. 23.

② Peter Harris, Building an Electoral Administration, Harris and Reilly, eds., Democracy and Deep-Rooted Conflict: Options for Negotiators, International Institute for Democracy and Electoral Assistance, p. 310.

决不公平、不独立、效率低、专业性弱、透明度差等问题。联合国在选举中重要的作用是增加公众对于选举的信任度，尤其是在柬埔寨和莫桑比克的选举中几乎是最重要的作用。① 而阿富汗则以宪法第 61 条第八、九两款规定的形式将选举委员会作为国家机构予以法定化，使之成为一个独立的国家机构，并规定选举委员会的职权包括：（1）监督总统选举。参选政党和候选人向选举委员会登记后，取得候选资格。独立选举委员会有权依法决定提出申请的政党或者申请人是否符合要求。此外，独立选举委员会监督整个总统选举过程。有权就任何可能导致非自由平等选举的情况和因素进行调查并依法做出相应的处理。（2）监督各种选举和公投。阿富汗独立选举委员会享有对国内各种选举广泛的监督权，其中包括国会议员的选举、地方议会议员的选举等。从广义上讲，该项职能亦包括对总统选举的监督，但由于总统选举的特殊性，故阿富汗宪法中予以特别的规定。此外，阿富汗独立选举委员会还监督总统就重要的国家、政治、社会，以及经济事务发起的公民投票。（3）审查国会议员提出的不信任案，通过委员会成员十分之一提议即可对各部长提出质询，若对其答复不满意者，下院即可考虑提出不信任案，获得多数之同意即通过。由于政府部长的任免对于国家有重大的影响，为了防止多数人的不理性，因而赋予独立选举委员会对此进行审查的权力，从而为决策的合理性提供了一个有力的支援。②

二、联合国框架下的选举援助

从联合国选举援助的实践来看，自 1989 年全程监督纳米比亚选举进程，从而促使纳米比亚获得独立之后，联合国充分认识到，可靠透明的选举是冲突社会实现长治久安的关键第一步，并进而在

① *See* Jennifer McCoy, Larry Garber, and Robert Pastor, Poll-Watching and Peace-Making, Journal of Democracy, Vol. 2 (fall 1991), pp. 102-114.

② 联合国安理会大会第 57 届会议秘书长报告，《阿富汗局势对国际和平和安全的影响》，A/57/850 – S/2003/754, *available at* http：//ods-dds-ny. un. org/doc/UNDOC/GEN/N03/431/42/PDF/N0343142. pdf? openElement, visited on 21 March 2013.

当事国政府的要求下监督了一系列的选举。在过去 20 年里联合国总共为 100 多个国家提供了选举援助。① 通常情况下，联合国协助和监督选举的过程也往往包含在冲突社会宪政重建和和平建设的庞大进程之中，其所参与的程度和类型也会受到一些因素的影响，诸如政府的请求、和平协定的条款或者联合国大会或安理会的授权。实践之中，联合国在多数情况下通过协调国际观察员的活动，跟踪选民的登记、竞选和投票组织等工作，协助冲突社会建设或重新启动宪法性选举的进程。

联合国维持和平行动以多种方式援助选举进程，包括提供安全、技术咨询和后勤支援等。在联合国援助选举的实践中，已经为包括刚果民主共和国、科特迪瓦、阿富汗、利比里亚和苏丹在内的许多国家的选举提供了重要的技术和后勤援助，包括技术支援、选举监督等。一方面，联合国警察和联合国军事人员在内的联合国专门人员通过开展巡逻，确保选民行使自己的民主权利而免于暴力侵害；另一方面，联合国也通过其专家顾问对选举法改革和程序的制定提供技术咨询，确保投票得到保障。此外，联合国的协助还表现在对技术性问题的支持上，例如关于选票的分发，以及通过外派特派团能够获得的无线电等通讯管道，提供公共信息和选民教育援助。

2011 年 1 月，在联合国的主持下南苏丹举行全民投票，包括联合国开发计划署(United Nations Development Programme，UNDP)、政治事务部(Department of Political Affairs，DPA) 和联合国苏丹特派团(United Nations Mission in Sudan，UNMIS) 在内的各联合国机构为此提供了重要的支援，包括印刷并分发超过 1000 万份选票，并为大约 5000 个投票站的工作人员提供培训。特派团领导层和联合国秘书长任命的一个高级别小组支持苏丹主要党派之间的对话，从而在进程中避免冲突，建立信任。而在选举监督方面，联合国作为国际社会普遍信任的第三方，还可能对冲突社会的选举进行监督和公

①　http：//www. un. org/zh/peacekeeping/issues/electoralassistance. shtml，visited on 17 March 2013.

证，例如 2010 年联合国科特迪瓦行动团即被要求对总统选举进行监督和公证。此外，在 1993 年 5 月，联合国还在柬埔寨对其选举过程进行了监督，超过 420 万人（近 90%的登记选民）在联合国的公证之下投票选举出制宪议会并随后颁布《宪法》；2001 年 8 月，联合国东帝汶过渡行政当局组织了选举，以选出由 88 名成员组成的制宪议会，其任务是起草并通过一部新《宪法》，为今后的选举和向完全独立的过渡制定一个框架。联合国维持和平行动与包括联合国其他部门在内的其他组织合作，确保选举可靠透明。维持和平特派团的选举部门与联合国政治事务部、选举援助司密切合作。开发计划署在整个选举期间提供援助，包括设计更加有效的制度和解决计票后出现的争端。

从联合国机构的职能上来看，联合国通过许多机构部门提供选举援助，并由大会加以严格控制。政治事务部选举援助司就联合国提供的选举援助进行协调，以确保行动的一致性和反应的高效性。除选举援助司之外，其他一些联合国机构也提供援助，其中包括联合国开发计划署、维持和平行动部、联合国志愿人员、联合国妇女发展基金、联合国项目事务厅、联合国民主基金以及联合国经济及社会事务部。举例来说，联合国开发计划署每年平均在大约 45 个国家花费 2.28 亿美元，以建设可持续的选举管理能力，促使更多人参与选举进程，尤其是妇女和其他代表性偏低的群体，以及就捐款者对选举进程的捐助进行协调。联合国还与提供选举援助的政府、政府间组织和非政府组织建立关系，其中包括欧洲联盟、美洲国家组织、欧洲安全合作组织、非洲联盟、国际民主选举援助学会以及国际选举制度基金会等。由于国家的政治性质和历史背景各不相同，每个国家的选举都是独特的，没有一个选举制度能放诸各国皆准，因而建立关系能给各方提供一个机会就选举援助活动进行协作以及交流和总结经验。

从联合国在选举援助中的实践来看，国际社会层面的援助体系可以用来推动一系列建设和平项目，加强本地自主权，提供一种易于操作的选举进程；并且在每场选举之后制定反馈机制。事实上，国际社会可以在冲突后选举中发挥作用，但是更多应该是提供技术上的援助，协助本地更好地发挥自主权，行政或者是经济上的资助，或者是提供安全保障；对所有团体进行平等保护，不容忍选举暴力的发生。由于冲突后进行的选举是多层次的，有最高领导人的，也有议会的，还有本地官员的选举等，这一系列的选举共同成为确保冲突后稳定的条件。这些选举同时进行还是各自进行是一个两难的问题。同时进行会给选民带来困惑，而分开的选举则会使选民陷入劳顿，更加消耗资源。最终决定使用哪种方式则要视各地的不同情况而定。从更深刻的含义上来说，冲突社会能力的建设是一个长期的进程，要规划、进行资助，在早于选举日前很多时间就要开始准备，形成一个完整的选举链，这些都将成为制度性的安排需要冲突社会自身去逐渐适应，这就对工作人员的能力也作出了要求。因此，更要注重本地自主权的发挥。

三、联合国选举援助框架的影响因素

首先，毫无疑问，自由和公平的选举可以在冲突社会的稳定中起到重要的作用。因此，从国际社会的层面来说，辅助冲突社会进行宪法性选举进程必然要对冲突地区的文化、历史和冲突的原因有深刻的理解；此外，现存的宗教、种族和社会紧张关系以及冲突各方在一个国家或者社会的地理分布和可能的区域联系也应考虑在内。但从目前的联合国实践看，即使对上述这些要素了如指掌，也并不能确保冲突社会选举的必然成功。回顾 2004 年阿富汗总统选举以及 2005 年各级议会选举的进程，不难发现，影响选举成功与否有着若干不可忽略的因素。尽管阿富汗最终也在看似民主的进程中顺利产生了领导机构和政权组织，但是大选并非完美。在阿富汗选举中最大的争议莫过于本地自主权是否得到了发挥，以及是否反映了阿富汗民众真正的意愿，时至今日仍有人认为，阿富汗选举是美国精心策划和安排的，卡尔扎伊的胜利是美国的胜利。

其次，尽管在联合国的实践中通常都会选择尽早的时间来举行选举，但是这一点并不是绝对的，在冲突社会不稳定的安全环境中强行开展选举，其结果往往可能适得其反。确定合理的时间表需要解决三个问题：一是临时政府要有能力掌握局势，至少在这个时间

内整个社会环境基本适宜自由、公平、合理竞争的选举；二是冲突中的各方要表达出对和平的渴求和一种妥协的意向；三是冲突的解决应当建立在理性的制度能力之上。如果缺乏这些环境条件，草率匆忙的举行冲突后选举只是一场危险的赌博，社会极有可能再度陷入不稳定状态。正如莫桑比克的和平协议规定联合国要在冲突后的六星期之内在该国采取包括选举在内的和平措施，这个时间段显然不够，这样不顾实效盲目加快各方在协定上签字进程的做法是欠妥的，也在很大程度上降低了各方对于联合国的信任度，随后联合国仅在莫桑比克的第一次蓝盔行动就持续了几个月之久。

再次，为了克服战乱之后的遗留问题，冲突后过渡时期必须通过民主化的过程同时处理安全和政治维度的问题。这样的过程将由和平协议所建立的临时机构管理，临时政府负责准备有意义的选举，并进而将权力移交给选举获胜者。① 有关选举的重要的、有争议的政策决策、民主化、流离失所人员重返社会以及经济社会法律机构的重建都要付诸实施。这些行动的过程中，可能会逐渐形成主要行动者的期望并激发民众的信心，但同时也可能激发人们的担忧。② 从现实实践中也可以看出，1994 年的莫桑比克、1993 年的柬埔寨选举创建了成功的制度，从而维护了战后和平；但是在1992 年的安哥拉，选举只是单纯使得战争终止，却恰恰在民主化的进程中起到负面的作用。冲突社会选举的一个至关重要的因素就是战争创造的恐惧和扭曲的社会结构，这将会塑造整个社会环境；也是决定过渡时期路径的制度化环境，③ 除非在停火和选举之间的时段出现更为强硬的临时政权来进行一种非军事化的进程，否则强硬的战胜组织将会主导并在选举中获胜。这一点无疑给联合国协助选举进程中当事国国家自主权的保留提出了更为严峻的挑战，从传

---

① Yossi Shain and Juan J. Linz, Between States: Interim Governments and Democratic Transitions, Cambridge University Press, 1995, pp. 3-21.

② Kalevi Holsti, Peace and War: Armed Conflict and International Order, Cambridge University Press, 1991, p. 353.

③ Yossi Shain and Juan J. Linz, Between States: Interim Governments and Democratic Transitions, Cambridge University Press, 1995, p. 4.

统国际法的价值来看，对冲突社会法治的过多干预超越了国际组织的权力范畴，但如果国际组织缺乏足够的干预，又会使得重建时的选举陷入军事政权的阴霾，选民们抱着微弱的希望实施自己有限的投票权，期待可以通过这样微不足道的努力制止战争的再度发生，而选民无一例外的会选择承诺保护他们，给他们安全感的具有军事力量的一方，而缺乏军事力量作为后盾的选举参与方获胜的可能性则微乎其微。① 例如在利比里亚的选举中，拥有强大军事力量支持的军政权候选人反而获得了多数人的支持。②

最后，从选举的公开性和参与性来看，选举机构的主要作用是确保进行一场具有公信力的选举。选举机构要设立一个透明的框架，确保信任的实现，确保一切有序进行，其工作也必须表现出中立、独立、公平，其行为要对公众和选民负责。众所周知，在冲突社会，组织一场选举的难度远远超过了选举本身，它是作为建设和平恢复宪政秩序的一个部分而存在的。尽管选举机构不负责对选民的教育，但是这项工作却是在冲突后选举中至关重要的，除了确保选民能够真正的被赋予权力发挥自身作用，对公民的教育还弘扬了对人权的尊重以及对和解和并存的共识。在这一层面，媒体和市民社会就要积极发挥对选民的教育作用，协助选举机构开展工作。媒体在冲突后的作用不可争议，一方面，媒体的自由言论权力是基本人权之一，理应得到保护；但是另一方面，冲突后的媒体往往完全被政党所操控，却会对冲突后的局势起到很大的破坏。可以说，冲突社会缺乏真正意义上独立的媒体。因此，如果媒体行动主要是依靠自律性条款来规范则无法完成其在冲突社会所应承担的责任，从这一角度来说，国际社会的媒体监督机构则是更好的选择。

---

① Victor Tanner, Liberia: Railroading Peace, Review of African Political Economy, Vol. 25 (March 1998), p. 140.

② 正如一位观察员所说，选民们不是被投票站外的暴徒所恐吓，而是被过去七年的战争创伤所惊吓。很多利比里亚人相信，如果最强大的派系领导人 Charles Taylor 落选，那么国家将再度回到战争的漩涡当中。John Chiahemen, Liberians Vote in Peace against War, Reuters, July 19, 1997.

第四节　冲突社会宪政秩序重建的发展方向

如前所述，无论是制宪还是选举，宪政秩序重建的各个方面均为冲突社会带来了至关重要的和平机遇。一定形式的宪法改革和重新制定宪法通常是在战争与和平的过渡时期解决冲突的重要途径。国际社会日渐意识到在冲突后的国家重建宪政秩序的重要性，呼吁联合国支援各国的宪政重建进程。而这一趋势也推动联合国进一步关注和协助冲突国家实现和解，促使各方达成共识等。制定宪法也很重要，是否具有科学性，并具有长期性和稳定性是冲突后能否实现和平和顺利实施宪政的工具性要素。① 一方面，尽管并不能够保证在不同冲突社会均获得足够的成功，但是联合国的宪政建设也正在当今国际社会尤其是冲突社会中扮演越来越重要的作用，而在随后的选举过程中，联合国的协助也在深刻影响着冲突社会的宪政运行机制。另一方面，联合国的宪政建设模型受到越来越多的挑战，尤其是面对不同的冲突社会，联合国建设仍然缺乏足够的灵活性，使宪政建设的有效性大大减损。因此，从联合国在冲突社会的宪政建设的发展来看，主要呈现出以下趋势：

一、国际法规则的强化

作为依据国际法规则建立的普遍性国际组织，联合国在其维护国际和平与安全的实践中一直强调努力建设国际和国内层面两级法治的重要性，因此在联合国框架下的冲突社会宪政法治建设，必然要受到国际法律的影响，事实上在联合国主导的冲突社会制宪和选

---

① The United States Institute for Peace and the United Nations Development Programme recently examined 18 case studies of constitution-making processes in primarily post-conflict contexts and concluded that the process by which constitutions are made is as important as the final content. *See also*, Jamal Benomar Constitution-Making after Conflict: Lessons for Iraq, Journal of Democracy, Vol. 15 (2004), p. 2. See UN Secretary-General Report In Larger Freedom: Towards Security, Development and Human Rights for All, A/59/2005.

举援助程序中也无一例外均对国际法的遵守和适用作出了规定，例如阿富汗新宪法即强调应"遵守国际法规则"。同时，作为联合国法治篮子的重要内容，国际人权规则和标准不仅仅是制宪进程的基本原则，而且其本身也是联合国法治工作的内在要求之一。当宪法草案与这些规则不相一致，当冲突后形成的以新宪法为基础的一国政府在其施政过程中违反这些基本国际规则时，联合国理应捍卫国际法规则，并就一些实质性问题与各国对话，在国际法的基础上解释国家责任，最终达成共识。此外，联合国还应该主张那些已经被边缘化或者有被边缘化危险的人群的权利，例如妇女、儿童、少数民族、土著、流亡者、难民等的权利。联合国应在宪法中主张男女平等原则，也要求国家积极考虑保护儿童权利的特殊条款。

二、法律框架的稳定化

从内容上来说，形如和平协议、联合国安理会决议这样的法律文件为冲突社会宪政秩序的重建提供了基本原则。然而这些法律框架在不同的国家实例中有不同的适用方式，取决于国家环境和各自实现宪政秩序的短期目标。在某些情况下，例如在柬埔寨，应该有更为细致的框架，包括为宪法确定基本原则和具体的订立程序等。而有时，这样的法律框架又需要十分概括从而使实践更加灵活而富有可操作性。例如在阿富汗，宪政秩序的建立需要留出很大的灵活性，以便适应不可避免的政治环境的变化。

一般而言，各个冲突社会宪政的法律框架至少要包含以下要素：（1）主要的宪法原则或者实质性的宪法条款；（2）宪法组织的工作计划；（3）规定主要任务的时间表；（4）关于制宪组织免于政府控制的承诺；（5）建立宪法组织和指定代表机构的透明规则；（6）规定公众的参与程序，分配时间和资源；（7）规定联合国和国际社会其他机构的角色。①

---

① Jamal Benomar, Constitution-Making and Peace Building: Lessons Learned From the Constitution-Making Processes of Post-Conflict Countries, United Nations Development, August 2003.

三、国家自主权的主导化

与建设和平进程等其他事项一样，联合国也认识到冲突社会重建宪政秩序的进程同样需要坚持国家自主权，在此过程中，官方、政治团体、市民社会以及一般民众充分参与理应为题中之义。制宪，从根本上说，是一种主权行为，只有国家真正主导的制宪行动才能最终成功，联合国的行动也只能是建议或某种程度的参与，或是在关键时刻起到协调性的作用。联合国授权之下的武装团体，如果过多主导整个进程，会造成冲突社会的领导人因为担心联合国或者其他国际援助的减少而饱受压力。任何援助都应从国家或者过渡当局的要求和利益出发，其观点和建议也应该适应国家或者当地的具体环境，从来就没有放之四海而皆准的宪政模式或者进程，也没有普适性的宪政框架。

如前所述，按照联合国秘书长《协助制宪进程指导手册》中所强调的那样，联合国在协助各冲突社会进行宪政法治重建的过程中，应当"保证国家所有权"，① "联合国应当认识到宪政秩序是一项国家主权行为(sovereign national process)，其成功必须保障国家所有权与主导性，而联合国应当审慎提供建议和意见，以避免其援助成为(对冲突社会)强加的宪法"。②

但是，尽管理论上主权与援助的平衡容易界定，但在实践之中，联合国宪政支援与国家所有权之间的平衡却几乎无法实现。从

---

① *See, e. g.*, Muna Ndulo, Constitution Making and Post-conflict States, *available at*, http：//www. jlpp. org/2011/12/29/constitution-making-and-post-conflict-states/, visited on 16 March 2013; *see also*, Ginsburg, Elkins and Blount, Does the Process of Constitution Making Matter?, Annual Review of Law and Social Sciences, Vol. 5, No. 5, 2009; and Philipp Dann, Zaid Al-Ali, The Internationalized Pouvoir Constituant, Max Planck UNYB, Vol. 10 (2006).

② Guidance Note of the Secretary-General: United Nations Assistance to Constitution-making Processes, United Nations Rule of Law, April 2009, *available at*, http：//www. unrol. org/files/Guidance_Note_United_Nations_Assistance_to_Constitution-making_Processes_FINAL. pdf, visited on 15 March 2013.

宪政建设的角度而言，公众参与是制宪进程中发挥国家所有权的最好途径，联合国支持国家民众参与宪政重建的目的是让民众感受到本国在这一问题上的国家所有权；而为了达到这一目的，联合国自身在协调一国的宪政进程时，又要适当调整自己的角色，不能僭越国家主权，又不能远离此种权力中心。对于经历冲突劫难的国家或社会而言，所有现代国家运行机制的崩溃使得重建工作，特别是宪政法律制度的重建，必须以较高的政治和法律水平和较大的公众参与度才能够完成，而这两项在冲突社会虚弱的现实之下显然均无法达到。①

由此可见，在冲突社会宪政秩序重建的过程中联合国处于一种进退两难的境地，这也更证明了联合国在这一问题上不可替代的角色，而联合国合理平衡自己的角色在某种程度上成为冲突社会能否在吸收公众建议的基础上顺利实现宪政秩序的关键因素。

四、宪政建设透明化

从国内法的角度而言，拥有全面参与性和透明性的宪政进程无疑可以提供一种途径供人们去亲历民主治理的过程，以及学习相关的国际法原则和标准，尤其可以在冲突社会提升民众对民主化国家治理的期待。此外，全面和富有参与性的进程也更容易产生被大众认同的宪法框架，包括专业法律人协会、媒体、其他市民社会组织，以及那些被边缘化或者有被边缘化危险的团体在内的社会各个阶层，都应被赋予充分的话语权。从这一层面上来说，宪政秩序的重建有助于国家重建，宪政重建进程如若不鼓励公众参与则会丧失合法性，因此宪政重建可以说是一种赋予大众民主权利的运动。例如南非的宪政重建过程即通过各种管道和方式保障了公众对宪政建设的全面参与，不仅通过电子邮件、会议、调查问卷和网络等多方途径吸取意见，南非还允许媒体广泛报导整个制宪的争论，收到来

---

① Philipp Dann, Zaid Al-Ali, The Internationalized Pouvoir Constituant, Max Planck UNYB, Vol. 10（2006）.

自民众多达两百万条的意见。正是建立在所有这些意见的基础上，南非新宪法草案二稿才产生，最终获得通过。事实上，如果公民能够通过公共咨询和教育参与制宪进程，他们将更容易了解到新宪法被人们接受的程度，抵制违宪行为。此外，社会各界广泛参与整个进程会增强人们的参与感以及彼此之间的信任感，为精英团体、政府与普通公民之间的交流提供广阔的平台。①

如前所述，制宪和和平协定的制定不能是一个重合的过程，而实践中，和平协议的制定可以为实现宪政秩序作出政治上的重要铺垫。如果在和平发展的社会，制宪理应在一种稳定的社会环境中进行，宪法文件本应产生在各方协商、以及广泛、长期的深思熟虑和争论、咨询的基础之上，但是在千疮百孔、百废待兴的冲突社会，这样的宪法和宪政成为奢侈的追求。

尽管如此，不难发现一些较为成功（这种成功不是绝对意义上的，而是在短期内解决了冲突社会面临的问题）的冲突社会宪法都是坚持长期政治谈判的结果。这些广泛却艰难的讨论、谈判构成了各方协商的基础，也在一定程度上推动谈判进程。而实质性的考量也有助于实现政治体系和宪政秩序的长期性、持续性和稳定性。充分的讨论和考量使得各个政治团体在制宪过程中对实现国家和解的承诺更加清晰，也因此增加了他们各自竞相实现承诺的压力和动力。充分的讨论和考量也为多元政治文化的协商与合作打下了基础。例如在纳米比亚，关于宪法的争论持续了长达几年的时间，这个透明过程为未来国家宪政秩序的建立奠定了基础，也为各个政治团体参与政治生活、加强自身能力提供了机会。

五、协助主体的多元化

从协助冲突社会宪政秩序重建的国际主体来看，尽管联合国仍

---

① 关于这一点，详见 R. James Bingen, Overview-The Malian Path to Democracy and Development, R. James Bingen, David Robinson and John M. Staatz eds. , Democracy and Development in Mali, Michigan State University Press, 2000, p. 245。

然占据主导性地位，但仅依靠联合国的力量进行宪政秩序的重建进程不能实现各个政治力量之间的真正平衡。从制宪的角度来看，宪法的制定需要调动广泛的专业资源，开展合作；而长期的宪政秩序也要求在联合国内部以及联合国以外与专业人员广泛合作，以确保最好的国际实践。如前所述，由于在一国宪政秩序的建立过程中，该国自身应该发挥主要作用，所以联合国应该最大限度的协调一国与国际社会的伙伴关系，协助彼此交流最为有效的实践方式。宪政秩序的建立要求不同组织和机构中专家的协作。这也就要求一种所谓的"召集机制"(convening mechanism)，即在指定的专业机构中挑选专家，他们具有流动性和协作性，可以随时根据统一的调派和指挥发挥自身作用，这些机构通常包括：(1)处理政治性事务的机构，例如和平行动部(Department of Peacekeeping Operations)；(2)主管冲突治理的机构，如联合国开发计划署；(3)法律机构，如法律事务办公室等(Office of Legal Affairs)；(4)人权机构，如联合国人权事务高级专员(High Commissioner for Human Rights)；(5)负责保护妇女、儿童、易受伤害人群以及被边缘化群体的机构，例如联合国儿童妇女发展基金组织(United Nations Children's Fund/United Nations Development Fund for Women)；(6)专为保护逃亡者、无家可归者等设立的机构，如联合国难民事务高级专员(United Nations High Commissioner for Refugees)；(7)公众信息部(Department of Public Information)等。

从这一层面上说，专家的参与固然不可或缺，但是更为重要的是专家们可以在需要的时候及时出现在冲突社会，第一时间高效率发挥作用，因此，联合国的协调就很重要。在纳米比亚，宪政专家们加入了关于国家制度的辩论，各个专业团体积极地举办了各种形式的讲座、晚间课程以及工作坊，开展关于宪政的各种讨论，促进了大众对于国家人权保护、政体选择、民主建设的了解和认同。除了宪政专家之外，其他领域技术人员的参与也是一个至关重要的环节。制宪是一个复杂的操作过程，对于预算、教育、咨询、公共关系、援助甚至 IT 等相关领域的专业人员也有较大的需求。同样，一旦冲突社会对人力资源有需要，联合国就应该及时提供相关技术人员，这就要求联合国不仅可以快速调度其内部人员，还要随时与系统外的资源保持联系。①

① Louis Aucoin, The Role of International Experts in Constitution-Making: Myth and Reality, Georgetown Journal of International Affairs, Vol. 5 (2004), p. 89.

下编

联合国各机构在建设冲突社会法治中的作用及中国的贡献

第七章　联合国各机构在建设冲突社会法治中的作用

第一节　大　　会

一、大会在冲突社会促进法治的职权概述

联合国大会作为联合国的最高审议机关，已经形成讨论和制定国际法的一个常规和持久的机制。2013年3月1日，联大第68届会议文件《联合国宪章和加强联合国作用特别委员会的报告》（A/68/33）对联合国作用详细阐释，强调了联合国在"维护国际和平与安全"及"和平解决国际争端"等方面不可替代的作用。大会在这方面的工作主要是通过联合国第六委员会来进行的，它发动和组织多边条约谈判并提供便利，然后向联合国会员国开放条约的签字和批准。此外，它还就国际关系中的各种问题不断通过宣言和决议。这些宣言和决议虽然一般不具有法律上的约束力，但在政治和道德上的感召力和影响力是巨大的。①

如前所述，早在2006年9月13日，联合国大会就决定将国际和国内两级层面的法治纳入到联大议程中。该决议受联合国各个会员国的普遍欢迎，无一反对。自此，法治正式进入联大的工作程序。2006年联合国大会根据第六委员会的报告（A/61/456）通过了A/RES/61/39号决议，强调了国内和国际的法治。然而，从决议

①　曾令良：《联合国在推动国际法治建设中的作用》，载《法商研究》2011年第2期。

的措辞不难看出，文件并没有在既有的理论之上有大的发展和突破，多是"重申"过去文件的理论和精神。较有新意之处是决议最后一段，决定将题为"国内和国际的法治"的项目列入大会第六十二届会议临时议程，且有可能成为长期的关注事项。

二、大会各机构在冲突社会中促进法治的职权

（一）联合国开发计划署（United Nations Development Programme，UNDP）

开发计划署成立于 1965 年。其决策机构是管理委员会，目的在于，帮助发展中国家提高其自然资源和人力资源的创造物质财富的能力。作为联合国技术援助方面的计划管理机构，开发计划署的援助资金来源于联合国成员国的自愿捐款，援款是无偿的。2008年到 2011 年，开发计划署开展了一项名为"在冲突中和冲突后局势下加强法治"的援助项目，（Strengthening the Rule of Law in Conflict-and Post-Conflict Situations），这也是开发计划署在全球范围内为正义与安全而设立的项目。该项目文件在最开始就开宗明义地指出，在联合国体系内外，均一致的将国际和国内两级层面的法治视为人类可持续的和平与发展之前提。而安全与正义也是实现法治的重要基石。在国际层面，要以联合国宪章为准则，努力实现国际主体之间的和平关系；而在国家层面，则要在冲突国家实现重建和平目标，消除贫困，以联合国千年发展目标为准则实现最终的发展目标。作为联合国大会下设的主要负责发展问题的机构，开发计划署主要为受援国提供建立长期发展能力的援助，而不只是物质方面的帮助。①

该项目最终要达到的目的是：在社会转型期间要在恢复的框架内实现法治，例如，包括政权制度、公民社会等在内的国家能力的

---

① UNDP paper, Strengthening the Rule of Law in Conflict- and Post-Conflict Situations: A Global UNDP Programme for Justice and Security, 2008-2011, available at, http://www.undp.org/cpr/documents/jssr/rule_of_law_final.pdf, 访问日期 2012 年 12 月 21 日。

恢复。要特别关注在冲突中受到侵犯的女性的安全，帮助他们声张正义。在技术上支援司法制度和一切硬件的重新建立，实现过渡时期的司法和正义。努力建立民众对于社会和国家的信任和信心，推进各方之间的对话和交流。

（二）建设和平委员会（Peace Building Committee，PBC）

联合国建设和平委员会是根据大会第 60/180 号决议和安全理事会第 1645 号、第 1646 号决议成立的。其建立在 2005 年世界首脑会议成果的基础上（97-105 段），由于冲突后建设和平及和解需要采取协调一致的统筹对策，以期实现可持续和平，故而建立专门的体制化机制，负责满足刚摆脱冲突的国家走向复原、重新融合重建方面的特殊需要，协助其奠定可持续发展的基础。① 可见和平委员会建立的动因就是促进冲突社会的持续和平和法治，因此，其作为大会的附属机构，也是与冲突社会法治最直接相关的。

在剧烈的社会冲突之后如何建设持续的和平是一项颇具有挑战性的工作，需要国际社会和冲突所在国的共同努力，建设和平委员会不仅仅能够协调和支援各项建设和平的项目，并且能够防止冲突进一步恶化。作为一个联合国政府间咨询机构，建设和平委员会能够通过其对国家和平进程的支援，从而加强了整个国际社会实施更加广泛和平进程的能力。具体而言，其作用体现在两个层面：一方面它可以有效汇集各个行为体（国际捐助者、国际金融机构、国家政府和部队派遣国），并调集各种渠道的资源；另一方面，它可以就冲突后建设和平及复原的综合战略提出相关咨询和建议。

未来联合国应进一步发挥建设和平委员会和区域组织的作用，尤其是建设和平委员会应该完善其内部机制建设，加强与联合国其他部门的协调合作，努力探索协助冲突社会建设和平的有效途径。

（三）法律委员会（第六委员会）

根据联合国宪章第 13 条的规定，"大会应发动研究，并作成建议……以促进政治上之国际合作，并提倡国际法之逐渐发展与编

---

① United Nations General Assembly, The Peacebuilding Commission, A/RES/60/180, 30 December 2005, paras. 2-6.

纂。"联合国后续的实践将这一条款解释为一个对国际法进行编纂的授权；而大会也设立了一系列相关的机构来完成这一任务。联合国第六委员会就是这样的工作机构，也称法律委员会，附属于联合国大会，专门负责法律事务。尽管依据所讨论的国际法事务属性的不同，有关国际法造法的谈判可能会在不同的机构进行，但是有关一般国际法的谈判通常都会在第六委员会内讨论。一般来说，所有联合国会员国都是第六委员会事实上的成员，都有权向第六委员会派驻代表，即使是联合国观察员的非国家实体或者梵蒂冈教廷，都可以出席或参与第六委员会的讨论。

第六委员会通常会指定一个主席负责领导各项讨论工作，三个副主席协助主席工作，以及一个特别报告员（Rapporteur）。主席的工作主要是召开正式会议，提出工作计划，还包括解决一些程序上的问题等。第六委员会的开会时间跟联大同步，都是在每年9月到12月。会议之前，先由联大交给六委相关会议议程表，议程通常包括讨论联合国国际法委员会的年度报告，联合国国际贸易法委员会的年度报告，以及其他专门机构的报告和一些特别议题等（如打击恐怖主义）。六委在正式讨论和协商具体提案之后，以相对简单的表决办法（一般都是协商一致通过）作出决议，这些决议案一旦在委员会中获得通过，就提交大会审议，以决定是否正式采用为联大决议。如果一项议题在法律技术上非常复杂，则六委将其提交至联合国国际法委员会，或者再设立一个专门的下属机构进行详细讨论。

联合国在国内和国际两个层面的法治议题通常都会分配给六委进行讨论，提出决议草案，进而形成正式的大会决议。2006年，在列支敦士登和墨西哥的请求下，第61届联大开始将国际和国内两级法治的问题列入临时议程（A/61/142），此后连续四届联大均对该项议题进行了讨论（61/39，62/70，63/128，64/116号决议）。在第65届会议中，联大要求所有利益攸关方加强对话，将国家视角置于法治援助的中心，以加强国家自主权（state ownership）；同时要求联合国秘书长按照大会第63/128号决议的规定，定期及时提交其关于联合国法治活动的下一年度报告；此外，第65届联大决议还认为应当在大会第67届会议高级别期间召开大会关于国内和国际的法治的一次高级别会议，会议的方式已在第 66 届会议期间最后确定。在第 65 届联大的第 32 号决议中，还决定将题为"国内和国际的法治"的项目继续列入大会第 66 届会议临时议程，请各会员国在第六委员会即进行的辩论中重点就"冲突和冲突后情况下的法治和过渡司法"这一分专题（第六委员会主席的说明（A/C. 6/63/L. 23））发表评论，但不妨碍对整个项目的审议，并请秘书长在征求会员国意见后在其报告中提供关于该分专题的资料。其后在联大第 66 届大会上，根据六委的报告（A/66/475），形成决议《国内和国际的法治》（A/RES/66/102）；在联大 67 届大会上，根据六委的报告（A/67/471），形成决议《国内和国际的法治》（A/RES/67/97）。

可见，六委是在大会的指示下对冲突社会的法治问题进行讨论，从而为大会的相关议程提供专业、充分的理论资源。

三、大会在冲突社会促进法治中职权的扩大

联合国宪章第 10 条赋予大会就宪章范围内任何事项进行讨论和向会员国及安理会提出建议的职权。第 11 条则将这种授权具体化，即讨论在维护国际和平与安全方面进行合作的普遍原则，向会员国及安理会提出建议。第 14 条规定大会对于妨碍国际和平的，或由违反宪章宗旨和原则而起的情势，有建议和平调整办法的职权。但是，显而易见，对于维持国际和平与安全，大会的职权只能是讨论和建议，而不能是执行，而且，建议的职权还要受到安理会的限制，即 12 条所规定的只要有关维护国际和平与安全的事项正在安理会的日程安排中，大会就不得就该事项提出建议，除非安理会对此提出要求。①

但是，第 12 条的限制引发了两个问题，首先，只要安理会未就某一事项请求大会提出建议，大会是否一定不得提出建议？大会是否在特殊情形下可以就该事项提出相关建议呢？其次，在安理会

---

① *See* Martin Dixon, Robert McCorquodale and Sarah Williams, Cases and Materials on International Law, Oxford University Press, 2000, p. 85.

无法作出决定而存在陷于瘫痪的状况，而安理会又未请求大会参与，大会是否可以不经请求而提出自己的建议？① 如果后两个问题的答案是肯定的，那么显然没有依照严格的对条约进行文意解释的方法，而是考虑了宪章根本目标，而进行了更为灵活的目的解释。事实上，早在20世纪50年代，大会就已经尝试突破第12条限制，制定名为《联合一致共策和平》的第377A号决议。该决议的产生也是为了弥补安理会"大国一致"表决原则的缺陷。根据该决议，在面对危及和平的情势、破坏和平或侵略的行为时，如果安理会由于5个常任理事国未能一致而不能履行其维护国际和平与安全的职责，大会应对这种情势或行为进行审议并提出建议。②

国际法院在2004年"关于在被占巴勒斯坦领土上建立隔离墙的法律后果"的咨询意见中再次引用了这一决议来说明大会有权在安理会无法作出决定时就维护国际和平与安全问题作出决议，从而再一次肯定了这一决议的权威性。国际法院虽然认为向法院提出发表咨询意见的请求不属"建议"的范畴，但认为有必要对宪章第12条进行解释，以回答有关大会在未经安理会请求而提出建议是否越权的问题。③ 国际法院通过对宪章的解释而对大会扩展其职权行为的认可，具有极大的影响力，而其对于宪章的解释也应属于有权解释。④

---

① 司平平：《联合国大会维护和平职能的扩展——对〈联合国宪章〉第12条逐步扩大的解释》，载《法学评论》2007年第2期。其后的实践也一再强化了该决议的精神，大会于1958年和1960年依据该决议就南非问题、安哥拉问题、突尼斯问题、纳米比亚问题和塞浦路斯问题提出过建议。近年来又依据该决议处理过波黑问题和索马里问题。

② 参见许光建等编：《联合国宪章诠释》，山西教育出版社1999年版，第119~120页。

③ International Court of Justice, Advisory Opinion in the case concerning the Legal Consequences of the Construction of a Wall in the Occupied Palestinian Territory, 9 July 2004.

④ 法院不但在当事国一致授权审理的诉讼案件中有权对有关条约进行解释，而且根据宪章第96条，经大会或安理会请求，有权对于任何法律问题发表咨询意见。因此，大会或安理会的请求成为法院对条约有权解释的基础。

同样，在2010年的"科索沃宣布独立咨询意见"案中，国际法院的解释也已经清晰的体现出宪章第12条的适用在实践中已经逐渐扩大。①

第二节　安　理　会

一、安理会对冲突社会法治的作用概述

如前所述，促进和推动国内和国际两级法治在联合国整个组织层面均需要广泛协调和行动，一方面，包括国际劳工组织在内的联合国专门机构和19个国际组织已经在超过35个国家和地区开展建设法治的工作；② 但另一方面，根据联合国宪章的规定，联合国安理会仍然是对维持国际和平与安全负首要责任的联合国机关，职能主要包括断定任何对和平的威胁，以及破坏和平或侵略行为是否存在。传统上，安理会拥有制定执行性规范的权力，而所有成员国甚至非成员国均应当遵守安理会决议的规定。由于国际法治与维持国际和平与安全密不可分，安理会在国际法治方面，尤其是在维护和建设冲突社会的法治时也就具有了无可替代的重要地位和作用。③

总体而言，在安理会的国际实践中，其所发挥的作用涵盖了国际冲突的三个阶段，包括预防武装冲突、冲突爆发后停火与维持和

---

① 这一点将在本章第三节国际法院的问题中详细说明。

② UN Entities and Specialized Agencies: On-going Process to Strengthen Coherence and Coordination of UN Rule of Law Work, *available at* http://www.unrol.org/article.aspx?article_id=19, visited on 31 December 2011.

③ 2010年6月26日，为回应国际社会的关注，安理会举行关于"在维持国际和平与安全过程中促进和加强法治"的公开辩论。三十四个国家和欧盟代表作出发言，强调安理会应当对进一步将法治纳入其日常工作并加强其本身遵守法治的特别作用和责任。6月29日，安理会就这次会议审议的"在维持国际和平与安全过程中促进和加强法治"问题发表了主席声明："安全理事会再次承诺维护《宪章》和国际法，维护建立在法治和国际法基础上的国际秩序，因为它是各国相互和平共处和合作应对共同挑战必不可缺的，有助于维护国际和平与安全。"UN Doc. S/PRST/2010/11，2010年6月29日。

平，以及冲突社会的建设和平与恢复法治。根据一些学者的界定，国际社会最常见的是四种冲突类型，即国家之间的武装冲突、国家内部的武装冲突、破坏国际法规则的国家，也就是所谓的无赖国家（Rogues）之间的武装冲突以及国际恐怖主义。① 这也恰恰构成对国际和平与安全的四种威胁因素。但无论面临何种冲突，安理会均承担着预防和阻止冲突爆发的责任。② 安理会因此作出了大量的努力，对可能爆发武装冲突区域的事态发展建立了定期评估机制，并且积极与有关的区域和次区域组织密切协商，共同协调预防冲突的爆发。而在冲突爆发之后，安理会同样采取了相当数量的措施，包括授权武力行动在内的强制行动，以维持和恢复和平。此外，如前文所述，在过渡司法机制的建设中，安理会也不断积极作出努力，恢复地区和平与法治。

但是，从实施效力来看，无论是安理会的预防冲突措施还是重建和平的措施，除了强制性武力行动之外，安理会的上述措施通常具有软法性缺陷，即尽管其决议依据宪章第 25 条应当为所有成员国所遵守，但在国内层面却缺乏足够的强制力保障其决议的实施。因此，《联合国宪章》第七章还赋予了安理会采取强制执行措施的权力，使得一旦上述建议性措施均告失败，安理会就可以诉诸强制性制裁的手段。

从安理会的实践可以看出，目标明确的制裁（金融、旅行、航空或武器禁运）能够发挥重要的作用，一方面，制裁措施可以向应当承担主要国际法律责任的人或实体施加压力，另一方面又可以将

---

① Andrea Charron, UN Sanctions and Conflict：Responding to Peace and Security Threats, Routledge, pp. 16-153.

② 这一点在 2005 年安理会"加强安理会预防武装冲突的效力"的第 1625 号决议中得到强调，指出应当"加强联合国在预防暴力冲突方面所起的重要作用"，同时需要"采取广泛的预防武装冲突战略，全面消除武装冲突和政治、社会危机的根源，具体办法包括促进可持续发展，消除贫穷，实现民族和解，实行良政、民主、两性平等、法治，尊重和保护人权"。参见联合国安理会第 1625（2005）号决议，2005 年 9 月 14 日安全理事会第 5261 次会议通过，S/RES/1625（2005），2005 年 9 月 14 日。

对人道主义的影响控制在最低程度，不仅与联合国强制军事行动例如维和部队相比费用较低，还可以根据具体情况进行调整。安理会的制裁通过对违反国际标准和法律者实施孤立，即使是最温和的制裁措施（例如禁止目标国参加体育竞赛等）也可以产生十分重要的象征性作用。此外，也正是因为安理会制裁措施的强力，甚至于威胁实施制裁本身就已经可以构成安理会一个十分有力的威慑和预防手段。安理会通过这种方式行使其职权，为保护武装冲突中的平民、保护人权和保护受战争影响的妇女、儿童发挥了较大的作用。通过安理会的有关决议而成立的前南斯拉夫国际刑事法庭和卢旺达国际刑事法庭以及相关的制裁决议可谓是这些方面的最好例证。①更重要的是，安理会制裁措施能够贯穿联合国处理国际冲突进程始终，无论是在冲突的预防、爆发还是冲突后的维护和建设阶段，制裁措施均都能发挥重要的作用，无疑是安理会在冲突社会中发挥影响力的重要保障。

二、安理会促进冲突社会法治的重要工具：制裁措施

制裁措施是安理会在不诉诸武力情况下用于应对和平与安全所受威胁，包括各种新挑战的重要工具。不仅安理会自身也多次承认，"制裁是维持和恢复国际和平与安全的一个重要工具"，②而且制裁制度和相关监测机制的实践也在日益增多。尽管联合国宪章第 41 条被公认为是制裁的法律依据，但是宪章中并没有"制裁"这样的措辞。第 41 条同时也是一个开放型的条款，显然宪章的制定者在措辞上很谨慎，这样该条所涵盖的措施就十分广泛，首先，只要是非武力的、符合国际法规则的措施，安理会就可以选择性适用。可见，宪章对制裁的对象无限制，既可以是一个主权国家，也

---

① 曾令良：《联合国在推动国际法治建设中的作用》，载《法商研究》2011 年第 2 期。

② 参见联合国安理会第 1625（2005）号决议，2005 年 9 月 14 日安全理事会第 5261 次会议通过，S/RES/1625（2005），2005 年 9 月 14 日；另见《安全理事会制裁的一般性问题非正式工作组关于其 2005 年活动的报告》，UN Doc. S/2005/842，2005 年 12 月 29 日。

可以是一个机构、企业、或是三者的结合。其次，具体中断的物品也不限制，可以是铁路、航空、自然资源等。对于中断措施的执行方式没有限制，可以是一方面的，可以几种方式并用，也没有说明这些措施所造成后果严重程度的限制。最后相应的，可以为制裁对象提供什么样的供给也没有具体化，按照第 41 条，可以中断该国的任何资源，甚至连该国自有的机场和航线都可以关闭。

联合国宪章的制定者显然是吸取了国联在这方面的教训，认为在二个国家之间起冲突之时，应该以一种强制性的手段去控制事件发展的情势，而这种手段的范围和强度要足以制止未来可能爆发的战争，因为国联引入的是一种只用经济制裁化解冲突的方式，二战的爆发和不可控之势证明这种方式是不足的，这样的两国之间的冲突随时可能爆发新的世界性的战争。然而相比之下，国联公约第16 条第(1)款却对制裁的定义有着严格的界定。例如，只有国家之间的战争才能构成制裁的基础原因；此外，也许这一点与第 16 条的精神不相吻合，即各国可以自行决定是否对一国采取制裁，而不是由国联径自决定；安理会在制裁的决策方面体现的可谓是严格的集权方式；因此，在这个意义上，联合国又被一些学者称为是最有权力的国际组织，是它让一个政治性的联合国具有法律的强制力量。① 也因此，制裁措施成为宪章向安理会赋权的最有力工具。

表面上看，联合国制裁的直接目的是为了恢复国际和平，而不是为了恢复国际法治，但是采取制裁措施是以存在威胁和平与破坏和平的行为或侵略行为为前提条件的，虽然不是所有的国际不法行为都将危及或实际破坏国际和平与安全，但对于国际和平和安全的破坏无疑是严重违反国际法的行为。② 因此，联合国制裁实际上也是对国际法治的维护和促进，尤其是在冲突社会之中，对国际法的违反和破坏更加严重，制裁措施的实行不仅能够在消极意义上抑制

---

① Vera Gowlland-Debbas, ed., United Nations Sanctions and International Law, Kluwer Law International, 2001, p. 401.

② 简基松：《联合国制裁之定性问题研究》，载《法律科学》2005 年第 6 期。

对国际法治的破坏，同时还能够在积极意义上促进国际法在目标国得到良好的执行。在过去十年的安理会制裁实践中，安理会共对超过十个以上的国家或地区实施了包括全面的经济和贸易制裁在内的（或更为具体的制裁措施，如武器禁运、旅行禁令、财政或外交限制）多种制裁手段。① 因此，可以说，联合国制裁措施不仅是安理会维护法治的重要工具，而且也是在实践中也较为成功的工具。

联合国是世界在遭受了两次世界大战摧残的背景下建立的普遍性国际组织，因此，其核心机构安理会的目标也就在于建立以大国为导向的维持国际和平与安全机制，因此安理会的政治性是无可辩驳的。但是，这并不代表安理会制裁措施仅仅是政治工具而非法治手段，也不意味着安理会自身不需要受到法治的约束。

对于安理会而言，尽管许多国际政治学者倾向于将其界定为一个政治机关，② 但不可否认的是，安理会作为联合国法律体系的核心，具有代表国际法律共同体的能力。根据《联合国宪章》第24条的规定："为了保障联合国行动迅速有效，各会员国将维持国际和平与安全之主要责任授予安理会，并同意安理会于履行此责任下之职务时，即系代表各会员国。"由于国际法律共同体的主要成员是国家，而安理会在采取制裁措施维持国际和平与安全时，所代表的也是各成员国的法律意志，因而，联合国制裁是安理会代表国际法律共同体采取的。

此外，安理会的制裁措施在本质上也是一种法律程序。制裁措施是安理会在冲突社会促进法治的最主要工具，是冲突中最为有力的政策工具，也是决定冲突性质和未来发展方向的重要因素。安理会的制裁权来源于宪章，同时又受制于宪章。比如制裁启动的前提条件、制裁的方式、制裁的执行、对第三方所受影响的处理、制裁

---

① 这些国家包括：伊拉克、前南斯拉夫、利比亚、海地、利比里亚、卢旺达、索马里、争取安哥拉彻底独立全国联盟（安盟）驻安哥拉的军队、苏丹、塞拉利昂、南斯拉夫联盟共和国（包括科索沃）、阿富汗、埃塞俄比亚与厄立特里亚、伊朗以及朝鲜民主主义共和国等。

② K. Gyeke-Dako, Economic Sanctions under United Nations, Ghana: Ghana Publishing Corporation, 1973, pp. 4-5.

的组织等都必须以宪章为依据。制裁措施是否依照宪章和法治原则去制定和实施，直接决定了冲突社会恢复和平和法治的效果。如果制裁措施被滥用或者误用，则不仅无益于法治，更是会成为新一轮矛盾的导火索，引发更大的冲突。

如前所述，安理会对法治的依赖也使得其自身在促进法治方面的表现大大提升。尽管安理会决议并未在适用制裁措施和推进法治之间建立明显的联系，但是这一联系已经在安理会关于建立或者修改制裁机制的辩论中建立起来了。1990 年 8 月，当安理会决定制裁伊拉克之时，联合国就强调即将采取的制裁措施旨在避免对于国际法的无视。① 在 2005 年 10 月，当安理会准备通过制裁措施惩罚对前黎巴嫩总理哈里里进行恐怖主义炸弹袭击的嫌疑犯之时，丹麦即指出："在黎巴嫩主权和领土完整正处于危急的时刻，也正是体现法治和联合国决议可信度的时刻。"②在一次次的辩论中，安理会的制裁均被描绘为一种可以增强和促进法治的工具，但是为确保其行动真正促进法治，安理会也应该确保自身非凡的权力不被误用或者滥用。

此外，安理会及其制裁实践也与法治息息相关。为了使其决议更加有效，安理会依赖其各个成员国对于法治的遵守。安理会也越来越多地倡导法治的重要性，明确表现出对各国遵守法治的期待。联合国的制裁措施不是自我实施的，为保障制裁措施的有效实施，安理会在很大程度上都需要依赖于成员国的善意和信念，以及成员国对于法治理念的信仰，制裁才能真正实施。宪章第 2 条第 5 款规定了联合国和成员国应该对安理会依照宪章所作出的行动予以支持和协助，以实现联合国的宗旨和目标。宪章第 25 条规定了成员国具有实施安理会决议的法律义务，但如果成员国不遵守安理会决议，制裁将宣告无效。所以安理会的制裁措施与成员国的法治有着

---

① 《关于第 660(1990) 号决议的评论》，UN Doc. S/PV. 2933, 6 August 1990, p. 18.

② United Nations Security Council, The Situation in the Middle East, S/PV. 5297, 31 October 2005, pp. 3-4.

一种紧密的联系。而换个角度，成员国是否遵守安理会的制裁决议在很大程度上取决于该项制裁措施是否是安理会在法治的基础上作出的。因此，在某种程度上，安理会制裁实施的效果与安理会自身以及成员国的法治状况有着不可分割的关系。还有一些学者认为当决定是否采取制裁措施时，安理会不能采用所谓的双重标准（double standards），一旦实施制裁措施，他们应该以一种统一和一致的方式去适用。① 应该去保证制裁的透明度和合乎比例原则，否则小国将会遭到边缘化的危险。

总之，对安理会而言国际法治规则与其有着复杂而多面的关系；一方面，安理会是个政治机构，因此决策在很大程度上受到外界的操纵，但是在政治环境下作出的决策又对成员国有着必然的法律约束力。另一方面，它有权力根据授权使用武力或者非武力的行动，而这些行动又有着深刻的法律含义。因此，可以说安理会恰恰座落于国际政治和国际法之间的显著位置。

三、安理会制裁措施的限制

（一）宪章的限制

宪章第 24 条和第 25 条隐晦的指出安理会的制裁权力并非是没有限制的；第 24 条中没有标明要受到何种限制；而第 25 条指出联合国成员国同意根据宪章遵守并实施安理会的决议。然而，宪章中仍然没有明确的是"与宪章义务相符"的主体究竟是成员国的行动还是安理会的决议。② 因此，第 25 条可以被解释为成员国只有义务实施那些与宪章一致的安理会决议。但是，这两个条款至少同时表达了一个理念，即安理会不可能在毫无限制的情况下实施其制裁措施。

尽管联合国的基本目标和原则都可以算是对安理会权力限制的

---

① United Nations Security Council, Verbatim Record, S/PV. 2977, Part I: 13 February 1991, pp. 27-28 (Cuba); United Nations Security Council, Verbatim Record, S/PV. 3046, 31 January 1992, p. 79 (Cape Verde).

② Bernd Martenczuk, The Security Council, the International Court of Justice and Judicial Review: What Lessons from Lockerbie?, European Journal of International Law, Vol. 10, p. 535.

相关规定，但是这些限制规定的都不甚清晰。这些规定中包含的精神是广泛而抽象的，可以进行开放性的解释。事实上，正如人们描述的那样，这些条款过于宽泛和概括，以至于不能够真正的对安理会的权利作出限制。①

以宪章为基础的另一个限制还来自于第 39 条本身：安理会断定一项情势是否构成对国际和平的威胁、破坏以及是否构成侵略行为的裁量权，受限于该项情势"与国际关系中使用武力存在可证实的关联"，或明确的"对国际关系的冲击"。然而，关于宪章第 39 条所规定的安理会自由裁量权是否存在限制的问题，在安理会的实践中也存在着互相矛盾的理解，前南国际刑庭在塔迪奇（The Prosecutor v. Dusko Tadić）一案中认为，安理会在断定何种程度的情势将构成对和平的威胁这一问题上，并不存在完全不受限制的裁量权。② 然而在卢旺达国际刑庭坎亚巴施一案（Prosecutor v. Joseph Kanyabashi）中，卢旺达刑庭却裁定安理会依据宪章第 39 条所实施的裁量权不可审查。③ 而在洛克比空难案中，许多法官均表达了同样的观点，即认为安理会在实施宪章第七章所赋予的权力时，享有专属的自由裁量权。④

---

① "far too vague and general . . . to provide a meaningful limitation of the Council's powers". Bernd Martenczuk, The Security Council, the International Court of Justice and Judicial Review: What Lessons from Lockerbie?, European Journal of International Law, Vol. 10, p. 542.

② Prosecutor v. Dusko Tadić, ICTY, Case No. IT-94-1-AR72, 2 October 1995, para. 29.

③ Prosecutor v. Joseph Kanyabashi, Case No. ICTR-96-15-T, Decision on the Defence Motion on Jurisdiction, 18 June 1997, para. 20.

④ See, e.g., Questions of Interpretation and Application of the 1971 Montreal Convention Arising from the Aerial Incident at Lockerbie (Libya v. United States), Provisional Measures, ICJ Reports (1992) 114, 176 (Judge Weeramantry, dissenting opinion); Questions of Interpretation and Application of the 1971 Montreal Convention Arising from the Aerial Incident at Lockerbie (Libya v. United Kingdom), Preliminary Objections ICJ Reports (1998) 2, 110 (Judge ad hoc Jennings, dissenting opinion).

由此可见，不管是宪章序言所规范的联合国的基本目标、宗旨等概括性的规定还是第 39 条具体的规定都不是对于安理会制裁权力的明确、无可争议的限制。

(二)国际司法机构的限制

安理会的权力需要受到限制，这一观点在不同场合得到国际司法机构的反复确认。在国际法院联合国费用咨询案(Certain Expenses Case)之中，国际法院认为，联合国安理会的权力并不是无限制的，而一旦安理会的行动被认为是维护国际和平与安全之时，其前提必须是安理会并没有超越权限(*ultra vires*)行动。①

前南国际刑庭的设立对安理会来说，即是一个颇具争议性的案例。在塔迪奇案中，前南国际刑庭也承认，无论安理会的权力范围有多么广泛，也必须受到宪章的限制。②

前南刑庭作为一个临时性的特设国际法庭③，其设立基于三个目的：一是制止在前南斯拉夫境内发生的违反人道法和违反基本人

①　Certain Expenses of the United Nations, Article 17, Paragraph 2, of the Charter, Advisory Opinion of 20 July 1962, ICJ Reports 151, 168.

②　Prosecutor v. Dusko Tadić, ICTY, Case No. IT-94-1-AR72, 2 October 1995, para. 28.

③　国际公法领域通常具有四种建立国际法庭的方式。第一种，在已有国际组织的体制之外，根据所有的成员国的合意缔结一个条约，比如《国际刑事法院罗马规约》，在条约的基础上建立一个刑事法院，即国际刑事法院。国际刑事法院是一个永久性的法院，它的目的是针对犯有战争罪、反人类罪、种族屠杀罪的犯罪者追究个人的刑事责任。"二战"之后的远东国际军事法庭与纽伦堡国际军事法庭也曾经是依据条约建立的。第二种，例如前南斯拉夫国际刑事法庭和卢旺达国际刑事法庭，它是根据联合国安理会的决议成立的，属于联合国框架下安理会的一个辅助性机构。它被称为特设(*ad hoc*)法庭，具有特定的管辖权。第三种是国际法院(ICJ)。这个法院是在《联合国宪章》的框架下成立的，是联合国本身的一个常设性的国际司法机构。国际法院主要调整国家与国家之间的纠纷。所以其管辖的内容有别于前两种国际法庭。第四种是相对而言可称为新生事物的混合型法庭，例如在柬埔寨成立的法庭，它是由联合国与当地机构建立的一种混合型的司法机关。它由三个法官组成，两个来自于当地，一个是国际法官。这样既能保证国家主权，又能受到国际力量的监督。相似的还有非洲的塞拉利昂国际法庭。

权的犯罪；二是采取有效措施将对这些罪行负有责任的人交付法庭审判；三是通过依法起诉和审判罪犯，恢复和维持国际和平。该法庭所审判的第一例案件，即塔迪奇案件具有历史性意义。① 前南斯拉夫国际刑事法庭不是通过国家之间缔结条约而建立的，而是通过安理会这个政治性机构的决议而成立的。与依据有关国家缔结条约设立的法庭不同，安理会建立前南刑庭这个特设法庭（*ad hoc*）的权限不可避免会受到质疑。被告针对前南刑庭建立的合法性提出了挑战。而上诉分庭强调，如果一个组织需要通过其成员作为中介来执行某种措施，则可以优先依靠其机关自身来实施某种措施（即指建立前南刑庭的措施）；只有在不具备以成员国为中介执行措施的情形下，联合国才会通过其会员国采取"集体措施"行动（即"促请联合国会员国执行此项办法"），这是一种次等的选择。

安理会建立前南刑庭的措施完全是在《联合国宪章》第41条规定之内的，前南刑庭是当时前南局势之下，安理会依照《联合国宪章》条文成立的司法机构。虽然没有明文规定和明示权力，但是安理会的隐含性权力和《联合国宪章》的默示性规定给了前南刑庭以成立的空间。

---

① 被告达斯克·塔迪奇是波斯尼亚塞族人，其父是二战英雄，因此其家族在当地很有威望。1990年他加入塞族民主党。1992年8月，塔迪奇当选为该地区塞族民主党地方委员会的主席并被任命为社团的执行书记。1994年2月12日，塔迪奇因涉嫌于1992年6月在前南斯拉夫奥马斯卡（Omanska）集中营犯有酷刑罪、种族灭绝罪并违反德国法律，被德国警方逮捕。1995年2月13日，前南刑庭法官卡利比怀特确认了对塔迪奇提出的起诉书并发布了逮捕令。1995年4月24日，塔迪奇被移交到位于海牙的前南刑庭。检察官指控被告参与了1992年塞族控制下的、在波黑西北部普里耶多尔地区（Prejedor）发生的种族清洗活动。包括抓获穆斯林人和克罗地亚人，并将他们监禁在奥马斯卡（Omanska）、克拉特姆（Keratern）和特诺波利（Tropolje）集中营；使用武力或以武力相威胁驱逐和放逐了普里耶多尔地区大多数的穆斯林和克罗地亚居民；而且被告在集中营内外参加了对穆斯林和克罗地亚人实施的屠杀、酷刑、性侮辱和其他虐待行为。因此，被告被指控犯有严重违反《日内瓦公约》、违反战争法和惯例以及危害人类罪（或者称反人道罪）等31项罪行。

（三）强行法规则的限制

除了宪章的限制之外，宪章之外也有很多限制安理会行动的渊源，其中最为著名的是国际强行法规则，也就是通常所称的强行法（*jus cogens*）。强行法规则的概念在维也纳条约法公约中有所规定，"一般国际法强制规律指国家之国际社会全体接受并公认为不许损抑且仅有以后具有同等性质之一般国际法规律始得更改之规律"。①

强行法的重要意义在于其事关全体国际社会的福祉甚至是性命攸存，不容许被违反或者破坏。正因为其具有如此的重要性，安理会也被强制要求遵守这些规则，因此如果安理会的某一项决议违反了这些规则，则自始即为无效。然而时至目前，究竟哪些规则属于国际强行法还没有确切的界定；但一些安理会所必须遵守的规则则可以看做是潜在的强行法规则，例如禁止使用武力原则，民族自决原则以及基本人权与国际人道法的规定等。

欧盟法院最近的一起案例——卡迪诉欧盟理事会和欧盟委员会（Appeal Case before the General Court T-315/01 - Kadi v Council and Commission 以及 Appeal Case before the Court of Justice C-402/05-Kadi and Al Barakaat International Foundation v Council and Commission）体现了强行法对安理会制裁的限制。

联合国安理会在 1999 年通过了 1267 号决议，对那些与本拉登、塔利班以及基地组织有关联的个人或者组织实施包括冻结资金在内的制裁。安理会还根据该项决议成立了制裁委员会，负责制定与恐怖主义相关联的名单。为了执行联合国的决议，欧盟根据共同外交和安全政策条款采取了共同立场（1999/727/CFSP），对出现在制裁委员会名单中的人员和组织冻结资金。2001 年"9·11"事件后，安理会又通过了一系列加强反恐的决议；同年制裁委员会把沙特阿拉伯公民卡迪（Kadi）和成立于瑞典的巴拉卡特国际基金（Al Barakaat）列入黑名单。为了执行安理会的新决议，欧盟理事会通过了第 881/2002 号规定，冻结制裁委员会名单中的那些自然人和法人的所有资金和经济资源。于是卡迪和巴拉卡特在欧盟初审法院

---

① 1969 年《维也纳条约法公约》，第 63 条。

提起诉讼，诉讼请求包括：欧共体缺乏管辖权；他们包括公平听证权、尊重财产权、有效司法审查权在内的基本权利遭到了侵犯。

初审法院驳回了上述请求，确认了欧盟理事会相关规定的有效性（Judgment of the Court of First Instance on Kadi v Council and Commission）。① 初审法院认为，既然联合国安理会决议对所有成员国有约束力，安理会决议不属于法院审查范围，不能依据欧共体法律来质疑安理会决议的合法性。

卡迪和巴拉卡特不服初审法院的判决，于 2005 年 11 月在欧盟法院进行上诉。提出了三个上诉理由：欧盟理事会相关规定在欧共体法中缺乏法律依据；欧盟理事会相关规定直接歧视个人权利，对个人实行制裁，缺乏普遍适用性，因而违反了《里斯本条约》第 55 条（即前欧共体条约第 294 条，EX Article 294 TEC）；欧盟理事会相关规定侵犯了其基本权利。对于前两个上述理由，法院确认了初审法院的判决。②

针对第三个上诉理由，欧盟法院第一次确认其对执行安理会决议的欧盟措施拥有司法审查权，从而否定了初审法院关于缺乏司法审查权的判决。欧盟法院认为，欧共体司法管辖权必须确保构成欧共体法律一般原则的基本权利，对欧共体各种措施的合法性进行审查，包括对各种执行与《联合国宪章》第七章有关安理会决议的欧共体措施进行审查。③ 法院根据基本权利对欧共体措施的有效性进

---

① 关于管辖权问题，初审法院认为，虽然欧盟条约第 60 条和 301 条仅明确规定了可以对第三国实施制裁，没有涉及个人，但是诉诸第 308 条的"剩余权力"，欧共体有权对个人采取相关措施。因而，在欧共体条约第 60 条、301 条、308 条发生合力效果下，欧盟理事会的规定并没有超越"条约构建的欧共体权力框架范围"。关于基本权利问题，初审法院认为其无权审查联合国安理会决议是否符合基本权利，因为联合国安理会决议对欧共体所有成员国有约束力，并且通过联合国宪章第 103 条优先于欧共体条约义务。

② Judgement of the ECJ in Joined Cases C-402 /05 P and C-415 /05 P, Yassin Abdullah Kadi and Al Barakaat International Foundation v Council of the EU and Commission of the EC（ECJ Judgement），paras. 237-247.

③ *Ibid*, para. 326.

行审查，必须看做对建立在法治基础上的欧共体社会的宪政保护。这种宪政保护源自于作为自治法律体系的欧共体条约，这种自治法律体系不应该遭到国际协议的歧视。① 该法院在确认欧盟法院的司法审查权时，又对审查权的范围作出了限定，即对合法性的审查仅适用于执行国际协议的欧共体措施，而不是适用于国际协议本身。根据《联合国宪章》第 103 条规定，联合国宪章义务优先于其他国际条约义务，因此法院无权审查安理会决议是否侵犯了基本权利，除非安理会决议违反了国际强行法。

欧盟法院无权审查国际机构采取的决议，即便法院把审查权局限于检查该项决议是否与国际强行法规范相符合。因而法院判定执行安理会决议的欧共体措施违反欧共体法律秩序的上位法律规则，并不是对该项决议在国际法上的优先性进行挑衅。② 在确认其具有司法审查权后，欧盟法院认为上诉人的听证权、财产权和有效法律救济权等基本权利皆受到了侵犯。

欧盟法院的判决必将促使安理会今后通过相关决议时注意人权的保护，以增加安理会决议的合法性。一般而言，安理会在处理诸如基地组织这样的全球威胁时，具有至上的权力，《联合国宪章》第 25 条和 103 条相结合甚至可以使安理会决议超越人权，无视人权公约的束缚。③ 诚然，根据《联合国宪章》第 25 条和 103 条规定，联合国会员国在执行安理会决议和履行其他国际协议义务之间发生冲突时，必须优先履行安理会决议。

因此，不难看出无论是宪章的规定还是强行法的限制，事实上并没有对安理会的权力起到什么实质上的限制作用。安理会在制裁

---

① Judgement of the ECJ in Joined Cases C-402 /05 P and C-415 /05 P, Yassin Abdullah Kadi and Al Barakaat International Foundation v Council of the EU and Commission of the EC (ECJ Judgement), para. 316.

② Judgement of the ECJ in Joined Cases C-402 /05 P and C-415 /05 P, Yassin Abdullah Kadi and Al Barakaat International Foundation v Council of the EU and Commission of the EC (ECJ Judgement), paras. 286-288.

③ JE Alvarez, International Organizations as Lawmakers, Oxford University Press, 2005, p. 207.

措施这一问题上还是具有绝对的权力。然而，作为安理会针对冲突社会的冲突预防、管理和解决等各个方面问题而采取的最重要工具，制裁措施不应是一种完全不受任何限制的绝对权力。否则，介于政治和法律属性之间的安理会会逐步滑向完全依赖政治利益行事的深渊，这不仅会给冲突社会的法治建设带来颠覆性的破坏，更会为国际和平与安全带来灾难性的影响。

四、安理会制裁措施的法治缺失

过去的 60 多年，联合国安理会通过实施制裁措施，处理了多种多样冲突社会的和平与安全问题。西方有学者详尽探讨法治的核心内涵，归纳出法治要求透明、一致、平等、正当程序以及符合比例性。① 笔者将以安理会的制裁措施为视角，分别从这五个方面中探讨安理会制裁措施的不足。

（一）透明度的问题

透明度原则要求所有实施政治权力的决策程序都尽可能的清晰透明。由此，安理会决议的决策过程应当对那些会受到制裁措施影响的当事方，以及更广泛的公众均开放透明。

在联合国的制裁措施下，透明度要求安理会的决策程序是公开的。理论上，安理会最终达成制裁决议的考量应当成为公开纪录，并且该项决定本身也应当具有清晰明确的合法授权。而安理会在这方面一直无法令人满意。尽管一些提升透明度的举措确实值得肯定，② 但导致制裁措施最终通过的关键性谘商问题却往往发生在闭门会议期间。此外，这些决议本身也无法就某一具体问题给予透明的合法化说明，对其目的也没有给出明确清晰的蓝图。

以下将主要从安理会决策过程的透明度问题和制裁决议的透明

---

① Jeremy Matam Farrall, United Nations Sanctions and the Rule of Law, Combridge University Press, 2007, pp. 185-229.

② See Susan C. Hulton, Council Working Methods and Procedure, David M. Malone ed., The UN Security Council: From the Cold War to the 21st Century, Lynne Rienner, 2004, pp. 245-247.

度问题两个方面进行阐述。

1. 安理会决策过程的透明度问题

决策过程方面，在安理会的早期实践中，代表的长时间辩论并不多见，① 安理会议程的早期官方记录表明，许多艰难的讨论发生在通过决议草案之时，各个外交代表针对决议草案中的具体条款展开大量的争论。这样的争论时而非常激烈，甚至在形成最后文本之前要讨论不计其数的草稿文本。而在正式会议之后的非正式会谈也往往同时展开，这些非正式谈判的过程却是公众无从知晓的，也正是在这些谈判之中，安理会成员对不同代表提出的草案进行了审读。逐渐的，安理会的成员开始注重自身在公众眼中的形象。随着安理会引入"非正式会谈"的实践，非正式讨论的方式也随之逐渐制度化，1978 年安理会甚至建立了专门的会议室以进行上述会谈。② 由此，非正式会谈成为了安理会的固有程序，大量的安理会事务越来越多地进入非正式会议而不再是在正式会议室展开讨论。

然而，时至今日，非正式会谈时的内容依旧维持保密的状态，无法在官方文件中找到记录，而参与会谈的工作人员也受到严格的限制。自安理会引入非正式会谈制度以来，许多本应在正式会议中进行辩论的决议草案越来越多地转入非正式会谈的闭门会议中进行。这一点从官方会议记录文件的对比中可以明显看出，早期安理会会议记录中常见对决议草案公开的分析和辩论，而这在随后的官方记录中几乎绝迹。目前安理会的决议草案已经极少进入正式会议程序，除非安理会成员已经决定将其最终投票。因此，从这个意义上说，正式会议的投票结果事实上已经在非正式会谈中预先决定了。尽管在正式会议上出于对即将付诸投票的决议草案的尊重，可

---

① For examples of such debates, *see* United Nations Dept. of Political and Security Council Affairs, Repertoire of the Practice of the Security Council, Supplement for 1946-51, Chapter VIII.

② Sydney Dawson Bailey and Sam Daws, The Procedure of the UN Security Council, Clarendon Press, p. 62.

能会有简短的会员国重述立场，但从这些可公开的会议记录中已经无从得知安理会是如何进行最终决策的。安理会有时甚至会不经讨论直接通过决议，自然也就没有公开的会议记录，这使得分析决策背后的法理问题更加变得无迹可寻。尽管，这并不意味着安理会绝对不公开的讨论重要议题，很多关乎联合国安理会职责的议题，例如儿童与武装冲突、妇女、和平与安全、非洲粮食危机对和平与安全的威胁、司法和法治等，都是在公开的会议中进行讨论的。但是大量议题不经过公开讨论难免会引发安理会决议的透明度危机。

在联合国宪章第 35 条和《安理会暂行议事规则》第 3 条的规定下，联合国成员国可以在发生威胁国际和平与安全的紧急事态之下召集安理会会议讨论。安理会会议专题议程项目以及与维护国际和平与安全相关的紧迫事件都提供了一个很好的讨论机会，以确定安理会成员的具体意见。通过仔细考察上述会议的官方纪录，不难看出安理会成员乃至联合国成员是如何整体审视安理会履行其维护国际和平与安全职责的。但是，由于安理会决策过程透明度的缺失，针对安理会就专题议程所做的坦率以及精辟的公共辩论，以及就威胁国际和平与安全的紧急事态作出反应的讨论，人们很难看到有意义的官方纪录。除非安理会将决议草案的讨论过程重新纳入公共记录，否则其关于透明度的问题就将一直是众矢之的。

安理会迟迟不对此作出改革的原因无疑是出于政治的考量。对于安理会而言，有时在处理敏感议题上确有闭门会议的必要，而闭门会议在某种意义上讲更促进其成员国之间进行坦诚而直白的交流，事实上确实有利于安理会成员国之间达成妥协或者协商一致。此外，大使或者专家级别的闭门会议也可能会有助于提高安理会会议的效率，尤其是在日渐繁冗的会议议程之下，不同的会议模式分别处理不同事务，也可能有助于安理会从沉重的会议负担中提高效率。

成员国的妥协和协商一致固然重要，但无论如何不应以牺牲联合国安理会的透明度为代价。尽管现在安理会已经负担重重，需要创新的议程管理方式，但这也并不能构成减损透明度原则的合法理由。上述理由也并不能成为安理会将闭门会议作为常态的理由，安理会应当将公众视线之外的闭门会议实践模式作为例外而非固定制度。

尊重透明度原则并不意味着所有会员国均参与到安理会决策之中，这也是与安理会的设立初衷相违背的。但是由于安理会基于宪章第七章项下的决策权力所决定的事件通常意义深远而且重大，且根据宪章第 25 条的规定，所有会员国"同意依宪章之规定接受并履行安全理事会之决议"，因此笔者认为，应当尽力扩大安理会公开会议开展的范围，或者使其会议可以获得公开纪录，以使更多的联合国会员国能够获知与其利益相关的安理会决议的决策过程。

2. 制裁决议的透明度问题

(1) 对"和平之威胁"的判定。

安理会可以根据合法授权 (legitimate authority) 实施制裁权力，这是安理会职能的一个最大的特色。在其制裁决策中，安理会通常应当基于宪章第 39 条的规定断定任何和平之威胁、和平之破坏或侵略行为是否存在或持续。同时，安理会也应当在采取制裁措施以恢复国际和平与安全之时明确指明是基于宪章第 41 条的授权行动。此外，安理会应当对制裁目标进行轮廓清晰的可能性以及可行性阐述，说明其制裁措施能够解决对国际和平的威胁、破坏行为直至最终恢复和平与安全，以表明其对信守联合国宪章合法授权的承诺。尽管安理会在实施制裁措施之前总体上确定和平威胁的存在，但是偶尔安理会也在未作出是否构成和平之威胁的判断之前就采取制裁措施。安理会往往不会清晰明确地阐明在特定环境下"威胁"的性质，总是在其决议的特定段落中，在简单的决定"存在威胁"之前描绘一幅事件背景的图画。这也就意味着将问题交给阅读者，由读者从决议序言段落中的各种描述中推导出所存在的对国际和平与安全的威胁情势。

从透明度上讲，这一路径更是显得问题重重，因为理论上说，应当能够从安理会的制裁决议之中看出何种影响因素促使安理会最终作出了和平受到威胁的判断。一旦确定威胁存在，那么就应该明确为什么这种情势必须得到改变，以消除国际和平与安全威胁的疑惑。但是上述在某一段落中描述当地情势的方式是无法直接看出影响和平与安全的因素的。

在决定是否存在和平与安全威胁的问题上，安理会被赋予巨大的自由裁量权，这增加了其权力被滥用的机会和可能性。更是难以打消人们对于安理会的猜疑：即安理会的决策到底是一种特定环境下为某种政治议程服务的工具以迎合超级大国的意愿，还是真正真诚为维护国际和平与安全而努力的途径？

最为典型的案例就是安理会曾经在针对利比亚局势作出的制裁决议中对"和平威胁"的判断。① 在利比亚的案例中，安理会确认恐怖主义对于国际和平与安全是一种威胁；并且认为，由于涉嫌利比亚政府官员，利比亚在调查泛美航空 103 航班和法航 722 航班恐怖炸弹袭击案件中并没有给予足够的合作，这一问题由此也就构成了对和平与安全的威胁。事实上，在 1992 年以前，安理会作出类似恐怖主义威胁和平的决定是前所未有的，然而，事实上就是这样一个前所未有的决策，在制定的过程中，却没有讨论过利比亚的建议，决策本身也是非常之快。表面上安理会试图表现出足够的透明度，其行为似乎是根据第七章的权力来作出决定的。但是，更引起争议的是，安理会的定性是由于利比亚政府未能充分与调查恐怖主义行为合作，从而构成对和平的威胁。

美国、英国、法国以及其他一些国家支持对利比亚制裁的实施，声称恐怖主义构成了对国际和平与安全的威胁，并指出安理会有责任对抗此种威胁，更指出，为了避免这些国家未来继续支援国际恐怖主义，安理会必须坚定地反对那些任由其国家工作人员参与国际恐怖主义的会员国。② 安理会认为："安理会已经提供给利比亚机会与调查团合作，以将袭击泛美航空和法航的恐怖分子绳之以

① UN Security Council Resolution, S/RES/748（1992）, 31 March 1992.

② United Nations Security Council, Verbatim Record, S/PV. 3063, 31 March 1992, p. 48（Ecuador）, p. 72（United Kingdom）, p. 73（France）, p. 76（Hungary）, p. 77（Austria）, pp. 79-80（the Russian Federation）, p. 81（Belgium）and p. 82（Venezuela）.

法，但利比亚却拒绝了这样的合作机会。在这样的情形下，利比亚未能完全的遵守安理会的要求，因此应依据宪章第七章的相关规定予以制裁。"这也是当日安理会最终作出的解释。被引用在第748号决议中。3月31日安理会第3063次会议决定邀请伊拉克、约旦、阿拉伯利比亚民众国、毛里塔尼亚、乌干达代表参加讨论，无表决权。最终通过了第748(1992)号决议。从该决议的措辞中，不难看出该决议的仓促和粗糙；例如，"深入关切，利比亚政府仍然没有依照决议要求提出充分和有效的答复……深信制止国际恐怖主义行为……决定在这方面，利比亚政府未能以具体行动证明其弃绝恐怖主义，特别是继续未能对第731号决议中的要求作出充分和有效的答复，构成了对国际和平与安全的威胁"。

但是利比亚和其他一些被声称违反了第七章规定的国家则有着截然相反的观点。他们也承认恐怖主义对于国际和平与安全造成了威胁，但是同时认为，在利比亚案件中，并不存在宪章第七章所规定的紧迫的威胁。此外，即使是当时的联合国秘书长加利也在报告中指出利比亚参与调查有所进步，① 因此，这些国家认为，利比亚已经为遵守安理会调查合作、断绝恐怖主义的要求采取了实质性的行动。此外，利比亚与英国、法国等国之间争议的问题实质上是关于如何进行炸弹袭击的调查，以及如何将恐怖主义分子绳之以法的问题，② 因此是个纯粹的法律问题，既然如此，安理会的正确角色是应该依照第七章，尤其是第33条和第36条之下的规定鼓励双方采取和平方式解决。利比亚已经表明其愿意争取和平解决途径，将依据1971年《制止危害民用航空安全非法行为的公约蒙特利尔公

---

① United Nations Security Council, Verbatim Record, S/PV. 3063, 31 March 1992, pp. 17-18（Libya）, p. 32（Mauritania）, p. 37（Iraq）, p. 51（Zimbabwe）, pp. 56-57（India）. For the UNSG's comments, *see* S/23672, 3 March 1992, para. 6.

② United Nations Security Council, Relating to the Libyan Arab Jamahiriya, S/PV. 3033, 21 January 1992, p. 12（Libya）; S/PV. 3063, 31 March 1992, pp. 6-7（Libya）, 18-20, p. 32（Mauritania）.

约》第十四条的规定提交案件至国际法院。①

由此可见，本案中其实存在着和平解决争端的潜在可能，因此安理会仓促决定采取第七章行动的做法并不成熟。利比亚的案例证明安理会判断一项情势是否构成和平威胁很容易遭到质疑，这个问题一方面是由于"和平之威胁"这一表述本身的空洞和概括性造成的，而另一方面，也与联合国安理会的决定是否审慎相关。

为证明其决策是依据法律之授权而作出，安理会应当清晰地阐述构成和平威胁的情势。例如，在利比亚案例中，安理会就应该更确切的指出当时的情势如何威胁和平，为什么必须针对利比亚采取紧急强制措施，否则将会产生安理会决议合法性的一系列的问题。安理会在利比亚问题上透明度的缺失，也使得其本就脆弱的行动动机受到更多会员国的质疑。安理会的此种行为方式也与第七章意图加强国际法治的初衷相背离。安理会在这一问题上的行动更证实了一种观点，即在利比亚已经表示愿意将案件提交国际法院和平解决的情势下，安理会仍然选择实施制裁而不是鼓励争端方向国际法院提交案件，无疑是错失了一次加强法治建设的良机。② 尽管阻止潜在恐怖主义袭击的行动确实正确且紧迫，但是这样的行动如果引发了安理会出于维护国际和平与安全的目的而不当使用宪章第七章规定的权力，那么就必须详加审视，以平衡安理会不当使用权力可能造成的潜在损害。

---

① United Nations Security Council, Verbatim Record, S/PV. 3063, 31 March 1992, p. 13（Libya）, p. 32（Mauritania）, p. 37（Iraq）, pp. 39-40（Uganda）, p. 46（Cape Verde）. Article 14 of the Montreal Convention reads as follows：'Any dispute between two or more Contracting States concerning the interpretation or application of this Convention which cannot be settled through negotiation shall, at the request of one of them, be submitted to arbitration. If within six months from the date of the request for arbitration the Parties are unable to agree on the organisation of the arbitration, any one of those Partiesmay refer the dispute to the ICJ by request in conformity with the Statute of the Court. '

② United Nations Security Council, Verbatim Record, S/PV. 3063, 31 March 1992, p. 67（United States）, p. 72（United Kingdom）, p. 73（France）.

（2）对制裁目标的认识。

首先，安理会在很多场合都将建立和平与安全作为一般性的目标，包括针对南斯拉夫的第713号决议以及针对索马里局势的733号决议，还包括针对前南联盟的第788号决议。①

其次，经常被提到的安理会的制裁目标还有禁止使用武力。

作为针对伊拉克的第661号决议制裁机制的一部分，安理会设立了一个关于全面解除武装的总体目标。显然其初始目的是为了保证伊拉克军队从科威特撤离，并将政权移交给科威特政府。② 这项目标随后在1991年通过联军在海湾战争中所采取的军事行动而达到。然而在海湾战争之后安理会却决定维持制裁措施，其明确的初期目的随之也为下列目标所替代：（1）设立赔偿基金，以支付外国政府、国民以及企业所遭受的损失；（2）确保伊拉克同意对其武器装备设施进行现场检查；（3）确保伊拉克销毁其所持有的大规模杀伤性武器以及超过150公里中远端导弹，并且将其提交给未来以及正在进行的武器核查，确定其并未在使用、开发、建造或者获取上述武器；（4）确保伊拉克无条件重申其依据1968年7月1日核不扩散条约所承担义务。③

在上述这些目标当中，1、2、4项目标都属于可能达成并且目标也可以被客观验证；而第3项则完全是概括性的目标，很难满足。因为对伊拉克而言，通过客观的标准评价其是否遵守了安理会对其提交"未来以及正在进行的核查"要求，无疑具有相当的难度。此外，对核查何种程度的遵守方能算作是符合要求？

事实上，由于伊拉克战争之后并未发现有任何大规模杀伤性武

---

① United Nations Security Council Resolution 713 (1991), 25 September 1991, para. 6; United Nations Security Council Resolution 733 (1992), 23 January 1992, para. 5; United Nations Security Council Resolution 788 (1992), 19 November 1992, para. 8; United Nations Security Council Resolution 1160 (1998), 31 March 1998, para. 8.

② United Nations Security Council Resolution 661 (1990), 6 August 1990, para. 2.

③ United Nations Security Council Resolution 687 (1991), 3 April 1991.

器，似乎可以说安理会的方法已经达到了预防伊拉克重建大规模杀伤性武器库存的目标。然而安理会（尤其是个别常任理事国）对上述目标文字上如此概括和含糊的表述，以及在是否能够终止制裁问题上采取如此广泛的自由裁量权，无法不让人怀疑安理会在作出制裁决定之时是武断且不透明的。安理会常任理事国这种无限期否决终止制裁措施提案的权力也被称为"反向否决权"。①

"确保不支持恐怖主义"近年来常常作为安理会制裁措施的目标而被屡屡提及，这一点在利比亚的案例之中也得到了明显适用。除此以外，还有安理会关于苏丹达尔富尔问题、塔利班以及基地组织的相关制裁机制。在这些案例中，安理会采用了十分具体的步骤，这些步骤可能会终止或者延长制裁措施；然而需要注意的是，安理会所提出的终止支持国际恐怖主义这一要求事实上很难给出客观验证，而安理会也由此得以根据其裁量权，自由决定在上述情况下是否需要继续维持制裁措施。

在利比亚的案例中，制裁措施的主要目标就是要求利比亚可以与法国、英国以及美国的调查相配合。然而随后其目标却转向要求利比亚当局必须将袭击泛美 103 航班以及法航 722 航班的恐怖分子移交审判。② 尽管利比亚将嫌疑犯移交中立地位的苏格兰法庭之后制裁措施即中止，但是最终制裁机制的停止却一直推迟至四年之后，直至英国、美国、法国与利比亚当局达成赔偿协议之后方才终止。考察安理会有关利比亚局势的决议，根本没有任何提及赔偿协议的条款。美国与法国这两个常任理事国也正是利用了安理会决策机制所确定目标的模糊性，通过使用联合国制裁措施这一筹码迫使利比亚就范，从而满足其国内的政治利益。③ 可见，安理会在终止

---

① David D. Caron, The Legitimacy of the Collective Authority of the Security Council, American Journal of International Law, Vol. 87 (1993), pp. 577-584.

② United Nations Security Council Resolution 883 (1993), 11 November 1993, para. 16; United Nations Security Council Resolution 1192 (1998), 27 August 1998, para. 8.

③ See United Nations Security Council, Verbatim Record, S/PV. 3063, 31 March 1992, p. 21 (Libya), p. 36 (Iraq), p. 57 (India).

针对利比亚的国际制裁措施问题上，并不构成完善的终止制裁的实践先例。理论上对制裁措施的终止应当是达到安理会所确立的具体、客观以及可核实目标的必然结果，但在利比亚问题上，安理会显然并未能令人满意。

（二）一致性问题

一致性原则要求政治权力以一致的方式实施。一致性原则给出了行为的可预期性标准，因而构成法治的一部分。

在联合国的环境下，一致性原则要求，一旦安理会决定实施制裁措施，就要尽可能的确保其所实施的每一个措施互相之间都是一致的，尤其是要避免独断的制裁措施。然而从联合国的历史实践记录来看，一致性却是在不断发展中逐渐形成的。在安理会的早期实践中，制裁机制均是基于个案特别决定的，因此各不相同，晚近逐渐发展中的制裁机制方才具有一定的连贯特性，尤其是特定类型的制裁措施例如武器禁运、出入境限制以及冻结财产得到了连续一致的适用。然而，该项实践仍然具有很多需要改善的空间。

安理会建立了一定范围的补充性行动者（制裁委员会）来参与管理，监督和实施其制裁措施，作为安理会主要行动的补充，这一表现更加证实了安理会是在违反而不是实施一致性的原则。

首先，制裁委员会的建立没有一致性；在实践之中，安理会对制裁委员会的适用并不是完全一致、连续的。安理会有时会在实施某一个具体的措施之前即建立一个制裁委员会，又会在另外一次制裁中设立新的委员会；而在其他时候，又会让已有的委员会去协助实施一项新的制裁措施，而不会去成立新的委员会。事实上，如果制裁委员会是一个行之有效的方法，那么就应该成为实施每一个新的制裁措施中的惯例；反之如果制裁委员会的大量存在不能保证有效的管理、监督和制裁措施的实施，那么制裁委员会就应该被避免使用这一方法。

其次，安理会对制裁委员会的授权在实践中也不尽一致。尽管制裁委员会各自总体上都有共同的核心任务，包括向安理会报告观察结果和建议等；但是事实上各个委员会的任务之间有很大的差异。有时这些任务之间的差异是必要的，以确保每一个委员会能够

235

确切的针对合适的制裁行动；但是至少这些不同的委员会实施的基本管理、监督和汇报等方面都应该是一致的。

最后，安理会在成立制裁委员会之外，还设立了一系列下属机构作为附加手段以保证制裁措施得到有效的监管和执行。至于安理会为何会在特定情势之下决定设立上述"委员会"而非"调查小组"或是"专家团"或者"监督机制"，这一点并不是很清楚。但从实质上而言，这些机构大多具有相当类似的权利和责任，仅仅是挂上不同的名字而已。这些附属机构的专家通常执行相似的核心任务，包括调查对违反制裁措施的指控，评估制裁措施是否有效，以及针对制裁措施何时以及如何加强、放宽或者解除提出专家建议。除了实质相同的机构使用不同的名字之外，安理会也指派了不同数量的专家，授予其不同的权限以及任期。

每一制裁措施的确定通常是基于完全不同的国际局势，并且也需要完成不同的目标，因此不可避免的所有制裁措施机制之间都有很多的差异性。从理论上说，根据联合国宪章的精神，安理会应当避免武断判断并且尽可能地寻求其实践的一致性和连续性。当其意图实施一项新措施之时，应当予以一致性的考虑，并且应当能够提升其实践能力，此外还应当具有明确的合法理由。一致性原则可以广泛的实施于安理会与制裁相关的行动之中，例如安理会应该在其决策过程的每一个方面都贯彻一致性原则。

(三)平等性问题

正如一些学者所言，宪章中关于集体安全体制的规定只有在所有国家都尊重国际法，且国家之间的平等原则真正实施之时才能有效。① 在集体安全体制的框架内，联合国在维持国际和平与安全方面的成功与否，取决于安理会是否不以任何其他条件为基础而毫无

---

① King Hassan II of Morocco, Speaking at the Council's Summit Meeting Held at the Level of Heads of State: S/PV. 3046, 31 January 1992, p. 37.

保留的坚持法治。①

法律语境下的平等性要求法律面前人人平等，没有任何一方可以凌驾于法律之上；平等性原则要求由所有会员国授权的安理会应当对所有成员一视同仁，由此安理会作出影响会员国权利义务的决定也必须具有一致连续性。政治语境下的法治也要求安理会自身应当更广泛地代表其广大的会员国，所有会员国应当具有平等的机会参与安理会会员的选举。在联合国的制裁措施下，平等性要求，如果联合国对一个情势加诸制裁措施，那么在类似的情势下同样的制裁措施也应该加诸其他国家之上。

平等原则要求平等待遇。

理论上，联合国宪章第 2 条第 1 款规定了平等性原则；即"为求实现第一条所述各宗旨起见，本组织及其会员国应遵行下列原则：本组织系基于各会员国主权平等之原则。"实践上，能体现这一原则的是该条第 2 款以及第 23 条第 1 款和第 27 条，其规定分别是：

第 2 条

二、各会员国应一秉善意，履行其依本宪章所担负之义务，以保证全体会员国由加入本组织而发生之权益。

第 23 条

一、……为安全理事会常任理事国。大会应选举联合国其他会员国为安全理事会非常任理事国，选举时首宜充分斟酌联合国各会员国于维持国际和平与安全及本组织其余各宗旨上之贡献，并宜充分斟酌地域上之公匀分配。

第 27 条

一、安全理事会每一理事国应有一个投票权。

二、安全理事会关于程序事项之决议，应以九理事国之可决票表决之。三、安全理事会对于其他一切事项之决议，应以九理事国

---

① Ambassador Redzuan of Malaysia, Speaking During the Council's Deliberations on the Situation in Bosnia and Herzegovina: S/PV. 3135, 13 November 1992, p. 35.

之可决票包括全体常任理事国之同意票表决之……。

因此依照上述条款，尽管联合国所有会员在名义上一律平等并且均有可能成为安理会的理事国，但安理会中的常任理事国不仅席位固定，而且具有强大的"双重否决权"。安理会常任理事国否决权的存在使得其在采取第七章行动时，可能会严重影响联合国所有会员国平等参与的权利。对安理会所讨论事务双重否决权的设定实质上允许安理会常任理事国凌驾于宪章法律之上。尤其是涉及制裁措施问题之时，假设面临同样威胁国际和平与安全的国际局势，均足以构成安理会通过适用制裁措施，普通的会员国可能无法阻止其成为最终制裁措施的对象，但相对地另一会员国则可以轻松避免安理会制裁决议的通过，仅仅因为其是安理会常任理事国（或者属于常任理事国的亲密盟友），这一情况无疑对普通会员来说是不平等的。

（四）正当程序问题

正当程序原则要求各个当事方应该有公平听证权利和自由表达自己观点的权利。

在联合国制裁环境下，正当程序原则要求即将受到制裁措施影响的会员国有权利陈述事实，表明其观点。而这些国家必须按照一般法律原则受到无罪推定的保护。当会员国作为制裁对象时，他们一般均有权陈述观点，可以说享有部分正当程序的权利；但是对于非国家实体以及受影响的个人而言，则基本无法获得上述机会。

在联合国制裁措施的众多对象中，只有成员国有机会将自己对制裁措施的观点在正式的安理会会议中表达出来。从正当程序的角度来看，这是积极的。尽管在某些情况下允许一些广受反对的政权在联合国这样的公众场合自我辩护确实会令人不快（例如卢旺达政府代表曾就其种族屠杀行为在联合国作出辩解），但是无论如何在公共场合赋予这些国家陈述观点以及其他成员予以公开反驳的权利，要优于不问皂白直接将这些国家扫地出门的方式。① 因此，伊

---

① *See* United Nations Security Council, The Situation Concerning Rwanda, S/PV. 3377, 17 May 1994, p. 226.

拉克、利比亚、卢旺达和苏丹、朝鲜以及伊朗等国的代表们都已经代表政府的立场在已经实施或者将要实施的制裁中发表了观点。

但是，对那些非国家主体进行制裁措施的程序问题（例如南罗德西亚的非法少数派政权，以及安哥拉反对派全面独立民族联盟等），事实上是非常复杂的。按照联合国宪章的规定，只有国家可以作为会员加入联合国，因而如果允许非国家实体在联合国会议上就涉案问题进行申诉，必然会引起会员资格承认上的问题。① 而非国家实体也可能会涉及基地组织，允许基地组织在联合国实现正当程序的提议毫无疑问会引发更大的争议和质疑。显然，安理会不可能会给类似基地组织这样的恐怖组织提供一个阐明其恐怖主义行为的论坛和平台，而且可能会产生不合理的暗示，即联合国对恐怖主义组织地位的承认。

此外，正当程序的原则也需要对实行了严重罪行的嫌疑人实行无罪推定，但是从目前联合国宪章和安理会实践来看，这一点更是难以实现。联合国制裁体系在正当程序问题上存在缺失，尤其是以个人为制裁对象之时。

冷战后成立的制裁案例中，多数包含了经济制裁的措施，对一般的平民造成了预期之外的伤害，这在对伊拉克制裁中尤其明显。因此，这样的制裁也被学者描述为"以平民痛苦为代价的政治获益"。② 也正如前秘书长加利所言，制裁引起道德方面的问题，把痛苦强加于对象国境内容易受到伤害的群体，是不是一种合法手段？其本意是向政治领导人施加压力，而这些领导人的行为不大可能因其人民受到苦难而被影响……制裁会使人道主义机构的工作变得更加困难，与联合国的发展目标相抵触，并使对象国的生产能力遭受长期的损害……制裁还会起到反作用，激起国内爱国情绪的高

---

① Sydney Dawson Bailey and Sam Daws, The Procedure of the UN Security Council, Clarendon Press, p. 156. 不过值得注意的是，1966 年 5 月，南罗德西亚非法政权试图在安理会进行辩论，但其发言请求被安理会拒绝。

② Thomas G. Weiss and David Cortrught, Gorge A. Lopez, and Larry Minear eds. , Political Gain and Civilian Pain: Humanitarian Impacts of Economic Sanctions, Lanham: Rowman and Littlefield Publishers, Inc. , 1997.

涨，与联合国所代表的国际社会对抗，制裁的目的是纠正领导人的行为，却反而促使人民团结起来维护这些领导人。① 而安南也指出，人道与人权考量，是不太容易与制裁取得平衡与调和的，而且制裁所采取的强制措施往往会伤害到前两者。②

为改进制裁措施的效率，减少制裁所带来的副作用，安理会采纳了新的"聪明制裁"（smart sanctions）。所谓聪明制裁，是指制裁的对象直接针对重要的国家决策者、政治领导人或者特定政权的主要支持者。③ 聪明制裁日益增加了对个人的制裁，尤其是对国家元首们和那些承担一定责任的其他官员强加关于出入境旅行和经济的制裁。这样的目的是在于减少因为制裁所带来的对一般平民的人道主义灾难，也能使制裁更有针对性，是十分有力的威慑手段。④ 这一发展是积极的，因为其目标集中在向国内的决策者以及与其相关的个体施加强制措施，从而在一定程度上将制裁措施可能会对无辜平民造成的影响降到最低。目前联合国对个人所采取的出入境的旅行限制措施已经得到广泛承认，因为这样针对目标个体的国际旅行限制，仅仅对目标个体行使部分权利构成了障碍和限制，而不再是直接影响其基本人权。然而，针对个体的金融性制裁措施则引发了许多关于正当程序的争议。冻结个人财产的制裁措施本无可厚非，尤其是受制裁的个体可能已经窃取了大量的国家财富；但是全面的冻结财产也带来了另一个基本人权上的问题，即完全冻结财产可能使得目标个体丧失经济上支撑生活的能力。迄今为止，被列入冻结

---

① Supplement to an Agenda for Peace: position paper of the Secretary-General on the occasion of the 50th anniversary of the United Nations, UN Doc. A/50/60（1995），Jannuary 25, 1995.

② Kofi Annan, Annual Report of the Secretary-General on the Work of the Organization, UN Doc. A/53/1, August 27, 1998, para. 64.

③ Peter Wallensteen, Carina Staibano and Mikael Eriksson eds., Making Targeted Sanctions Effective: Guidelines for the Implementation of UN Policy Options, Uppsala University, p. iii.

④ A More Secure World: Our Shared Responsibility, report of the High-Level panel on Threats, Challenges and Changes, p. 55.

财产黑名单的个人基本没有任何机会就涉案事实进行申辩,安理会对塔利班和基地组织冻结财产就是最典型的案例。

在 1267 号决议中,国家被要求冻结那些参与到本拉登和基地组织的个人和机构并被列入黑名单的个人和实体的账户。① 1267 号决议规定,在将这些实体和个人的名字列入黑名单之前的 48 小时内,委员会成员有权确认或者否定这样的动议,近来 48 小时的时间段已经扩展到了五个工作日。② 由于委员会的决策是要一致通过的,所以意味着只有无人反对之时,才会有新的动议被加入到黑名单中。一致同意还意味着一旦个人或者实体被纳入到了黑名单中,除了 15 个委员会成员一致同意,否则不能轻易从黑名单中除去一些名字。实践中已经有一些个人向塔利班和基地组织制裁委员会,以及委员会成员国政府提出了上诉,从而成功将其名字从黑名单中移除。典型的案例即是前述欧盟法院的卡迪案。

1267 号制裁委员会自己也宣称要对那些被纳入到名单上的个人和实体的基本权利进行尊重。③ 也已经有许多国家"强调了在实施制裁措施的过程中坚持法治和正当程序的重要性"。④ 作为对外界质疑黑名单程序的回应,1267 号制裁委员会在其准则中制定了针对个人的详尽删除程序。根据该项程序,被列入名单的个人可以

---

① United Nations Security Council Resolution 1390 (2002), 16 January 2002, para. 2(a); United Nations Security Council Resolution 1455 (2003), 17 January 2003, para. 2; United Nations Security Council Resolution 1526 (2004), 30 January 2004, para. 1(a).

② See para. 4 (b) of the 1267 Committee's Guidelines, *available at*: http://www. un. org/Docs/sc/committees/1267/1267 _ guidelines. pdf, visited on 15 March 2012.

③ Letter dated 20 December 2002 from the Chairman of the Security Council Committee established pursuant to resolution 1267 (1999) addressed to the President of the Security Council, S/2002/1423, 26 December 2002, paras. 11, 12, 47.

④ Letter dated 2 April 2004 from the Chairman of the Security Council Committee established pursuant to resolution 1267 (1999) concerning Al-Qaida and the Taliban and associated individuals and entities addressed to the President of the Security Council, S/2004/281, 8 April 2004, para. 45.

向其政府提请审查案件，该国政府根据该项请求将向最初请求将此人加入名单的另一国家政府(称为"提名国政府")提出磋商。在与提名国政府进行磋商之后，如果此人所在国家愿意提出"删除请求"，则应当与最初提名国政府联合向制裁委员会提交删除申请，而后则由 1267 号制裁委员会作出是否从名单删除此人的最终决定。① 委员会的这项决定将基于协商一致作出，也就是说，如 15 人委员会中有一人对删除提出反对，则删除程序就无法进行。尽管在这种情况下，委员会的准则规定可以将事件提交安理会讨论，但由于制裁委员会在实体问题上并未达成协商一致，在是否提交安理会讨论的问题上也极有可能无法达成一致。因此，看似合理的除名程序在实施的过程中是困难重重。

2006 年 12 月，安理会通过了 1730 号决议，在该决议中规定了在为实施旅行限制和财产冻结所创制的名单中，个人或其他实体请求加入或删除的标准程序。② 程序性事项，作为附录附加于该决议上，形成了一份详细的除名程序。联合国秘书处可以接受来自个人和实体的除名请求。在收到请求之后，联合国将着重联系请求人的国籍国以及居所国，由该国进一步联系最初的提名国政府进行磋商。如果在经过上述磋商之后，有任何一个或多个政府建议除名，可以将这样的建议转达给相关的制裁委员会主席，他会把此种建议纳入到委员会的议程中。如果三个月后没有政府建议除名，该项请求将会转发给全部制裁委员会成员，任何一个成员均可以在与初始提名国政府磋商之后，提出除名建议。但如果在一个月之后没有委员会成员提出上述建议，则该项除名请求即被视为否决。③

安理会发展除名程序是积极的，但是 1730 号决议所规定的过

---

① See Guidelines of the Committee for the Conduct of Its Work, Security Council Committee Pursuant to Resolutions 1267 (1999) and 1989 (2011) Concerning Al-Qaida and Associated Individuals and Entities, 30 November 2011, para. 7.

② United Nations Security Council Resolution 1730, 19 December 2006, para. 1.

③ Ibid, paras. 5, 6.

程却是扭曲的，只是更加详细的阐述了如何拒绝除名的请求而并非如何认真的对待除名请愿。尤其是：被列入名单的个人根本无法依靠自己的能力被除名，而是要依靠支持其的政府，这多半也是要依靠政府的善良意愿。理论上说，请求国可以在未获得提名国政府的同意之下仍然提出申请，但在实践中却很难实现。

（五）合比例性问题

合比例性原则要求一项裁决对其他各当事方权利和义务所造成的影响，必须与另一方当事人所造成的损害成比例，并且要与裁决的总体目标相一致。

在制裁问题下，符合比例性原则要求实施强制性制裁的后果，应当与受制裁个人对和平所造成的威胁后果成比例。尤其是制裁对于无辜平民以及第三国家产生的负面影响必须要最小化。

联合国前秘书长加利在《和平纲领补编》中的观点正好凸显了制裁中坚持合比例性原则的重要性。他指出："人们普遍认识到，制裁是一种迟钝的手段。制裁引起一个道德方面的问题：把痛苦加于对象国家境内容易受害的群体，不是一种合法的手段，来向政治领导人施加压力，而这些领导人的行为不大可能被普通民众遭受的苦难所影响。制裁总会造成无意产生的或者违背愿望的效果。制裁会使人道主义机构的工作困难，因为制裁使这种机构无法得到某些种类的供应品，并使他们必须经过艰难的手续获得必要的豁免。制裁会与联合国的发展目标相抵触，并使对象国家的生产能力遭受长期的损害。制裁会使对象国家的邻国或者主要经济伙伴遭受严重的影响。制裁还会起反作用，激起爱国情绪与联合国所代表的国际社会对抗，制裁的目的是纠正领导人的行为，反而促使人民团结起来拥护这些领导人。"[1]联合国制裁措施之所以一直受到强烈的批评，原因就在于对无辜平民造成的巨大伤害，最明显的案例就是联合国的制裁对伊拉克人道主义情势造成的严重影响。

联合国针对个人的制裁措施的使用也出现了不符合比例性的问题。冻结账户措施的使用会对个人的基本人权产生极大的影

---

[1] 《和平纲领补编》，S/1995/1, 25 January 1995, para. 70.

响，包括其财产权。如安理会第 1737 号对伊朗的制裁措施，第
12 段规定了财产的制裁问题。① 正是意识到这个问题，安理会采
取了一系列的措施避免一些财产遭到制裁，上述决议就规定了制裁
的除外。②

　　而关于旅行限制，安理会指出，采取制裁措施并不意味着一国
有义务拒绝本国国民入境并禁止其旅行，在个案审查的基础之上，
制裁委员会认定此类旅行具有满足人道主义需要的正当理由（包括
履行宗教义务在内），或委员会断定给予豁免将在其他方面推进制
裁目的达成，则这些出入境和旅行行为可以受到豁免。

　　例如，2005 年 10 月 31 日安全理事会第 5297 次会议针对黎巴

---

　　① 联合国安理会第 1737(2006)号决议："决定，所有国家都应冻结于
本决议通过之日及此后任何时间在本国境内，为附件指认的人或实体，以及
安全理事会或委员会指认的其他从事、直接参加或支持伊朗扩散敏感核活动
或发展核武器运载系统的人或实体，或代表他们或根据其指示行事的人，或
由他们拥有或控制的实体，所拥有或控制的资金、其他金融资产和经济资源，
包括通过非法手段拥有或控制的资金、其他金融资产和经济资源；如果而且
当安全理事会或委员会将这些人或实体从附件中除名时，则应停止对它们适
用本段的措施，还决定，所有国家都应确保本国国民或本国领土内的任何人
或实体都不向这些人或实体，或使其受益，提供资金、金融资产或经济资
源。"

　　② 联合国安理会第 1737(2006)号决议，第 13 段："(a)为基本开支所
必需，包括用于支付食品、房租或房屋抵押贷款、药品和医疗、税款、保险
费及水电费，或专门用于支付与提供法律服务有关的合理专业服务费和偿付
由此引起的相关费用，或国家法律规定的为惯常置存或保管冻结的资金、其
他金融资产和经济资源应收取的费用或服务费，但相关国家须先将酌情授权
动用这类资金、其他金融资产和经济资源的意向通知委员会，且委员会在收
到该通知后五个工作日内未作出反对的决定；(b)为非常开支所必需，但条件
是相关国家已先将这一认定通知委员会并得到了委员会的批准；(c)是司法、
行政、仲裁留置或裁决的对象，在此情况下，这些资金、其他金融资产和经
济资源可用来执行留置或裁决，但该项留置或裁决须是在本决议通过之日前
作出的，受益人或实体不是根据上文第 10 和 12 段指认的人或实体，且相关
国家已就此通知委员会。"

嫩前总理哈里里遇害事件通过的第 1636（2005）号决议证明了这一点。① 决议指出，委员会认为虽……必须在黎巴嫩境内境外继续追查，以便彻底查清这一恐怖行为的所有方面，尤其是查出所有应对策划、资助、组织和实施这一行为负责的人，并追究其责任。委员会认为"鉴于叙利亚和黎巴嫩两国情报部门联手渗透黎巴嫩各机构和黎巴嫩社会……有理由相信不经叙利亚高级安全官员批准，暗杀前总理拉菲克·哈里里的决定是不可能作出的"，又指出"虽然叙利亚政府在最初犹豫不决后与委员会进行了有限度的合作，但几名叙利亚官员却提供虚假或不实的证词，企图误导调查工作，深信让不论何处的任何人出于任何理由……在原则上是不能接受的……认定这一恐怖行为及其产生的影响对国际和平与安全构成威胁"，最终决定"根据《联合国宪章》第七章采取行动"。该决议强调以不损害当地的秩序为前提，采用和平手段的制裁措施。3（a）段规定，所有被委员会或黎巴嫩政府指认为涉嫌参与策划、资助、组织或实施这一恐怖行为的人……所有国家应采取必要措施，防止这些人入境或过境，但本段绝不意味一国有义务拒绝本国国民入境，或如在本国境内发现这些人时，所有国家应根据适用的法律，确保委员会如提出要求即可与这些人约谈……②

可见，旅行限制的制裁措施有很大的弹性，其目的也是在于控制嫌疑人的行动，而不是为侵犯其基本权利。在其行动是可控的前提下，旅行的限制可以变通实施或者豁免实施。

---

① 2005 年 2 月，黎巴嫩总理拉菲克·哈里里被由一名自杀式袭击者所引爆的汽车炸弹炸死。负责调查哈里里被谋杀事件的联合国调查小组在贝鲁特宣布开始调查工作。该调查组在 3 月底提交给联合国安理会的一份报告中说，黎政府组织的调查没有按照可以接受的国际标准进行。调查组建议对哈里里遇害案展开独立的国际调查。4 月 7 日，安理会一致通过第 1595 号决议，决定设立一个独立的国际调查委员会，对哈里里遇害一事展开全面调查。9 月，负责调查哈里里案的黎巴嫩司法调查法官埃利亚斯·伊德正式宣布拘捕 4 名参与策划者。

② United Nations Security Council Resolution 1636（2005），paras. 2（i），3（a）.

  合比例性原则还适用于制裁措施对第三国所产生的影响，不仅仅包括预期外的制裁后果问题，还包括确保制裁得到执行的责任如何合比例地在国际社会分配的问题。针对一个目标国家实施的制裁措施通常都会对其邻国、尤其是主要的贸易伙伴产生不合比例的影响力，强制这些国家实施制裁措施所造成的负面影响一定比对那些与目标国家距离遥远抑或是很少有经贸往来的国家产生的影响要大。联合国大会 A/53/312 决议是关于对因制裁措施而遭受损害的第三国的赔偿，安理会也一度试图依照该决议的规定呼吁国家、国际组织和一些国际金融机构扩大对第三国的援助。①

  这种呼吁仍然无法从根本上起作用，可以说在很大程度上是一种象征性的呼吁行动。如决议第 46 段所提到的"然而，过去经验显示，为支援因对伊拉克和南斯拉夫实施制裁而受影响的第三国，秘书长的呼吁以及联合国各个发展方案调动资源的努力都未能引起与认同这些第三国面临问题的严重程度完全相称的反应。尽管安理会声称通过这样的呼吁，已经援助了很多国家，但事实上这样的呼吁几乎没能唤起国际社会去关注这些因为制裁措施而遭受严重经济负担的国家。因此，该决议第 50 段是关于专家组建议起草制裁对第三国潜在影响的暂定清单……还规定影响主要包括经济、贸易财政方面；社会和人道主义方面；与强制实施问题联系在一起的次级影响。但是这种评估如果不能引起国际社会的注意和认同，将是无意义的，也因此一些学者该条描述为"过气条款(dead letter)"②。

  针对第 50 段难以发挥作用的掣肘，决议第 54 段建议："在特别严重的情况下，秘书长应任命一名特别代表，与有关政府协作，对因执行联合国实施的制裁，而受到特别影响的国家实际承受的影响进行全面评估，确定应对这些国家采取的适当和充分的援助措施……由三个分组组成。第一个分组负责与评价和减轻制裁所产生

---

  ① 联合国秘书长的报告，《执行〈宪章〉中有关援助因实施制裁而受影响的第三国的规定》，A/53/312.

  ② David M. Malone, Decision-Making in the Security Council: The Case of Haiti, 1990-1997, Clarendon Press, 1998, p. 21.

的经济、贸易和财政影响有关的问题……第二个分组负责处理制裁所产生的社会和人道主义方面的影响……第三个分组包括秘书处有关部、厅的官员……"

安理会应当采取更加有效的行动以更好地承担其责任。首先，联合国宪章规定了咨询与磋商的权利，也就意味着安理会也承担着相应的提供有效帮助的义务；其次，应当认识到，根据符合比例性原则，在对那些本身遵守法律的对象反而造成了不合理损害的情况下，制裁措施对法治的贡献是极其有限的；最后，从纯粹现实和实用主义的角度来看，当实施制裁措施的成本过高时很难说该措施是有效的。

五、安理会制裁措施的改革方向

(一)对安理会制裁措施的司法审查

如果说冷战阶段安理会因为不能有效实施自己的职责而屡遭批评，那么上世纪 90 年代之后安理会逐渐开始实施宪章第七章的权力，于是矛盾的焦点转化为安理会是否会作出越权行动；甚至很快有呼声要求国际法院能够限制安理会的决定。

然而时至今日，安理会并未受到制度化的司法审查。正如国际法院在联合国费用咨询案中提到的那样，在国家的法律体系中，有特定的法律程序去决定政府行为或是立法活动的有效性；而在联合国的体系内丝毫不存在类似的程序。① 尽管联合国宪章并没有为联合国的主要政治机关设立司法审查的机制，但其并没有排除国际法院可与安理会同时基于个案进行审查的权力。国际法院并不会受到联合国宪章第 12 条第 1 款的限制，即"当安全理事会对于任何争端或情势，正在执行本宪章所授予该会之职务时，大会非经安全理事

---

① Certain Expenses of the United Nations, Article 17, Paragraph 2, of the Charter, Advisory Opinion of 20 July 1962, ICJ Reports 151, 168.

会请求，对于该项争端或情势，不得提出任何建议"。① 正如洛克比空难一案所表现的，国际法院可以与安理会同时就同一案件对法律层面的问题作出考量。② 但是这个案例真的能够代表一种国际法院对安理会的司法审查吗？这个问题将会在本章第三节国际法院的内容中着重讨论。

在笔者看来，有些学者对于司法机关针对安理会的司法审查权显然过于乐观。例如，有学者就认为："其他国际司法机关的审查，例如前南国际刑庭的卡迪奇案，卢旺达国际刑庭的坎亚巴施案，欧盟初审法院的卡迪案，均表明国际法院并不是唯一能够对安理会权力实施审查的司法机关。而现今伴随着国际刑事法院的成立，同样也意味着存在由其对安理会权力进行司法审查的可能性。"③他们将以往案例中其他法院作出的从实质后果上与安理会制裁措施不符的案例都认为是司法机关审查安理会决议的表现，这显然是一种较为开放性的观点，事实上，从这些法院判决的措辞来看，显然不足以构成对安理会的审查。此外，由于联合国宪章业已授权安理会在危机时期为维持国际和平与安全而迅速采取行动，因此短期内司法审查的措施很难实施。而又由于国际舞台上权力分立与制衡的机制并不存在，有效的司法审查机制在短时期内仍然很难出现。

（二）安理会制裁措施的合理、充分实施

过往的经验表明，成员国对于安理会执行制裁的授权是极其不

---

① 该条第一款规定："当安全理事会对于任何争端或情势，正在执行本宪章所授予该会之职务时，大会非经安全理事会请求，对于该项争端或情势，不得提出任何建议。"

② Questions of Interpretation and Application of the 1971 Montreal Convention Arising from the Aerial Incident at Lockerbie (Libya v. United Kingdom; Libya v. United States), Provisional Measures (Orders of 14 April 1992), ICJ Reports (1992) 3, 114; Preliminary Objections (Orders of 27 February 1998), ICJ Reports (1998) 2, 115.

③ See Ioana Petculescu, The Review of The United Nations Security Council Decisions by the International Court of Justice, Netherlands International Law Review, Vol. 52 (2005), pp. 186-188.

充分的，因此仅此就不能确保制裁的实施。有时一国可能无法保证对制裁措施滴水不漏的执行；也有时对于一国来说遵守决议意味着巨大利益的损失，或者违反该项决议具有相当的利益，那么该国则可能对制裁措施视而不见，或者不愿意完全实施。

宪章的创始人也考虑到了制裁措施无法充分实施的可能性。宪章第 50 条规定，安全理事会对于任何国家采取防止执行办法时，其他国家，不论其是否为联合国会员国，遇有因此项办法之执行而引起之特殊经济问题者，应有权与安全理事会协商解决此项问题。此外，宪章第 29 条规定，安全理事会得设立其认为于行使职务所必需之辅助机关。还有第 30 条规定，安全理事会应自行制定其议事规则，包括其推选主席之方法。因此赋予安理会采取其自己规则和步骤的权力。通过这些措施，联合国创始人因此赋予安理会以采取任何必要步骤的灵活性以确保其决策的执行。宪章基础在决策的实施、行政和强制执行等方面的缺乏并不意味着安理会不可能采取各种手段去寻找有效的实施路径。事实上，这种匮乏既是一种制度的缺陷却同时也是一种益处。一方面，由于安理会得到了很大的自由裁量权，这种权力很容易被忽略或者滥用；另一方面，这种自由使得安理会在必要的时候为确保制裁措施的顺利实施可以便于更好地监督和管理。

针对安理会制裁问题，中国外交部在 2005 年首次发表立场文件时就将此列为联合国改革的一方面，并阐述了中国的立场。中国一贯主张谨慎使用制裁，必须以用尽和平解决的所有手段为前提。一旦安理会决定实施制裁，各国均有义务严格执行。但是安理会的制裁应该有一定的前提，即制裁机制应设立严格标准，加强针对性，设定明确时限，并尽可能减少制裁引发的人道主义危机和对第三国的影响。各制裁委员会应定期评估制裁造成的人道主义影响。国际社会应帮助发展中国家加强执行制裁的能力。①

---

① 《中国关于联合国改革的立场文件》，2005 年 6 月 7 日，来源于中华人民共和国外交部网站，http://www.fmprc.gov.cn/chn/pds/ziliao/zt/ywzt/2005year/zgylhg/t199083.htm，访问日期 2012 年 2 月 4 日。

第三节　国际法院

一、国际法院与冲突社会法治相关的职权

正如联合国大会第一届会议主席保罗·亨利·斯派克（Paul-Henri Spaak）在 1946 年法院第一次开庭时所表述的那样。"我不敢说法院是联合国最重要的机关；但我可以说无论如何没有比法院更重要的机关。或许大会的人数更多；或许安全理事会更引人注意……法院的工作可能不太显眼，但我深信这项工作极为重要。"的确，在冲突的治理和冲突社会的重建方面，国际法院总是站在安理会的背后解决一些法律问题，而不是像安理会那样站在冲突的最前方。海牙和平宫前铭刻着的这样一句话"法官的使命即促进和平"（placis tutela apudjudicem），国际法院在维持国际和平方面的作用绝对不容小觑。

《联合国宪章》将维持国际和平与安全的主要责任赋予了安理会。安理会可以调查任何争端并建议调整方法，但是法律争端一般应当由当事方提交国际法院。五个联合国机关和 16 个联合国系统专门机构有权请求国际法院发表咨询意见。即便是安理会或大会正在处理与维持国际和平与安全有关的某些争端，国际法院也可以对提交给它的此类争端作出裁决。法院限于处理此类争端的法律方面的问题。

具体而言，国际法院根据《国际法院规约》第 65 条和宪章第 96 条的规定可以发表咨询意见。根据前者规定，国际法院可以就被授权的机关或依照联合国宪章授权的机关所请求的任何法律问题发表咨询意见。后者则将咨询意见的请求者分为两类，其中第 96 条规定大会和安理会可以就"任何法律问题"请求国际法院作成咨询意见；第 96 条第 2 款则规定："联合国其他机关和各专门机构对于其活动范围内之任何法律问题，可经大会随时之授权，请求法院发表咨询意见。"因此，可以说大会和安理会是特权的咨询请求者，联合国其他机关和专门机构则是一种有限的咨询

请求者。① 一个国家不可以要求国际法院发表咨询意见，只有国际组织才可以，当然，很多时候该国际组织的成员国可以首先提出。国际法院发表的咨询意见中大约 60% 是联合国大会请求发表的。国际法院的咨询意见没有约束力，与判决的效力不同。提出请求的联合国机关或专门机构对于咨询意见可以执行或者不执行。②

二、国际法院促进冲突社会法治的主要贡献

国际法院的法官一旦当选，就不代表本国政府，也不代表任何其他当局。他们是独立的法官，第一项任务就是在公开庭上郑重宣言本人必当"秉公"行使职权。法官在本国政府是当事方的案件中投票反对本国立场的情况也并非罕见。因此，从理论上讲，国际法院所有的法官都具有独立的身份并秉持专业精神和职业操守来处理案件。但是不可否认的是，他们每个人的文化背景都是其自身不能破除和克服的。西方的政治、法律文化背景在国际法院占据优势，国际法院在很多时候不得不代表西方的政治声音和法律立场。这种声音和立场的客观存在无疑为国际审判的公正性蒙上了一层阴影。③

国际法院对一国干涉另一国事务和使用武力有权发表意见。1986 年，尼加拉瓜起诉美国支持尼加拉瓜反政府分子在尼加拉瓜境内针对尼加拉瓜进行军事和准军事活动④。对此，国际法院认为，美国支持这些武装力量，在该国口岸以外布雷，无法以集体自卫为这些行动辩解。国际法院裁决，美国违反了不干涉他国事务、

---

① 曾令良：《国际法院的咨询管辖与现代国际法的发展》，载《法学评论》1998 年第 1 期。

② 当然在一些特殊的情形下，咨询意见具有约束力。例如，涉及《联合国特权与豁免公约》和联合国与美国签订的东道国协定的咨询意见。咨询意见及此种意见中所载的裁决都具有国际法院的权威。

③ 参见苏晓宏：《变动世界中的国际司法》，北京大学出版社 2005 年版，第 101~117 页。

④ Case Concerning Military and Paramilitary Activities in and Against Nicaragua, ICJ, 1986.

不对他国使用武力、不损害他国主权和不妨碍和平海运通商的国际法律义务。因此，国际法院裁判，美国必须作出赔偿。但是，赔偿数额尚未确定，尼加拉瓜便中止案件。

然而，作为联合国的主要司法机关，国际法院是促进国际和平和维持和平机制的重要组成部分。国际法院尤其在预防性外交方面发挥着重要的作用。国际法院曾有几次化解了危险的局势，促进了国家间关系的正常化，并且使得陷入僵局的谈判得以恢复。今天，国际法院不再只是解决争端进程中万不得已的手段。各国可以求助于国际法院，同时一面利用其他解决争端的方法，这种做法有助于安理会和大会的工作，也有助于双边谈判。在多轨解决争端的过程中，诉诸法律有助于争端当事方澄清各自的立场，促使当事方降低政治要求，并将其转变为合法的要求。

然而，不难发现，国际法院却一直置身于很多重大冲突之事外，最主要的原因是国际法院无权主动受理案件。规约没有授权国际法院主动调查和审理主权国家的行动，或过问其内政。国际法院不是国际法治的监督者。只有经过国家的请求和同意，国际法院才能审理争端。1999年4月，科索沃危机最严重时，南斯拉夫请求国际法院宣布临时措施，制止北约十个成员国对南斯拉夫领土的轰炸。然而，国际法院裁决，国际法院没有管辖权发出采取这种措施的命令。国际法院无法防止国家使用武力。

在履行职能的过程中，国际法院促进了国际法的发展。国际法院虽然不能像一般的立法机关可以制定新的法律，但是可以通过澄清、完善和解释国际法规则去为发展新的国际法规则奠定基础，或者呈现出新国际法即将出现的趋势。由于对于争端的当事方而言，国际法院的判例具有法律效力而且这些裁判是对国际法的权威解释，因此，国家和国际组织都应该加以考虑。很多时候，这些裁判成为国际法律行为的准则，而国际法委员会也常常在起草新的条约之时，援引国际法院的裁判。

近年来，国际法院越来越显示出对于一些案件的积极态度，逐渐通过解释案件扩大自己的职权。最为显著的表现就是国际法院对于科索沃独立意见咨询案的管辖。事实上，国际法院获得管辖权并不是一帆风顺的,从联大申请开始,国际法院是否有权管辖该案件的问题就被提上议事日程。一些国家认为根据宪章第 12 条规定,当安理会对于任何争端或情势,正在执行联合国宪章所授予之职务时,国际法院非经安理会请求,不得对该项争端或情势提出任何建议。而鉴于科索沃问题一直由安理会处理,因此,国际法院的咨询意见本身已经超过了可请求的范围。针对这一问题,国际法院的回答是,根据宪章第 2 条的相关规定,受到限制的只是联大在接收到国际法院咨询意见之后可采取的行动,而不是其提出咨询要求本身受到限制。因此,联大是有权利向法院提出咨询意见请求的。而还有些国家认为联大提出的该项请求不属于法律事项,因此也可否定国际法院的管辖权。针对这一问题,国际法院认为,尽管宣布独立行为本身具有政治属性,但是这不影响联大提出的问题是法律问题性质,而国际法院无论如何也不能拒绝联大针对一个法律性质问题的咨询请求。此外,针对这些问题,国际法院还进一步阐明,国际法院的咨询管辖权不是国家寻求司法救济的一种形式,而是联大和安理会等联合国机构获得国际法院意见的重要手段。国际法院也无权评判咨询意见是否可能会对国际社会带来不利后果,这样的评判缺乏一定的基础。[1]

三、国际法院在促进冲突社会法治中存在的问题

(一)国际法院对科索沃独立的态度暧昧

不夸张地说,国际法院通过对多个案件发表咨询意见,已经成为《宪章》的最高解释者。但是由于种种原因,国际法院的一些咨询意见显得有些避重就轻、避实就虚,未能解决国际法上的重大问题。近期最为显著的案例即 2010 年国际法院针对大会的申请对于科索沃独立事件发表的咨询意见。

科索沃原本是南联盟塞尔维亚共和国的一个省,由于历史的原因,这块土地向来充斥着流血和暴力事件,而科索沃也成为各种势

---

① 余民才:《"科索沃独立咨询案件"评析》,载《法商研究》2010 年第 6 期。

力在历史上竞相争抢的对象。科索沃被塞族人认为是自己生根发芽的圣地，而一直以来，塞族也是科索沃的人口数量最大的民族；而20世纪六七十年代科索沃被赋予高度自治权利；进而引发塞族人的不满，引发了塞族人大量的迁徙浪潮，直到90年代，这块总人口200万的土地，却有90%为阿族人。在西方势力的干涉下，阿族人于1991年通过所谓全民公决单方面成立了"科索沃共和国"，进而组建了"科索沃解放军"，试图通过暴力手段独立，引发了南联盟的不满，因此两方出现了敌对情绪。1998年2月28日，阿族武装分子同塞族警察发生流血冲突。从此，阿塞两族的矛盾升级，武装冲突不断。西方国家介入了科索沃危机，1999年3月24日，以美国为首的北约对前南联盟进行了长达78天的空袭轰炸。6月3日，南联盟塞尔维亚共和国议会接受了和平协议，同意南联盟军队撤出科索沃。6月10日，联合国安理会通过1244号决议。由此，科索沃成为联合国的托管地，对其的实际控制权转由联合国临时行政当局特派团实施。在1244号决议中，安理会重申所有国家"对南斯拉夫联盟共和国以及该区域其他国家的主权和领土完整的承诺"，决定"在科索沃建立一个临时行政当局，使科索沃人民能够在南斯拉夫联盟共和国内享有高度自治"，并在科索沃问题最终解决前，特派团应"促进建立科索沃的高度自治和自我管理；在必要的地点和时间履行基本民事管理职能；组织民主和自治的自我管理临时机构并监督其发展"，并"促进旨在决定科索沃将来地位的政治进程"。根据此决议精神，2002年科索沃成立临时自治政府。

各方于2006年2月20日起就科索沃问题展开谈判。谈判中，阿族和塞族的意见一直存在根本性的分歧。塞族一如既往的反对科索沃独立，不在国家主权的问题上让步，强调尊重联合国安理会第1244号决议，该决议承认科索沃是塞尔维亚的组成部分。① 塞尔维亚只同意给予科索沃实质性的高度自治，事实上，在此之前，南

① 1999年6月10日，联合国安理会通过1244号决议。根据这一决议，科索沃由联合国特派团管理，北大西洋公约组织领导的国际维和部队提供安全保障。

斯拉夫的铁托政府已经给了科索沃自治的地位。而对于科索沃单方面宣布独立的行为,塞族称其为非法行径。塞尔维亚政府宣布绝不放弃科索沃的主权,但保证绝不使用武力阻止科索沃的独立。然而谈判中,科索沃阿族一贯坚持除了"独立"其他一切免谈的立场,拒绝接受塞尔维亚提出的妥协方案。经过两年的谈判与周旋,科索沃议会于 2008 年 2 月 17 日通过独立宣言,宣布脱离塞尔维亚。虽然科索沃仍未能加入联合国,但是现时已获部分国家或地区的正式承认,其中一些国家已于该国设立了大使馆,目前世界上已有 98 个联合国会员国予以承认。①

　　根据国际法院规约第 65 条的规定,法院对于任何法律问题如经任何团体由联合国宪章授权而请求或依照联合国宪章而请求时,得发表咨询意见。同年 10 月,联合国大会以 77 票赞成、6 票反对、74 票弃权的结果通过了塞尔维亚提出的请求国际法院就科索沃单方面宣布独立提供咨询意见的决议草案。2010 年 7 月 22 日,国际法院发表其咨询意见(International Court of Justice advisory opinion on Kosovo's declaration of independence)。意见分为了五个部分,分别是管辖权与裁量权,所涉问题的范围和含义、事实背景、独立宣言是否符合国际法问题、总结论。法院最终"认为 2008 年 2 月 17 日通过的科索沃独立宣言没有违反国际法"。②

　　笔者认为,国际法院的咨询意见存在以下几个方面的问题。

　　首先,联合国大会向国际法院提出的问题是"科索沃宣布独立是否符合国际法",而不是"科索沃独立是否符合国际法"。因此,国际法院在其咨询意见中援引了这一理由,认为前者的范围比后者"狭窄";而国际法院并未就科索沃是否已经获得国家地位,或者那些承认科索沃独立的国家行为是否符合国际法等问题受到咨询,

①　资料统计截至 2012 年 12 月,数据来源:Wikipedia, *available at* http://en.wikipedia.org/wiki/International_recognition_of_Kosovo, visited on 1 May 2013.

②　大会第 65 届会议补编第 4 号,《国际法院报告——2009 年至 2010 年》,A/65/4, pp.241-249.

国际法院没有理由扩大咨询意见的范围。因此，法院说的"不违反"，也只是 2008 年 2 月 17 日通过科索沃独立宣言这个具体的行为不违反国际法，而没有说科索沃独立这一事件整体上是不是违反国际法。也就是说，科索沃宣布独立之后，国际社会如何看待，是不是承认，要不要采取什么措施，科索沃是否真的就成了一个独立国家，法院一概不予评论。法院基于两点理由作出这样的结论，即国家实践并没有禁止宣布独立的行为；虽然科索沃单方面宣布独立的做法为国际法上的国家主权和领土完整原则所禁止，但国家主权和领土完整的原则仅限于国家之间的关系，不适用于国家内部的关系。法院认为没有必要讨论自决权和补救性分离权，联合国安理会 1244 号决议没有禁止科索沃宣布独立。但是，值得注意的是，本案在提交国际法院时，其背景材料十分复杂，也牵涉了长达半个世纪之久的民族冲突，问题远远不止书面提交的措辞那么简单。但是，国际法院没有充分理会这些因素和其背后蕴藏的真正法律问题，只是浅尝辄止的依照问题的字面意思进行解释。这不得不引起国际社会的质疑。①

其次，国际法院有几处都更换了大会提交问题时使用的措辞，这一改变其实是有着深刻的意义。

一方面，联大问题中的"是否符合国际法"，在法院的咨询意见中改为"是否违反"，而对此最终得出的结论也是"科索沃通过独立宣言没有违反任何现行的国际法准则"。从严格的法律意义上看，"不违反"与"符合"并不相同。如果讲"符合"，就意味着有明确的国际法依据。而"不违反"，是指国际法中没有明确的禁止性规范。法院在针对这个问题的回答中，很明显有意识的转换了命题，用了"不违反"这个词，效果十分微妙。虽然从一般的法理原则来说，法律不禁止即为权利，但就科索沃单方面宣布独立这一行为来说有两项相互对立的权利，即人民自决权与国家主权和领土完整权。即使单方面宣布独立的行为不为国际法所禁止，国际法也不

---

① 甄鹏：《国际法院：科索沃宣布独立合法吗？》，载《世界知识》2010 年第 16 期。

允许通过这样的方式破坏国家主权与领土完整，在此语境下"法无禁止即权利"的推论是站不住脚的。①

另一方面，在界定行为主体时，法院也明显地转换了命题。联大本意是将科索沃单方面宣布独立的主体界定为科索沃临时自治机构，国际法院的咨询意见没有确认这一点，而是将科索沃临时自治机构转换为科索沃人民的代表。原因是，无论是根据安理会第1244号决议还是根据《科索沃临时自治宪政框架》的规定，科索沃临时自治机构的权限仅为负责科索沃内部日常事务的管理而不具宣布独立的权能。国际法院这一主体的转换，其目的似乎是为了增强独立宣言主体的合法性。

最后，国际法院咨询意见还谈到了联合国安理会第1244号决议，认为这个决议中也没有禁止科索沃单方面宣布独立的规定。这个说法未免脱离了第1244号决议的本意，显得过于牵强了。安理会第1244号决议在对科索沃实施"国际管理"的同时，专门强调了尊重南联盟的主权和领土完整，这是一个基本前提。"国际管理"剥夺了塞尔维亚对科索沃的实际控制，使塞尔维亚维护自身主权和领土完整的能力受到制约，但这是有条件的，即各方应该通过谈判确定科索沃未来地位，这是决议的内在逻辑。② 即1244号决议并未明确科索沃最终地位的解决，但从其序言及正文通篇看来，并没有规定科索沃有选择独立的权利。相反，能获得的唯一结论反而是，科索沃在当时并且今后都是塞尔维亚领土的一部分，塞尔维亚对科索沃的主权没有中断并将继续延续；联合国对科索沃设立的国际民事存在只是产生于为其提供保护措施的一段临时时期；未来科索沃应在享有高度自治的基础上交由科索沃人自己实行内部

---

① 何志鹏：《大国政治中的司法困境——国际法院"科索沃独立咨询意见"的思考与启示》，载《法商研究》2010年第6期。

② Robert Howse and Ruti Teitel, Delphic Dictum: How Has the ICJ Contributed to the Global Rule of Law by its Ruling on Kosovo? German Law Journal, Vol. 11, p. 76.

管理。①

科索沃单方面宣布独立，无疑是滥用了"国际管理"带来的便利条件。1244 号决议为科索沃的法律地位提供了一个依据，在确定科索沃法律地位这一问题上，只要没有新的决议出台，这一决议就依然具有法律效力。然而，科索沃宣布独立的行为本身就是违反了该决议的原则和精神；而国际法院针对科索沃宣布独立所表现出的暧昧不明的态度无疑更进一步的纵容了违反安理会决议的事实，并且间接地将安理会置于一种尴尬的地位。南联盟基于对联合国的信任将科索沃置于其管理之下，但是事实上，"联合国不仅未能阻止科索沃独立步伐和欧美国家肢解塞尔维亚，而且实际上扮演了'帮凶'角色"。②

总之，国际法院的咨询意见虽然不具有法律约束力，但对特定问题和国际法仍将产生重要的影响。就本案而言，国际法院的咨询意见再次确认了国际法院有权与安理会平行处理有关维持国际和平与安全的同一个问题，尤其是在某一情势仍由安理会处理但由于安理会的常任理事国行使否决权而不能就下一步行动作出决定时。③但是，无论国际法院在意见的措辞上如何使用一些技巧，意见也至少承认了国际法不禁止单方面宣布独立的行为，这将可能打开一个潘多拉的魔盒，成为企图破坏国家领土完整、谋求民族分裂摇旗呐喊的依据，造成难以弥补的损害。众所周知，科索沃之所以能够获得独立，绝对不是一己之力的结果，而是各个大国之间政治博弈的结果。因此，这个案件提交给国际法院，无疑也是给国际法院出了个巨大的难题。也正因为如此，国际法院才会在措施上表现得十分

---

① 赵琪：《科索沃独立的国际法分析——兼论民族自决权》，载《长春理工大学学报（社会科学版）》2010 年第 11 期。

② 余民才：《科索沃独立的国际法透视》，载《现代国际关系》2008 年第 5 期。

③ 余民才：《"科索沃独立咨询案件"评析》，载《法商研究》2010 年第 6 期。

谨慎，甚至不惜替换概念，以获得整个事件的合法性。①

（二）国际法院与安理会之间的权力竞合

国际法院对安理会制裁措施是否有司法审查，这是一个历来被多次讨论的问题。事实上，1945 年旧金山制宪会议上，比利时代表团就已向负责起草宪章中有关安理会部分条款的第三委员会第二小组提交了一份修正案，建议若安理会决议的效力涉及会员国有可能被要求放弃其依据现行国际法所享有的国家基本权利时，应允许该国请求法院就这一问题发表咨询意见，若法院认为这样的权利被侵害或有被侵害的威胁时，则安理会应当重新考虑该决议或提交大会决定。但是该修正案最后未获通过。安理会作为联合国的执行机构，是联合国六大机关中唯一有权采取行动的机关，安理会对涉及国际和平与安全的很多问题通过了决议，这些决议对于维持国际和平与安全发挥了重大作用，但在 20 世纪 90 年代，西方一些学者就针对这一问题提出质疑，即安理会的制裁决议是否会超越权力或者有所偏私呢?②

这一争点在洛克比空难(Lockerbie plane bombing)中体现的比较明显。1988 年 12 月 21 日，美国泛美航空公司的一架民用航空班机在苏格兰南部洛克比小镇上空爆炸坠毁，造成共 270 人丧生。美国地方法院对两名利比亚嫌疑人提起诉讼，美国、英国要求利比亚引渡这两名犯罪嫌疑人，但被拒绝。1992 年 1 月 21 日英、美两国将该事件提交联合国安理会，要求安理会敦促利比亚答应他们的

① International Court of Justice, Advisory Opinion Accordance with International Law of the Unilateral Declaration of Independence in Respect of Kosovo, Year 2010, 22 July, No. 141.

② See Mohamm ed Bedjaoui, The New World and the Security Council, Dordrecht Martunus Nijhoff Pubishers, 1994, pp. 37-53. 这些决议包括：安理会 1991 年通过的针对伊拉克实施制裁的 687 号决议，1992 年通过的要求各国敦促利比亚引渡涉嫌制造 1988 年美国泛美航空公司飞机爆炸案的利比亚特工的 731 号决议及对利比亚实施制裁的 748 号决议，1993 年通过的建立前南斯拉夫国际刑事法庭的 808 号决议和 827 号决议，以及设立卢旺达特别刑事法庭的决议等。

引渡要求，同时，安理会通过了 731 号决议，敦促利比亚引渡嫌疑人。1992 年 3 月利比亚向国际法院提起诉讼，主张利比亚按照1971 年蒙特利尔公约有权拒绝引渡，并给予临时保护措施。1992年 3 月，在国际法院尚未对是否采取临时保护措施作出裁决时，安理会通过了 748 号决议，该决议对利比亚实施全球性制裁。随后，国际法院否决了利比亚的请求，认为利比亚不应得到临时保护措施。

关于这一点有很多争议，有学者认为，国际法院和安理会是联合国的平行机构，宪章制定者的本意是赋予安理会不受法院审查而独立作出安理会决议的权力，因此法院作为与安理会平等的机构（宪章第 7 条规定了联合国几大机构，字面意义来看各机构彼此互相之间没有从属关系），不应有权审查安理会决议。① 而也有学者认为，正因为宪章提到了国际法院是联合国体系内的最高司法机构，因此它也当然的有权审查联合国的政治机构，亦即安理会行为合法与否。②

事实上，在笔者看来，这个案例并没有针对性的提出国际法院是否有权对安理会决议进行审查的问题。因为国际法院在作出不予临时保护措施的裁决之时，只是把这个请求当做一个普通的案件在审查，并未提及自身与安理会权限交叉或重合后怎样处理的问题，其作出的裁决虽然是在安理会相关的第 731 号和 748 号决议之后作出，但是并没有审查安理会决议的意图，只是遵循自己权限作出的独立裁决。

如果说国际法院在洛克比空难中表现出的态度还较为和缓的话，那么在 2004 年的隔离墙案中则表现出较为坚定地态度。2004年 7 月 9 日，国际法院作出名为"在被占领的巴勒斯坦领土建立隔

---

① See Report of the Special Subcommittee of Committee IV/2 on the Interpretation of the Charter, U. N. Doc. 750, IV/2/B/1, 13 U. N. C. I. O. Docs. 831, 831-32 (1945).

② See, e.g., Robert F. Kennedy, Note, Libya v. United States: The International Court of Justice and the Power of Judicial Review, Virginia Journal of International Law, Vol. 33 (1993), pp. 899, 913.

离墙的法律后果"的咨询意见(the advisory opinion rendered on 9 July 2004 by the International Court of Justice on the Legal Consequences of the Construction of a Wall in the Occupied Palestinian Territory)，认为以色列使用武力在巴勒斯坦领土建立隔离墙的行为是违法的。以色列援引《联合国宪章》第 51 条关于自卫权的规定，主张其武力建立隔离墙的行为是针对恐怖袭击的自卫行为。但国际法院认为以色列不能援引该条规定为其行为辩护，因为《联合国宪章》第 51 条规定，只在国家遭受另一国家武力攻击的情况下才承认自卫权的行使。

国际法院的上述意见和安理会关于自卫权的理解是不一致的。在美国遭受"9·11"恐怖袭击后，安理会作出第 1368、1373 号决议，通过适用自卫权规定呼吁国际社会打击恐怖主义。在上述两个决议中，安理会都没有将自卫权的适用限制在仅仅由国家实施恐怖袭击的情况。隔离墙案呈现出国际法上一个未决的重大问题，那就是如何理解国际法院与安理会在适用《联合国宪章》时发生的解释冲突。

隔离墙案中，尽管国际法院的裁决在客观上挑战了安理会在其他案例中作出的决议内容，表现出了国际法院在这个问题上的积极态度，但是这也未能从根本上解决国际法院与安理会的权限交叉问题。因为隔离墙案中，国际法院是根据大会的请求而作出的咨询意见，该权力是在宪章中得到明确规定的，且其最终作出的裁决只是与安理会过往的决议相左，并不是针对同一案例作出；相反地，在洛克比空难案件中，二个主要机构之间的紧张关系就十分的明显，一方面，法院作出裁决的依据是案件当事国一方的申请，而不是联合国大会的请求，所以其裁决内容是有拘束力的判决而并非咨询意见；另一方面，在这个案件中安理会与国际法院是面对着同一个案件，如果法院表现出积极、明确的态度，那么其造成的后果就是在实践中扩大了宪章对国际法院的固有权限的规定，即国际法院具有审查安理会决议的权力，这是一项根本性的变革。

联合国建立初期，一些学者认为安理会在宪章第七章的框架下行动完全不受任何约束(*legibus solutus*)，也就是说，它完全免受司法审查。安理会本身就是联合国的政治机构，不是法律的创造。因此无论是国际法院规约还是宪章都没有赋予国际法院以权力对安理会行动进行审查。① 然而这样的理念却与有着法治国（Rechtsstaat）传统观念的法律理念格格不入。很难想象在一个蕴含分权制衡思想的法治国家，可以同时承认安理会这样一个被霍布斯主义者称为"利维坦"的极权形式，这也与国内层面的法治精神截然相反，因此应被摒弃。②

在笔者看来，安理会必须要受到一些法律的限制，即使是受到宪章第七章所庇护的行为也要受到审查。在洛克比案件中，利比亚提出美英两国针对两名空难嫌疑人提出的引渡要求损害利比亚在蒙特利尔公约中享有的权利；这一点因为恰恰是安理会第 748 号决议提到的要求，因此，法院的审查显得极为重要。而事实是，如前所述，法院小心的避开了这个焦点问题，没有表明是否对安理会进行审查的态度，只是用短小的篇幅和一种极尽含糊的理由，作出一种对该裁决很宽泛的解释。法院的措辞是这样的："在当时的诉讼阶段，利比亚并没有要求国际法院对 748 号决议的内容进行审查，因此利比亚基于蒙特利尔公约所主张的权利也并不在临时措施的保护之下。"③事实上，从当时法院的报告不难发现，只有一名法官明确的表示反对对安理会的审查，其他法官并没有明确反对意见。④ 有人说，"安理会的存在不是为维系法律，而是为了维持和平，而后

---

① Stefanie Valta, the International Court of Justice（ICJ）Should Have the Power To Review UN Security Council Resolutions Adopted under The Aegis Of Chapter Vii Of The Un Charter. An Article Drawing, Inter Alia, from the Scope of Judicial Review In Germany, Cambridge Student Law Review, 2006, p. 2.

② W. Micheal Reisman, The Constitutional Crisis in the United Nations, American Journal of International Law, Vol. 87（1993）, pp. 83, 93, 94.

③ 1992 ICJ Report, para. 39.

④ "It would appear that the Security Council and no other is the judge of the existence of the state of affairs which brings Chapter VII into operation." Judge Weeramantry, Dissenting Opinion, 1992 ICJ Report, p. 66.

者常常不等同于法律",① 这种说法有其道理，但是需要注意的是，合法性不是和平的敌人，而是为了促进和平，因此，安理会行为的合法性才更能体现和平的真谛。如果对安理会的行动不加以限制或者缺乏可能的司法审查，那么安理会难免会陷入合法性的争议甚至重蹈国联覆辙。而加强司法审查换言之就是增强联合国行动的效力。

安理会与国际法院的权力之所以发生冲突，根本原因在于《联合国宪章》对两个机关的授权的重叠性，使得他们可能对相同的争端进行管辖，也可能在各自的立场上对《联合国宪章》进行不同的理解。正如国内一些学者所言，两个机关对《联合国宪章》的不同解释，只不过是政治与法律这两套争端解决办法的其中一种表现。但随之而来的问题是，在提供两套争端解决办法的同时，联合国会不会因为两个机关之间的冲突，而在追求其目标的路上举步维艰?② 这也需要联合国内部未来协调其主要机关之间在冲突社会法治问题上的权限冲突。这只是实体层面的问题。

其实，这两个案例折射出的更为重要的问题是，国际法院是否能够明确针对安理会业已作出裁决的事项，接受成员国申请，作出裁决，而不论该裁决结果是否与安理会的裁决不符？如果答案是肯定的，那么就证明国际法院已经具有审查安理会裁决的权力，将会引起宪章的巨大变革，也将给国际法的发展和国际社会带来巨大的冲击。

第四节　秘　书　长

一、秘书长对冲突社会法治的促进

根据《联合国宪章》的规定，秘书长的职能主要包括：在联合

---

① Hans Kelsen, the Law of the United Nations: A Critical Analysis of Its Fundamental Problems, The Lawbook Exchange, Ltd. , 1995, p. 295.
② 林健聪:《联合国安全理事会与国际法院的权力冲突》，载《云南大学学报法学版》2010 年第 1 期。

国大会、安理会、经社理事会等机构的会议中，以秘书长资格行使职权，包括提交报告、提出建议、跟踪落实情况等；召集联大及联大特别会议；将其认为有可能威胁国际和平与安全的事件提请安理会注意；就重大国际问题发表声明或发出倡议；就国际争端等进行斡旋与协调等。①

秘书长是联合国的行政首长，他在履行职责时不能无视会员国的立场与关切，更难以左右各国政府的行动。《宪章》赋予秘书长以维持国际和平与安全的责任；据此，秘书长的权力可以是由大会或者安理会委托的。一般而言，联合国各个机构对于维持和平任务的分管内容有所不同，但是在冲突社会，情势往往十分危急，当和平与安全遭到威胁甚至被破坏之时，秘书长作为一个独立的机构，则可以作出快速准确的反应，这是其他机构不具备的优势。正是由于秘书长拥有极为广泛的自由度，可以独立作出政治判断和决策，这种空间使秘书长成为国际舞台上极为重要的政治角色。

有学者认为，如果说宪章的规定是秘书长权力的主要渊源，那么，秘书处作为联合国六个主要机构之一，这本身就意味着其长官秘书长可以具有宪章规定之外的隐含性权力。② 具体而言，在维护国际和平与安全上，联合国需要一个单一的行政长官，也正是因为如此，与安理会和大会相比较而言，秘书长更有其优势。③ 首先，从宪章的本意来看，是为了赋予秘书长以高度的特权，尤其是在国际社会的认识里，秘书长代表了整个联合国，也是遵守宪章基本原则和精神的最好代言人。其次，秘书长自身的能力、魄力以及高度的独立性、团队的协作、公正性，也是其自身建立威望的重要因素。最后，人们对于秘书长的尊重与信任也来源于历史上数次秘书长在冲突和危机之下所作出的重要努力以及外部广泛的以及隐含的

---

① 参见《联合国宪章》第7条，第97条，第98条，第101条。

② Roman Krys, the Secretary-General's Political Role of Peacemaker, The Military Law and the Law of War Review, Vol. 23 (1984), p. 144.

③ United States Department of State, Bulletin, Vol. LVIII, No. 1488, U. S. Government Printing Office, January 1, 1968, p. 20.

授权。然而所谓"隐含授权"的提法受到很多质疑，尤其是联合国初期对朝鲜发动的战争，秘书长就是在所谓隐含授权的幌子下做的决策，这一点也被社会主义苏联等广大国家所诟病。事实上，问题的根源不在于秘书长是否具有政治属性，而是其应该在严格的遵守国际法原则和维护国际和平与安全的准则之下发挥政治属性的优势，灵活、快速的对危机事件和冲突环境作出反应。

二、冲突社会中秘书长职能的发挥

在联合国系统内，秘书长在政治领域的职责由政治事务部支助，后者与其他部门、办事处和联合国机构紧密处理这项工作的许多方面。政治部的一项主要职责是监测全球的政治事态发展和查明联合国的潜在冲突。政治部也是联合国系统预防与和平建设的协调中心。大会认识到预防性外交的适时运用是紧张局势尚未触发冲突以前最适当、最有效的缓和办法。为此目的，政治部致力于制订推行预防性外交的最有效办法，其中包括实况调查团、特使视察、秘书长斡旋和在不同区域设立由几个主要会员国组成的秘书长之友小组。政治事务部现正致力于增强其预警和分析能力；通过培训提高其工作人员的质量；改进与联合国其他部门、基金和机构的协调和合作；改进与各国政府及区域组织的合作；改进与研究所和有关非政府组织的联系；使用预防性行动信托基金支助实况调查团和调解特派团及旨在化解潜在冲突和防止现有争端升级变成冲突的其他活动。①

政治部还正在加强其能力，在联合国系统内发挥其作为冲突后建设和平的协调中心的作用和协同联合国其他行动者支助越来越多的联合国建设和平行动。

除了历届秘书长的共同职能之外，秘书长的特殊之处还在于这项职权依靠的不仅是政治性委托的结果，还处处体现着每一任秘书长本人浓厚的的个人因素和特色。从哈马舍尔德时代所创造出的秘

---

① 参见联合国网站，http：//www.un.org/chinese/peace/issue/prevention10.htm，访问日期 2012 年 1 月 3 日。

书长行使所谓"非正式外交行动"到上世纪 90 年代加利著名的和平理论的提出。超级大国之间冷战的结束给了联合国秘书长更多的自由空间，但是却使得人们对加利产生了不合理的期望，他在联合国的工作方式使联合国走入了信任危机；而他的继任者安南，则有很高超的外交技巧，但是由于 2003 年美军攻打伊拉克，安南采取了强硬态度，使美国和联合国关系陷入空前紧张；同时另一方面联合国的"石油换食品"计划所暴露出来的腐败问题和管理不善，严重破坏了联合国改革，也影响了安南的任期。赫鲁晓夫（Khrushchov）曾这样描述对联合国秘书长的客观认识："世界上有中立国，但没有中立的人。"对于秘书长的个人中立地位表示出强烈的质疑。①

现任秘书长潘基文则在其过去几年的工作中充分体现了"利而不害、为而不争"的作风。在过去的几年中，潘基文的工作可以说既无大功，也无大过。一些地区冲突得到缓解，但另一些冲突又在上升。2007 年联合国维和部队得以驻扎苏丹达尔富尔，2011 年通过公投，南苏丹独立。2008 年国际救援得以进入缅甸。伊拉克、阿富汗和南亚地区的安全形势有所好转。但是，2011 年初以来，北非、中东局势紧张，突尼斯、埃及、也门、利比亚、叙利亚等国出现政治动荡，甚至爆发战争。联合国安理会 1973 号决议的执行事与愿违，联合国秘书长潘基文除了关切和呼吁，似乎也无能为力。②

总之，在冲突社会中，历届秘书长的工作职能是十分有限的。譬如，秘书长的反对未能阻止 2003 年的伊拉克战争；秘书长的关切也未能避免卢旺达大屠杀等令人痛心疾首的侵犯人权事件。历史上，秘书长有时受到超级大国的影响而作出损害国际和平与安全的决策。例如挪威人赖依（Trygve Lie）在关于朝鲜战争问题上的表现引发了国际社会的不满甚至引起了联合国威望的巨大减损。有时会

---

① Walter Lippmann, Interview with Chairman Nikita Khrushchev, New York Herald Tribune, 17 April 1961.

② 张贵洪：《利而不害、为而不争——评联合国秘书长潘基文》，载《领导之友》2011 年第 9 期。

根据国际社会情势的变化积极行动发挥作用，如随后的秘书长哈马舍尔德在维和行动方面的贡献、国际法学家出身的秘书长加利在维持和平、建立和平、缔造和平等重要理论上的贡献以及秘书长安南在新千年宣言以及联合国成立60周年报告中表明的立场和数次冲突中对于秘书长职权的正确行使，都一再地重塑了秘书长的应有形象。

秘书长理应具有强大的道德感召力和政治公信力。联合国成立至今，先后已有8位秘书长，分别来自于欧、亚、美、非四大洲中的八个国家，他们的共同特点是有着非凡的外交才华和卓越的外交经历，懂得多国语言并均能以其作为秘书长独特的人格魅力和过人的组织能力斡旋于世界各国之间，他们在冲突的预防、管理和冲突后的重建中发挥了一定的作用。

三、冲突社会中秘书长职能的发展方向

未来秘书长的角色将会是国际公务员还是政治家？后者将意味着秘书长成为一种政治性的角色，前者则意味着是一种非政治化的角色。有学者认为秘书长是世界政治舞台上一个独特的角色，不能说具有绝对的政治性或者非政治性。[1] 事实上，从以上分析不难看出，秘书长是集法律性、政治性功能为一体的，不会是单纯的法律体也绝不能是单纯为国际政治所操控的大国代言人。随着国际形势发展变化，多边主义走向深入，联合国在冲突社会建立法治任务中的核心地位将进一步得到加强，秘书长也必将发挥更为重要的作用。正如安南所说："作为联合国秘书长，我是啦啦队长，我是组织者，我是推销员，我是催债者，我是聆听倾诉的人，还有其他方面有待发掘。"[2]

---

[1] Simon Chesterman, Secretary or General? Simon Chesterman ed. , The UN Secretary-General in World Politics, Cambridge University Press, 2007, pp. 1-12.

[2] Kofi Annan, on his first 13 months as secretary-general of the UN, in: Time, 9 March 1998.

第八章　中国对建设冲突社会
法治的贡献

第一节　中国外交政策对冲突社会法治的支援

前国际法院的大法官拉赫斯（Manfred Lachs）曾说："我们早已生活在一个国际组织纵横其间的时代了。"①这充分肯定了这个时代国际组织不可替代的作用。这一点在冲突社会的法治建设中体现的尤其明显。尤其是作为最重要国际组织的联合国，可以说，冲突社会促进法治，建设永久和平就是在其框架下进行的重要工作之一。

中国参与联合国的行动，不但增强了联合国在冲突社会建设法治的力量，更增强了中国在国际组织中的代表性和参与性。但是，由于中国与国际组织的互动是分阶段进行的，从最开始的不愿参与到消极地参与，再到主动参与，甚至建立新的国际组织，经历了一个逐渐演变的过程。因此，中国对于联合国在冲突社会法治行动的支持和参与也主要是近些年开始的。中国在新时期与国际组织互动积极，显示出中国对参与国际社会活动的极大热情以及对于全球化环境下建立法治的尊重。

从 2006 年联大首次将"国家和国际两级法治"问题列入六委议题起，中国的外交代表每年都在联大会议上针对国际法治发表立场文件，体现了中国参与冲突社会法治建设的决心，同时也为中国促进国际法治实践奠定了重要的理论基础。2006 年的立场文件中，

---

① 饶戈平：《全球化进程中的国际组织》，北京大学出版社 2005 年版，第 4 页。

中国外交代表段洁龙肯定了联合国积极预防和解决地区冲突，设立特设刑事法庭，把违反国际人道法和人权法的个人绳之以法的行动，强调联合国安理会是通过法治手段，维护国际和平与安全的重要机构。2007 年，中国代表重申中国在应对全球性威胁与挑战方面的立场，即继续支持联合国在法治等领域的核心工作。在 2008 年、2009 年、2010 年、2011 年以及 2012 年的立场文件中，基本都延续了这一观点。尤其是 2012 年立场文件进一步指出："中国一直积极倡导、支持并践行多边主义，大力推动联合国在国际事务中发挥核心作用。中国将继续积极参与联合国各领域活动，维护联合国权威，继续坚定维护《联合国宪章》的宗旨和原则，大力推动联合国在发展等相关领域发挥更大作用，推动联合国更加重视维护广大发展中国家的利益，为建设持久和平、共同繁荣的和谐世界作出更大的贡献。"①

　　时任中国外交部长的李肇星于 2003 年 9 月 24 日在联合国安理会外长会议上发言时指出，中国支持联合国在帮助冲突地区或国家确立司法公正与法治方面发挥积极作用。② 他认为："与维护和平一样，冲突后建设和平对有关国家和地区长治久安有着重要的意义。尽快确立司法公正与法治，是冲突后地区或者国家实现稳定与发展的必要条件。在联合国维和行动和战后重建之中，协助当事方建立和维护司法公正与法治的工作应该得到高度重视。中方支持联合国根据当事国的需要和实际情况发挥积极作用。实现冲突国家的和平与稳定是一项系统的工程，涉及诸多方面。除司法公正和法治之外，应尽快建立具有广泛代表性的政府，促进民族和解，实现民族和谐共处；尽快创造良好的治安环境，让重建工作安全有序的进行。他说，冲突的结束并不意味着和平的降临。导致冲突的原因不尽相同，但是大多与贫困落后密切相关。没有发展，公正与法治只

　　① 《第 67 届联合国大会中方立场文件》，http：//www. gov. cn/gzdt/2012-09/19/content_2228210. htm，访问日期 2013 年 2 月 4 日。

　　② 参见中国新闻网，http：//www. chinanews. com/n/2003-09-25/26/350505. html，访问日期 2012 年 5 月 21 日。

能是空中楼阁。中方强烈呼吁国际社会将发展摆在重建和平的关键位置。安邦定国需要法治，处理国际关系同样需要法治。坚持公理，维护正义，履行国际义务，是联合国对世界人民的庄严承诺，是《联合国宪章》的核心内容；而缔造一个和平与稳定、公正与法治的世界，只能靠加强国际合作、倡导多边主义、实现国际关系民主化和法治化。"①他同时指出，"《联合国宪章》以及其他国际关系准则必须得到切实的尊重和维护。各国都要成为国际大家庭中负责任的一员，在国际机制和国际法框架内应对各种挑战"。② 这些看法与近几年来外交部的立场性文件是一脉相承的，反映出了中国在应对联合国在冲突社会建设法治任务的基本观点。

2012 年 9 月 27 日，外交部长杨洁篪在纽约联合国总部出席第 67 届联合国大会一般性辩论并发言。他指出，当今世界正在发生重大而深刻的变化，求和平、谋发展、促合作已经成为各国人民的普遍愿望和国际社会的共同追求。与此同时，世界经济增长的不稳定不确定因素增多，国际安全形势错综复杂。面对前所未有的机遇和挑战，中方主张在国际关系中倡导平等民主，在发展进程中寻求合作共赢，在全球治理中实现公正实效，在多元文明中推动共同进步，在相互依存中谋求普遍安全。③

联合国在冲突后建设和平领域取得了显著成绩、积累了丰富经验，但也面临不少挑战。王民指出了联合国展开冲突后建设和平工作应该注意的问题。首先，冲突后建设和平应充分尊重当事国的自主权。冲突后国家对本国建设与和平负有首要责任。国际社会在协助当事国开展建设和平工作时应尊重其意愿，努力帮助其加强国家能力建设，提高治理水平，同时要考虑到不同国家的国情差异，采取统筹协调、有针对性的工作方式，加强与当事国的伙伴关系。联

① 参见中国新闻网，http://www.chinanews.com/n/2003-09-25/26/350505.html，访问日期 2012 年 5 月 21 日。

② 参见中国新闻网，http://www.chinanews.com/n/2003-09-25/26/350505.html，访问日期 2012 年 5 月 21 日。

③ 参见中国新闻网，http://www.chinanews.com/gn/2012/09-28/4219945.shtml，访问日期 2013 年 2 月 4 日。

合国及有关机构在协助当事国制定建设和平综合发展战略时，应尊
重当事国自主确定的优先领域，① 重点致力于稳定安全局势、推动
政治和解、加强民主建设，高度重视解决威胁和平与安全的根源性
问题，特别是经济与社会发展问题。建设和平也要制订撤出战略，
实现向持久和平与可持续发展的顺利过渡。其次，冲突后建设和平
应最大限度的发挥资源效用。联合国应继续关注建设和平所面临的
筹资、专家队伍建设等问题，敦促国际社会继续向冲突后建设和平
工作提供资源，共同努力拓展筹资管道。联合国建设和平基金也应
进一步完善工作机制，加强绩效管理，提高资金使用效率。最后，
还应进一步发挥非盟等区域组织和次区域组织在建设和平领域的独
特优势。王民同时强调，中国一贯支援冲突国家建设和平的努力，
愿与国际社会一道，为帮助冲突国家实现持久和平稳定、促进经济
社会可持续发展作出应有的贡献。②

第二节　中国积极参与联合国框架下的和平行动③

一、中国对联合国和平行动的理论贡献

中国一贯支援联合国在国际事务中发挥重要作用，强调联合国

---

①　王民早先在 2011 年 1 月 21 日于安理会会议就已经阐述了这个观点。
他认为和平重建问题是冲突后国家面临的共同挑战，也是国际社会防止冲突
后国家重陷冲突的重要手段之一。冲突后国家应担负起本国和平重建的首要
责任。各方应充分尊重当事国的主权和意愿，加强国家自主权和国家能力，
为可持续和平与发展奠定基础。国际社会的作用应是提供支援，而不能越俎
代庖。参见中国政府网新闻：《冲突后国家应担负本国和平重建首要责任》，
http：//www. gov. cn/jrzg/2011-01/22/content_1790409. htm，访问日期 2012 年
12 月 27 日。

②　参见联合国网页新闻：《联合国应从四个方面推进冲突后建设和平工
作》，http：//www. un. org/chinese/News/fullstorynews. asp？newsID = 16553，访
问日期 2012 年 12 月 27 日。

③　本节涉及的行动范围较为广泛，因此后文拟用和平行动来指代中国
加入联合国以来参与的所有冲突社会和平事项相关的行动。

和平行动要以《联合国宪章》的精神为指导，恪守《联合国宪章》宗旨与原则。而20世纪90年代，针对维持和平行动，中国国务院副总理兼外交部长钱其琛就提出应该确立行动的基本指导原则，这也是中国政府首次全面、完整地提出联合国和平行动应遵循的基本原则①。

首先，中国认为和平行动应该遵循联合国宪章的宗旨和原则。中国政府一再表明中国支持符合《联合国宪章》的和平行动，维护安理会地位和《联合国宪章》的尊严，强调和平行动中尊重有关国家主权的重要性②；同时，主张大会和秘书长也均应按照《宪章》的规定发挥其应有的作用，大会根据安理会的决定和授权负责实施各项和平行动的权力也应得到尊重。联合国派出人员应是和平的维护者，而不是冲突的制造者，和平行动的成功取决于会员国和冲突的各方和平解决争端的政治意愿，所以中国主张在国际和平行动中，不能采取双重标准，不能把个别或少数国家的政策主张强加给安理会，不能允许少数国家借联合国和平行动之名，干涉别国内政。

其次，中国认为，联合国主导下的和平行动只是联合国促进国际和平与安全、巩固集体安全的的重要手段之一。一方面，和平行动不只是单纯的军事行动，而且是涵盖政治的援助和经济支持、社会的重建等多种要素的综合性行动。另一方面，由于全球金融危机的持续蔓延，维和资源日益紧缺，为加强联合国和平行动的有效性，联合国会员国应该按时缴纳会费，确保和平行动顺利开展，各方应该探讨创新融资管道，支援对和平行动的评估与监督等。

最后，中国坚持在和平行动的开展要以受到联合国安理会的授权为前提。如果没有联合国安理会明确的授权，和平行动可能会被某些大国或国家集团利用来达到自己的战略意图或实际利益。在联

---

① M. Taylor Fravel, China's Attitude towards UN Peacekeeping Operations since 1989, Asian Survey, Vol 36 (1996), p. 95.

② James D. Perry, Operation Allied Force: The View from Beijing, Aerospace Power, Journal-Summer 2000, 209.

合国和平行动的实践上，中国政府始终坚定明确授权的立场。例如，中国政府曾坚决反对以美国为首的北约对南联盟的军事行动，支持联合国发挥积极作用，要求通过谈判和平解决科索沃问题，并主张解决方案应充分听取和尊重南联盟的意见。①

二、中国对联合国和平行动的实践贡献

1981 年 12 月 14 日中国第一次投票赞成增派联合国驻塞浦路斯的维和部队。1988 年 12 月，中国正式成为维和行动特别委员会成员，并开始参加联合国对维和行动的审议工作。1990 年，中国第一次向中东地区派遣了军事观察员，此后陆续向"联合国停战监督组织"、"联合国伊拉克—科威特观察团"、"联合国柬埔寨先遣团"、"联合国柬埔寨临时权力机构"、"联合国西撒哈拉公民投票特派团"、"联合国莫桑比克行动"、"联合国利比里亚观察团"、"联合国塞拉利昂观察团"、"联合国塞拉利昂特派团"、"联合国东帝汶过渡行政当局"、"联合国阿富汗特派团"、"联合国埃塞俄比亚——厄里特里亚特派团"和"联合国刚果(金)特派团"等联合国维和行动派出军事观察员、军事联络官、军事顾问和工程兵部队等军事人员。非洲首位女总统、利比里亚总统瑟利夫(Sirleaf)高度评价了中国维和官兵的杰出贡献："利比里亚人民要拥抱中国维和部队。这里的百姓赞扬中国维和部队为发展利比里亚所作出的贡献。赞扬他们严明的纪律和高效的工作方式。这也提升了中国人的形象，所以他们在这里非常受欢迎。"②联合国特派团一名高级官员形象地说："联合国特派团任务是在中国运输分队车轮的支撑下推进的。"③

1988 年 12 月 6 日，第 43 届联合国大会一致同意中国加入联合

---

① Bates Gill and James Reilly, Sovereignty, Intervention and Peacekeeping: the View from Beijing, Survival, Vol. 42 (2000), p. 65.

② 赵蔚彬：《国际维和与中国"蓝盔"》，载《世界知识》2008 年第 3 期。

③ http://news.xinhuanet.com/mil/2007-07/31/content_6453517.htm，访问日期 2013 年 1 月 25 日。

国维持和平行动特别委员会，这是中国参加联合国和平行动的开端。1988 年 12 月，安理会通过了向纳米比亚派遣联合国过渡时期协助团的决议。1989 年 5 月，中国派出观察组到纳米比亚观察其独立进程，并派出 20 名文职人员参加联合国驻纳米比亚过渡时期协助团，参与对纳米比亚制宪议会选举的监督工作。这表明中国已经正式开始参加联合国和平行动。1990 年，中国第一次向联合国停战监督组织派出 5 名军事观察员。1992 年 4 月，中国向联合国柬埔寨临时权力机构派出由 400 名官兵组成的工程兵大队，开创了中国军队派遣成建制部队参与联合国维和行动的先河。2002 年 1 月，中国正式参加联合国和平行动一级待命安排，并准备在适当时候向联合国和平行动提供工程、医疗、运输等后勤保障分队。

目前，中国成建制的维和部队主要集中在非洲，中国已成为非洲维和机制中的主要力量之一。自 1990 年以来，中国已经参加了联合国在非洲的 9 项维和行动，占中国全部维和任务的 56%，先后派出 3000 多名维和人员，占中国维和总人数的 50%。依照维持和平的职能特性，联合国维和行动可以分为四类，即监督停火及脱离接触、预防性部署、单一任务的维和特派团、综合性维和行动。就中国在非洲的维和行动而言，大致可以划分为三种类型，即"监督停火及脱离接触"、"单一任务的维和特派团"、"综合性维和行动"。中国参与最多的是"综合性维和行动"，其次是"监督停火及脱离接触"行动，"单一任务的维和特派团"位列第三。迄今，中国从未参与联合国"预防性部署"。需要强调的是，"监督停火及脱离接触"是中国参与最为谨慎的维和类型。这种维和主要发挥军事效用，是希望在冲突各方之间起到一种隔离或缓冲的作用，而且交战方往往是相互敌对的国家，其任务严峻，情况复杂，维和期限也比较漫长。与之相反，中国更倾向于参与"综合性维和行动"。中国主张："维和行动应重在发挥政治优势和综合功能，避免片面强调军事职能。只有这样，维和行动才有利于驻在国和地区的长治久安，赢得广泛支持并获得成功。"

有限参与"监督停火及脱离接触"行动，而积极参与"综合性维和行动"显示：中国卷入国家间冲突较少，更多参与解决缺少外部势力干扰的国内冲突。一些外国学者曾经认为，中国对联合国维和行动采取了谨慎、保守的态度，支持传统的维和行动，而反对非传统的维和行动。认为中国对维和的保守态度来自于对国家主权原则这一规范的维护。但事实上，随着维和实践的深入，中国开始辩证地看待主权原则与道义原则，认为不干涉他国内政是遵守国际法准则，但当别国处于危急时刻、主动提出维和请求时，充分顾及和平大义，及时出兵维和也是履行国际道义。但道义原则必须服从于主权原则，即维和行动必须征得当事国的同意，并严格尊重其独立、主权和领土完整。① 每项维和行动都必须有明确的任务权限规定，任何国家都不得利用维和行动谋取私利或干涉别国内政。上述思想表明，中国更多从动态而非静态角度理解国家主权，对主权原则的理解程度会强烈影响中国参与维和行动的方式。国际道义的因素在中国新时期的外交战略和外交实践中正起着日益显著的作用。

实践中国逐渐认识到和平行动是在当时国际形势下维护国际和平与安全的重要手段，能起到和平解决争端和缓解紧张局势的作用。作为安理会常任理事国之一，中国参与和平行动的态度逐渐从"不介入"发展为"全面参与"，以推动国际政治、经济秩序朝公正、合理的方向发展。1988 年以来，中国共向联合国维和行动派出军事人员、警察和民事官员 20000 余人次。目前有近 2000 名中国维和人员在维和行动中执行任务，在安理会五常任理事国中名列前茅，是联合国维和行动第 16 大出兵国。②

中国认为，维和行动应在《宪章》的宗旨和原则的指导下进行，并遵循联合国在多年实践基础上形成的行之有效的原则，特别是尊重国家主权、不干涉内政和公正、当事方同意及除自卫外不得使用武力等原则。中国支持联合国维和行动，积极参加安理会和维和特

---

① Norrie MacQueen, Peacekeeping and International System, Routledge, 2006, p. 17.

② 外交部：《2012 年第 67 届联合国大会中方立场文件》，http://www.gov.cn/gzdt/2012-09/19/content_2228210.htm，参见外交部网站，访问日期 2013 年 3 月 8 日。

委会的有关讨论。中国对联合国维和行动改革持积极态度，希望加强其作用，提高其效能，增强维和行动的快速反应能力，并在冲突后重建领域发挥更大作用。中国支持严肃维和人员纪律，调查并严惩维和人员中存在的性剥削等玷污维和行动声誉的行为。作为安理会常任理事国，中国十分重视联合国在维和领域的工作，并作出了自己的贡献。

中国不仅增加了自身对联合国在冲突社会法治行动的支持，甚至在某些领域成为了核心力量，为维持和平、解决争端、消除战祸等发挥了重大和独特的作用。近年来，随着改革开放的深入、经济建设的蓬勃发展和综合国力的不断增强，中国在参与联合国和平行动事务中的能力和范围不断拓展、投入不断增多，使参与和平行动的规模更为扩大、程度更为加深，充分展示了中国作为世界"负责任大国"的形象和风范，并全面提高了中国的国际地位、强化了国际安全合作。

一方面，中国维和部队为促进和平、解决争端、维护地区安全稳定、加快有关国家经济和社会发展作出了实实在在的贡献。在一些国家不太愿意提供医护人员和工程人员的情况下，中国向柬埔寨、东帝汶、海地、刚果（金）等国的联合国维和区派出了大量工程、运输、医疗部（分）队。联柬机构主席明石康（Yasushi Akashi）高度评价说："没有中国工兵的参与，联合国驻柬埔寨临时权力机构不可能取得如此大的成功。"①联合国副秘书长格诺（Geno）指出："联合国需要纪律严明的部队，中国派出的恰恰是这样的部队；联合国需要专业技术强的部队，中国派出的恰恰是这样的部队"，"中国人民解放军使维和行动焕然一新，他们帮助着远方的人民，改善着他们的生活，大大增强了联合国维和行动的力量"。②

---

① 刘逢安、蔡鹏程、王安民：《总参某工程兵旅赴国外执行联合国维和任务纪事》，2006 年 9 月 15 日，参见中国军网：http://www.chinamil.com.cn/sitel/2006ztpd/2006-09/15/content_586532.htm，访问日期 2012 年 1 月 25 日。

② 赵蔚彬：《国际维和与中国"蓝盔"》，载《世界知识》2008 年第 3 期。

　　另一方面，中国维和警察协助饱受战祸蹂躏的任务区社会恢复，促进社会、经济和政治稳定。面对充满暴力流血和敌对冲突的混乱环境，中国维和警察出色完成了东帝汶独立后的第一次总统大选和议会大选的安全保卫工作，他们在国家指挥中心、弱势群体保护、行动指挥、人事部门、地区分局等重要部门担任要职，为维护东帝汶社会稳定和协助国家重建作出了积极贡献。在海地，中国维和警察防暴队的主要任务包括配合和支援当地执法工作，处置群体性治安突发事件，参与重大公共活动的现场警卫，以及组建、培训当地警察防暴队。中国维和警察防暴队在海地期间表现优异，被誉为"模范警队"和参观示范点。联海团特别代表艾德蒙·穆莱特（Edmund Mulet）褒扬中国防暴队："为推进海地和平进程和维护世界和平事业作出了杰出贡献。"①

　　此外，中国还对联合国维和机制的原则提出了自己的观点和主张："联合国维持和平行动应遵循《联合国宪章》的宗旨和原则，特别是尊重国家主权和不干涉内政的原则；维持和平行动应事先征得当事国同意、严守中立以及除自卫外不得使用武力；应坚持以斡旋、调解、谈判等和平手段解决争端，不应动辄采取强制性行动，不能实行双重标准，不能借联合国之名进行军事干涉；应坚持实事求是，量力而行，不在条件不成熟时实施维持和平行动，更不应使之成为冲突一方，偏离维持和平行动的根本方向。"②中国提出的这些原则体现了发展中国家的利益诉求和愿望，有助于保持联合国维和行动作为重要的国际安全机制的活力，推动了维和机制的完善。

　　中国广泛的参与联合国在冲突社会的建设和平行动，除了提供军事和警力上的支援以外，还包括资金和社会发展方面的援助。

　　中国支持建设和平委员会及建设和平基金的工作。中国认为委员会应重视三方面工作：一是既要在受援国开展速效项目，也要着

----

　　① 参见人民网，http://war.163.com/07/1228/08/40PMJBO500011MTO.html，访问时间2012年5月2日。

　　② 中华人民共和国国务院新闻办公室：《2000年中国的国防》，载《人民日报》2000年10月17日。

眼其长远发展；二是充分尊重受援国的意见，确定好优先领域；三是发挥好在各相关机构之间的协调作用，并加强与联大、安理会、经社理事会等机构的合作。①

此外，中国在一些重点区域给与了大量的经济和社会发展层面的援助。向苏丹南方提供了 6600 万元人民币的无偿援助，并为南方培训人才，参与南方建设，向达尔富尔地区提供了 1.8 亿元人民币的人道和发展援助，向非盟和联合国信托基金分别提供了 230 万美元和 100 万美元捐款，积极参与联合国苏丹特派团和联合国非盟达尔富尔特派团的和平行动；在索马里冲突中，中国支持索马里过渡联邦政府寻求民族和解以及非盟和有关地区组织为推动索和平进程所做的努力，呼吁国际社会加大对索马里过渡联邦政府和非盟在索和平行动的支持力度，近年来，也多次向索过渡联邦政府和非盟在索和平行动提供援助。②

三、中国参与联合国和平行动的挑战

中国参与联合国和平行动也面临着许多现实的挑战。

第一，庞大的维和经费增加财政支出负担。显然，目前维和规模和维和经费都无法满足世界对维和的真实需求，中国如果想大规模参与维和行动，扩大维和行动的话语权，一个最直接的要求就是继续大规模增加投入到维和行动中的经费。联合国很乐见中国扩大对维和行动的投入。但是，在当前形势下，中国没有必要突出强调要大规模参与维和行动，大幅度提升维和行动的话语权。如果不顾国情，将大量的人力、物力和财力投入到联合国维和行动，对中国来说是得不偿失的。

第二，中国提升维和行动的话语权可能引发利益冲突。提高在

① 中国外交部：《第 63 届联合国大会中方立场文件》，参见 http：//www.fmprc.gov.cn/chn/gxh/wzb/zxxx/t512750.htm，访问日期 2012 年 12 月 23 日。

② 中国外交部：《第 65 届联合国大会中方立场文件》，参见 http：//www.mfa.gov.cn/chn/gxh/tyb/zyxw/t751978.htm，访问日期 2013 年 1 月 3 日。

维和行动中的话语权是否与我国现有国力相符合是我们要考虑的又一个问题。中国大幅度提升参与联合国维和行动规模，势必打破原有维和机制中大国博弈的平衡。冷战以来，维和机制有了重大改观，发展中国家在维和行动中的话语权得到了大幅度的提升，但是从根本上来讲，联合国维和行动在很大程度上还是由个别大国把持的。如果中国要大规模扩大参与维和的规模，势必和一些国家步调不一致，某些时候甚至会出现对立的意见。若中国在维和行动中的话语权在短期内盲目提升，则其同原有维和行动话语权把持者的冲突将大大增加。

欧美等国对联合国维和行动的相对控制力可能下降，这是因为发展中国家相对提升了联合国维和行动的话语权。但绝对控制力下降的幅度不会很大。在一些其利益相关地区的控制力则会不降反升。而中国在这些地区维和的大国博弈中势必处于劣势。中国主观提升维和话语权的愿望将和欧美等国的反弹产生矛盾。由于欧美等国对维和行动的绝对控制权在未来长时间内是不会改变的，中国要提升联合国维和行动话语权的愿望难以有突破性进展。

第三，与"不干涉"原则相悖。中国大幅度提升参与联合国维和行动规模，势必在某些方面干涉到他国内政。而中国当前在中东、非洲等维和高频率区的经济投资是建立在一贯的"不干涉他国内政"的外交政策之上的。虽然，联合国维和行动坚持"中立"、"不干涉"等原则，但是，完全的"中立"与"不干涉"是很难做到的。当前联合国维和行动具有复杂性、多样性等特点，维和行动和宗教、领土、民族等问题交织在一起，维和部队既想稳定局势，而又想独善其身是不可能的。当事方同意、公正中立和除自卫外不得使用武力是联合国实施维和行动的三大基本原则。联合国在维和实践中不断地扩充了自卫权的范围，而这种扩充进一步让"不干涉"原则难以得到保障。2003年，联合国维和行动研究小组发表的《卜拉希米报告》指出："公正中立原则并不意味着维和行动在任何时候、任何情况下对冲突的所有各派均采取中立和平等的立场；维和部队的武装还击应足以阻止针对自己以及其所保护的平民的进攻，特别在形势危机时，不应强迫维和部队放弃对进攻者采取主动进攻的权利。"①这样一来，联合国维和部队在维和行动中，在一定程度上干涉所在国内政是必须也是现实。目前，中国参与维和行动的主要是军事观察员、工兵、医务人员以及武警。但是，随着中国参与维和行动规模地扩大，派遣成建制装甲武装部队直接参与联合国维和行动是必然的。到那时，中国要像现在一样不和维和所在国各派起冲突是不可能的。中国维和部队一方面将更好地保护其在维和所在国的财产和人员安全，但是也将使"不干涉"原则大打折扣，其在当事国的投资也势必会受到极大的影响。此外，如果中国全方位大规模地扩大维和行动参与的规模，派遣成建制装甲部队参与维和行动，不但会让维和当事国产生误解，也会给某些国家留下"武力扩张"的口实。在现阶段，中国不适宜派遣成建制装甲作战部队出国参与维和行动。②

第四，尽管在目前中国维和军事人员的数量在联合国安理会 5 个常任理事国中居首位，但中国在所参与的各项维和行动中并不承担主导角色，这表明中国参与维和的范围虽广，但深度不够。因此，中国维和的重点应体现在质的提高上，中国不仅要作为一个普通的参与者，而且要努力成为调控者。首先，在机制的完善方面，中国的主张应该更加具有建设性。1971 年中国在联合国恢复席位以来，逐渐加入了各种讨论，但是中国对于与自己国家利益的讨论参与的并不充分。③ 中国应在承担国际义务的同时，在国际机制中维护自己的国家利益，取得权利与义务平衡的保障，提出建设性倡议。而要做到这些，需要一个国家具有远大的战略眼光、系统深入的研究和创新的思维，以及良好的决策机制和协调机制。这是中国今后必须努力加强的。其次，在参加维和行动上，中国部署的维和

---

① Annex, Identical letters dated 21 August 2000 from the Secretary-General to the President of the General Assembly and the President of the Security Council, A/55/305 - S/2000/809, 21 August 2000.

② 王乐丰：《论中国大规模参与联合国维和的危机》，载《大庆师范学院学报》2011 年第 1 期。

③ ［美］伊丽莎白·埃克诺米、蜜雪儿·奥克森伯格主编：《中国参与世界》，新华出版社 2001 年版，第 67 页。

任务应更具选择性。并非所有的维和都适合中国参与。而非洲是联合国维和行动的重点区域，也应是中国参与维和的重点区域。最后，目前，无论经费支援能力，还是人员训练培训能力，中国都还不能与主要发达国家相提并论。在提高维和人员的素质方面，中国的培训工作应更具系统性。①

第五，中国参与国际和平行动的国内法律依据不足。许多国家在宪法和军事基本法中都会对参加联合国维和行动的相关问题作出原则规定，如制定专门法律或修改国内法以适应参加联合国维和行动的实际需要。例如有关的参加行动之法律依据、部队指挥权、军官任用、后勤保障、自卫权、违法违纪人员的责任及惩处等。据报道，韩国已经制定出《协助联合国维持和平行动法》。日本也有相关的法案《协助联合国维持国际和平活动法》。② 这应当是维和行动体现在各国法律法规中的一种发展趋势。然而中国在参与联合国维和行动的法律依据上，至今并不明晰。目前在中国宪法中，还没有关于军队、警察及其他人员参加联合国维和行动的依据，在作为军事基本法的《中华人民共和国国防法》中，关于对外军事关系的相关问题，也只是原则性地简单提及，而在《中华人民共和国人民警察法》中，对于参加维和行动的有关问题则根本没有涉及。

最后，国内学者对联合国维和行动的历史、性质、机制以及维持和平行动与主权的关系、人道主义干涉等问题都有了专门的论述，已经取得了一定的成绩。但是，目前国内对联合国维和行动的理论研究，大多是从国际政治、国际关系和国际法的角度出发，或者是从军队维和的角度去研究，真正在警务领域，对维和警察工作的理论研究还非常薄弱，特别是关于维和警察工作如何定位、如何服务于国家总体的外交工作、关于派遣的原则、如何保障人员安全以及对参与的维和行动成败得失等的研究却是鲜有涉及。

---

① 张慧玉：《中国参与联合国维和述评》，载《现代国际关系》2009 年第 2 期。

② 盛红生：《联合国维持和平行动法律问题研究》，北京军事谊文出版社 1998 年版，第 208 页。

第三节　中国参与促进冲突社会法治的其他工作

如果说中国积极投入联合国倡导的和平行动，表现出对冲突社会法治的直接支援，那么中国对于国际法基本原则的发展、对国际司法的贡献，以及中国对与冲突社会相关的一些国际问题的独特见解都反映了中国作为负责任大国间接参与到冲突社会法治行动中的诚意和决心。

一、中国对国际法基本原则的发展

中国对国际法的发展间接促进了冲突社会的法治。例如，中国倡导的和平解决国际争端业已成为一项国际习惯法。20 世纪 50 年代，中国政府在关于和平解决朝鲜问题政治会议的声明中提出以协商方式解决争端。此后，新中国一贯坚持和平解决国际争端，始终坚持平等协商和谈判是解决中外争端的基本方式。随着中国不断参与国际法律实践的进程，和平解决国际争端的方式在国际法实践中越来越多的得到体现。针对冲突情势，中国一贯主张冲突双方通过直接会谈、友好协商来澄清事实、消除误会；通过谈判与协商增进彼此间的信任，促进冲突的合理解决。①

中国积极参与和冲突社会相关的国际立法，不仅积极选派自己的代表，而且积极通过书面和口头建议、评论和意见参与国际法律的制定。1998 年 7 月，在意大利罗马举行的建立国际刑事法院外交大会以投票表决的方式通过了《国际刑事法院罗马规约》。为确保法院启动后的顺利运作，罗马大会决定设立国际刑事法院预备委员会，完成法院正式成立前的必要准备工作。根据联大有关决议，预委会于 2000 年在纽约联合国总部召开了三次会议，起草《罪行要件》、《程序与证据规则》及其他有关文件。中国作为罗马大会最后文件签字国之一，本着认真、务实、建设性的态度，积极参与了预

---

① 中国外交部：《第 59 届联合国大会中方立场文件》，参见 http：// www. mfa. gov. cn/chn/gxh/zlb/zcwj/t146390. htm，访问日期 2013 年 1 月 5 日。

委会的各项工作，并提出了许多重要的建设性意见，其中就第一条第二款"侵略行为"的定义问题，中国指出应当全面考虑联合国既有决议的规定，包括第3314号关于侵略罪定义的决议，认为"决议对侵略行为的定义来之不易，是综合考虑各种因素、全面平衡各方关切的产物……因此，中方认为，保持3314号决议的完整性十分重要"。此外，"关于第一条第四款和第五款，中方认为，安理会对侵略行为的认定是国际刑事法院对侵略罪行使管辖权的前提条件，其他机关无权代替安理会作出上述认定。这源自《联合国宪章》第24条和第39条赋予安理会在维持国际和平与安全方面的主要权力和责任，也与现行有效的集体安全机制相协调。同时，根据《宪章》第103条的规定，宪章义务优先于联合国成员国在其他国际协定，包括《罗马规约》下的义务，因此，在侵略罪定义方面，所有联合国成员国，不论其是否是《罗马规约》的缔约国，都有义务维护安理会在涉及国际和平与安全问题方面的权威。"[1]

二、中国对国际司法的贡献

（一）中国对前南法庭作出贡献

为提高并维护国际法治，中国一直在国际司法机构建设上采取了较为积极的态度。1993年5月，根据联合国安理会的决议，为审理前南联盟期间国内对国际法的严重破坏，前南国际刑事法庭得以成立，由联合国大会选出的11位法官组成。1993年9月15日，联合国大会进行选举，来自中国的李浩培以111票的多数当选前南刑庭的首任法官。在前南刑庭成立初期，李浩培积极参与制定法庭的诉讼程序和证据规则，于1994年2月完成了该规则的第一个文本。随着案件处理的逐步扩大和深入，法官全体会议均就规则缺漏和不妥进行修改补充。李浩培一直是每次法官全会间隔期间修改规则工作小组的成员，对各项规则的制定和修改提出宝贵的意见，对

---

① 《中国代表王宗来在国际刑事法院罗马规约第五次缔约国会议续会上的发言》，2007年1月28日，参见 http://www.china-un.org/chn/zgylhg/flyty/gjft/t348867.htm，访问日期2013年2月4日。

完善法庭的规则作出了贡献。随后 1996 年 1 月和 1997 年 7 月，李浩培两次前往卢旺达刑庭所在地坦桑尼亚的阿鲁沙，参加卢旺达国际刑庭的法官全体会议，讨论卢旺达国际刑庭的工作和修改法庭的诉讼程序和证据规则。①

1997 年 3 月，经联合国大会选举，来自中国的王铁崖继任前南国际刑事法庭法官，在卢旺达国际刑庭坎亚巴施一案中，被告方质疑法庭组成人员的资格问题，进而认为法庭不具备管辖权。王铁崖则结合前南法庭的审判实践，发表了精辟的见解，他认为法庭对案件有无管辖权和一个法庭的组成人员有无资格行使职权是两个必须严格区别开来的概念。如果认同法庭人员的资格或能力也属于管辖权问题，任何一案的当事人都有可能来挑法庭组成人员在资格上的"瑕疵"，从而在策略上，每案都会来质疑法庭的管辖权问题，这样法庭的审理进程将被迫拖延，法庭的工作也将不堪重负。进而裁决法庭具有管辖权，从而奠定了前南国际刑庭法官在涉诉问题上的管辖权基础。②

（二）中国积极支持和参与国际法院的工作

"中国支援加强国际法院在和平解决国际争端方面的作用，支援法院不断改进其工作方法，希望法院在维护国际秩序稳定、伸张正义方面发挥积极作用。各国自由选择和平解决争端方式的权利应得到尊重。"③如前所述，国际法院享有咨询管辖权。总体上看，国际法院发表的咨询意见在为申请咨询意见的实体提供法律指导、预防和解决国际争端，以及阐明和发展国际法方面发挥了巨大的作用。虽然咨询意见在有些案件中没能直接解决所涉的法律争端，但也富有权威性的道德力量。④ 不管最终结果如何，国际法院至少

---

① 凌岩：《联合国卢旺达问题国际刑事法庭》，载《人民司法》2005 年第 3 期。

② 张慎思：《国际法院的中国法官》，载《法律与生活》2005 年第 20 期。

③ 中国外交部：《第 59 届联合国大会中方立场文件》，参见 http://www.mfa.gov.cn/chn/gxh/zlb/zcwj/t146390.htm，访问日期 2012 年 12 月 5 日。

④ 刘芳雄：《国际法院咨询管辖权研究》，浙江大学出版社 2008 年版，第 37~119 页。

在某一方面促进争端的有效解决，或者在某一阶段促使争端方情绪冷静，更理性的对待冲突。

2008 年，针对塞尔维亚提出的"关于确认科索沃宣布独立是否符合国际法"的动议，国际法院邀请联合国及其会员国，以及所涉争议方发表意见。中国就科索沃单方宣布独立案提交书面声明并发表口头意见，这也是中国第一次参与国际法院的司法程序。中国认为，科索沃单方宣布独立案提出了国际法的一系列基本问题，关系着巴尔干地区的长期和平与稳定，并影响国际法律秩序。联合国安理会应根据第 1244 号决议，组建联合国科索沃临时行政当局特派团对科索沃进行临时管治。1244 号决议的目的是使科索沃人民"在南斯拉夫联盟共和国内"享有高度自治。而且，该决议反复强调各会员国对南斯拉夫联邦共和国及该地区其他国家的主权和领土完整的承诺。争议各方应当通过善意谈判的方式，积极讨论双方都能接受的解决办法。只有这样才能达到公平合理的结果，维护巴尔干地区的持续稳定。任何单方面行动只会对争端的和平解决造成阻碍。单方宣布独立的行为不符合国家主权原则。人民自决原则不能在科索沃案例中适用。人民自决原则一直适用于殖民统治和外国占领的情形，即使殖民统治在世界范围内结束，人民自决权的适用范围还是没有改变。① 中国参加科索沃单方宣布独立案的咨询过程是中国积极参与国际司法程序的开端，这种参与过程是表达中国立场、维护中国国家利益的一个重要而有效的途径。

（三）中国与国际刑事法院

作为国际社会维护国际法治，解决国际武装冲突中责任人承担法律后果问题的重要司法机制，完善的国际刑事司法程序，尤其是

---

① 联合国大会在 2000 年 9 月 8 日通过的联合国千年宣言中，再次强调了人民自决原则只适用于殖民统治和外国占领的情形，不能干涉一国内政。国际法院也在其提出的几项咨询意见中援引了人民自决原则，认可了曾经被殖民统治或在外国占领之下的人民享有自决权。如在纳米比亚案中，法院作出这样的陈述：人民自决原则适用于所有的非自治领土，这已被庄严地载入联合国宪章。参见孙思佳、秦亚东：《论中国对国际法院咨询程序的参与》，载《黑龙江社会科学》2010 年第 4 期。

具有普遍性的国际刑事程序，一直是中国与国际社会不断努力的方向。事实上，中国最早参与国际刑事司法程序可以追溯到"二战"后远东国际军事法庭的审判工作。此后尽管由于各种原因缺位于国际舞台，但中国一直对此保持着高度的关注，认为"建立国际刑事法院是国际社会由来已久的理想和奋斗目标，一个独立、公正、有效和具有普遍性的国际刑事法院对国家司法系统和国际刑事司法合作制度将起到补充作用，这是国际社会和国际法发展与进步的体现。"①

中国外交部2008年的立场性文件中也阐明："中国谴责一切形式的犯罪行为，支持各国为消除'有罪不罚'所做的努力，鼓励国际社会就此开展合作……中国支援建立一个独立、公正、有效和具有普遍性的国际刑事司法机构，以惩治最严重的国际罪行。"②近年来，中国政府支持建立前南和卢旺达国际刑事法庭，支持建立一个独立、公正、有效和具有普遍性的国际刑事司法机构，并全程积极参与了《国际刑事法院规约》的谈判，发挥了应有作用。

1998年7月17日，在意大利罗马举行的联合国设立国际刑事法院全权代表外交会议上，《国际刑事法院罗马规约》顺利通过，2002年4月11日，批准《罗马规约》的国家已超过规约规定的批准国家数，因此，《罗马规约》于2002年7月1日正式生效。截至2012年7月31日，有193个国家为《国际法院规约》缔约国，其中67个国家根据《规约》第36条第2项向秘书长交存了承认法院强制管辖权的声明。此外，约有300份双边或多边条约规定，在解决这些条约的适用或解释所引起的争端方面，法院具有管辖权。③ 在国际刑事法院创设的整个过程中，作为罗马大会最后文件签字国之一，中国积极参与了设立国际刑事法院筹备委员会、罗马大会及其

① 《中国政府代表王光亚在罗马外交大会上的讲话》，载《法制日报》1998年6月18日，第4版。
② 中国外交部：《第59届联合国大会中方立场文件》，参见 http://www.mfa.gov.cn/chn/gxh/zlb/zcwj/t146390.htm，访问日期2013年1月5日。
③ 《国际法院的报告：2011年8月1日至2012年7月31日》(A/67/4)。

后的国际刑事法院预备委员会的各项工作。其中，在法院《程序与证据规则》的起草讨论过程中，中国代表的立场和观点多被纳入案文，不仅有助于法院和主权国家之间司法权能的平衡，同时也为保证《程序与证据规则》的制订不偏离正确的轨道起到重要建设性作用，中国在联大发言中强调，在将来法院适用和解释《程序与证据规则》的过程中，应严格遵循从属于规约的基本原则。由此，中国作为国际刑事法院设立中的参与国为其最终成立作出了积极而又重要的贡献，获得了国际社会的广泛认同。

此外，中国还在国际刑事法院建立后以观察员身份参与对《罗马规约》的审议活动，对国际刑事法院涉及的诸如"侵略罪定义"、"普遍刑事管辖权"以及"国际刑事法院与联合国安全理事会的关系"等重大国际法问题阐述了中国的看法。

国际刑事法院成立以来，中国政府也一直关注着法院的发展，派代表作为观察员列席了国际刑事法院的缔约国大会。① 2002年10月，在联合国大会上，中国代表表示，中国政府积极参加了建立国际刑事法院的全过程，并愿意看到法院能够发挥预期的作用。虽然中国尚不是国际刑事法院规约的缔约国，但中国政府将继续本着认真和负责任的态度，关注国际刑事法院的进展和运作情况，并愿意为国际社会的法治化作出进一步的贡献。②

中国至今仍然游离于国际刑事法院之外，显示出对国际法治的较低度参与，尽管该决定有现实的国家利益的考虑，本身也有合理性，但仍与一个大国所应有的责任不完全相符。③ 中国代表团对中国所持的反对立场提出如下五点理由：第一，中国政府不能接受规约近乎强制的普遍管辖权，认为它不是以自愿接受为基础，违背了

---

① 新华社联合国2003年2月7日电，http://news.xinhuanet.com/newscenter/2003-02/08/content_718898.htm.

② 中国代表关键先生在第57届第六委员会关于"设立国际刑事法院"议题的发言，2002年10月15日。http://www.china-un.org/chn/zgylg/flyty/gjft/t40103.htm。

③ 苏晓宏：《中国参与国际司法的困阻与对策分析》，载《华东师范大学学报（哲学社会科学版）》第36卷第3期。

国家主权的原则。第二，中国代表团认为，法制健全的国家有能力惩处国内武装冲突中的战争罪，在惩治这类犯罪方面比国际刑事法院有着更加明显的优势，因此反对将国内武装冲突中的战争罪纳入国际刑事法院的管辖。第三，规约在反人类罪的定义中删去了"战时"这一重要标准，在反人类罪的具体犯罪行为列举上，也远远超出了国际习惯法和现有的成文法，这实际上是在建一个人权法院，而不是惩治最严重犯罪的刑事法院。第四，规约允许法院在安理会没有作出是否存在侵略行为的判定之前就行使对于侵略罪的管辖，不利于安理会履行宪章所赋予它维护国际和平与安全的责任；此外，规约对安理会为维持国际和平与安全履行职能而要求法院中止运作，只规定了 12 个月的期限。这不利于安理会旅行联合国宪章所赋予的职能。第五，按照规约规定，检察官可以自己根据个人和非政府组织提供的资料主动提起犯罪调查，中国政府对检察官的这种自行调查有着严重保留，认为这会使检察官或法院因为权力过大而成为干涉国家内政的工具。①

一方面，对于法律全球化的实践而言，中国尚缺乏一个明确的文化定位，也缺乏应有的态度和立场。② 中国认为，一个法制健全的国家与国际刑事司法机构相比，更有能力去处理武装冲突中战争罪的问题；此外，尽管对于这种选择性管辖的问题有相关临时性安排，但是又从原则上否定了这一方式；并且，由于国际刑事法院不是人权法院，涉及过多的人权因素，并不符合其宗旨——即为了惩治世界上最严重的犯罪而设置。可见，中国对于法律全球化的认同度，至少体现在对于国际刑事法院的支持度是不够的，也深刻地受到了中国文化保守性的影响。

另一方面，国际刑事法院对其管辖范围内的犯罪可以实行管辖权，但是这个管辖权是对国内管辖的补充，即如果对案件具有管辖

① 参见《检察日报》，2005 年 11 月 2 日，第 6 版。

② 卢建平：《中国加入国际刑事法院的文化定位》，参见 http：//www.criminallaw.com.cn/xingfaxue/xingfaxue/qyljpguoji.htm，访问日期 2013 年 3 月 1 日。

权的国家正在对案件进行调查和起诉或对案件具有管辖权的国家已经对案件进行调查，而且该国已经决定不对有关的人进行起诉，或有关的人已经由于作为控告理由的行为受到审判，法院应判定案件不可受理，也即一旦对于案件具有管辖权的国家启动了国内司法程序，国际刑事法院便无权行使对案件的管辖权，这便是所谓的补充性原则。① 序言第 10 段的补充性规则无疑尊重了国内管辖权的有限性，是对国家主权的尊重，这是积极的一面，但规约第 17 条第 2 款同时规定了国际刑事法院自身可以对国内法院正在进行的司法程序进行审查，以确定一国的司法系统是否存在"不愿意"或者"不可能"对个人追究刑事责任的情形。依照这一条款的规定，国际刑事法院可以对任何国家，包括非缔约国对国际犯罪追究刑事责任的情况进行审查并作出判断。

国际刑事法院的一个特点，也是中国始终无法接受它的一个最重要原因，是无论是否缔约国，或是否接受管辖，国际刑事法院都会对其公民行使管辖权。这一点违背了条约的相对性原则，是对国家主权的冲击和破坏。有权确定该国已经或正在进行的诉讼程序是否发生"不符合将有关的人绳之以法的目的"或"不当延误"或"没有以独立或公正的方式进行"，如果国际刑事法院已确定国内法院存在某些"不当"行为，便可以以此为理由行使管辖权。这一规定无疑使国际刑事法院成为某种意义上超国家的世界司法机构，这就与中国政府所坚持的主权原则发生冲突。

从国际法层面来看，国际刑事法院是国际法治的体现，国际刑事法院规约现如今已有 193 个缔约国，这就说明其效力正在日益加强，在世界范围内已经获得了广泛的认同。尽管人类社会漫长的历史始终与战争纠缠在一起，但是人类构建和平与安全的社会秩序从未停止过。违规受罚，符合人们所信仰的哲学和宗教中关于人类精神的一些基本的价值理念。从历史来看，对战争犯罪起诉通常仅限于对战败者或者对战胜方军队中的个别无赖战士进行起诉。实践证

---

① 参见《国际刑事法院罗马规约》第 17 条。

明，国内司法体系在这些情况下往往不能做到公正、公平。① 尽管国际刑事法院的管辖机制是补充性原则，但从对最严重的国际罪行不闻不问到予以严惩，它的成立无疑是迄今为止最令人振奋的成果。它对于构建国际法最本质的价值体系起着重要的支撑作用，是国际法的价值体现。

此外，国际刑事法院的设立也是全球治理的要求。一个休戚相关的世界，需要的是一个全球统一协调的治理模式。随着全球化进程的推进，法治适用的领域已经超越了民族国家的个体范围。国际刑事法院的萌生，正是各国相互依赖及法律共通性的必然结果。前南法庭、卢旺达法庭和国际刑事法院的设立，世贸组织争端解决机制的建立，以及一些国家国内法院对国外事务的管辖权，使得国际法不再是一种虚幻的力量，法治状态下的世界体系正在由共通性的国际法来加以强制性的保障。②

中国尽管支持国际刑事法院的行动，却反对刑事法院在冲突过程中不顾后果的盲目乱干行动。正如中国在 2008 年支援联合国中止国际刑事法院起诉苏丹领导人。也正如中国常驻联合国代表王光亚所指出的那样，达尔富尔问题错综复杂，解决达区问题的国际努力涉及方方面面。任何不顾客观条件、莽撞蛮干的轻率之举，即使有好的出发点，都不可能得到国际社会的认可与支持。他说，目前各方正在为推动达尔富尔问题的政治解决进程而奔忙，而这件事要想取得进展就离不开苏丹政府的全力配合。国际刑事法院检察官此时公开起诉苏丹领导人，是在一个不恰当的时间作出了一个不恰当的决定，将严重损害联合国与苏丹政府之间的政治互信与合作氛围，助长不愿加入政治进程的叛军组织气焰，损及达区脆弱、动荡的安全局势，自然遭到了非盟、阿盟、伊斯兰会议组织、不结盟运动等重要国际组织所代表的众多国家的广泛批评。对此，联合国安

---

① ［加］威廉·夏巴斯著，黄芳译，《国际刑事法院导论》（第二版），中国人民公安大学出版社 2006 年版，第 2～3 页。

② 朱景文：《全球化条件下的法治国家》，中国人民大学出版社 2006 年版，第 867～906 页。

理会应予高度重视和充分尊重。

三、中国对与冲突相关国际问题的独特见解

中国最大程度的支援联合国在冲突社会促进法治的工作，积极参与冲突社会法治的建成，但是对相关问题有自己的观点，不盲从，展现了一个负责任大国的态度。

针对安理会制裁，中国主张谨慎使用制裁，要以用尽和平手段为前提。中国支持改进联合国制裁机制，为制裁设立严格的标准，加强制裁的针对性，设定明确的时限，尽可能减少制裁引发的人道主义危机和对第三国的影响。针对联合国国际和国家层面的两级法治，中国认为，实现法治是各国普遍追求的目标。各国有权自主选择适合本国国情的法治模式。各国的法治模式可以相互借鉴、取长补短和共同发展。

在冲突社会，中国坚定支援并积极参与联合国和平行动，支援联合国和平行动在坚持"哈马舍尔德"和平三原则基础上，进行合理改革与创新，突出战略设计，加强与当事国沟通和协调，改进后勤工作机制，优化资源配置，提高和平行动的效率和效力及其部署、规划和管理的水平。

中国还主张各方应该认真遵守国际人道法和安理会决议，不仅在武装冲突中，还应该注意在冲突过后和平重建中对于平民的保护。①

第四节　小　　结

中国在冲突社会法治中的贡献体现在对和平行动的支持和对一些重大问题的看法上，对国际司法的支持也是中国促进冲突后法治

---

① 参见《中国代表徐宇在第 64 届联大六委关于"联合国宪章和加强联合国作用特别委员会的报告"议题的发言》，2009 年 10 月 19 日，http：//big5. fmprc. gov. cn/gate/big5/www. china-un. org/chn/lhghywj/ldhy/64th _ unga/t621547. htm，访问日期 2013 年 3 月 13 日。

的重要表现。中国还积极遵守安理会的国际制裁协议，在这方面形成良好的记录。但是，反观对一些制度的实际参与，中国表现出较为消极的态度，体现其在某些方面参与性的不足。最为显著的例证是在联合国针对冲突社会问题的表决中，中国往往倾向于对所不喜欢的解决方案投弃权票，① 而因此放任了一些并不符合国际法规则的决议或者解决方式的产生。

实现冲突社会的和平与稳定是一项系统工程，涉及许多方面。除司法公正和法治外，还包括建立具有广泛代表性的政府，从而更加高效的促进民族和解，实现民族和谐共处；还包括创造良好的治安环境，让重建工作安全有序地进行。在冲突国家的法治建设方面，中国应该一如既往地支持联合国的相关行动，尤其应该在帮助冲突社会确立司法公正与法治方面发挥积极的作用。

法治在冲突社会重建中发挥着重要作用。中国应协助经历战乱和冲突的脆弱国家重新建设国内法治。

首先，应充分尊重有关国家的主权，坚持不干涉其内政。冲突社会的法治建设本质上属于其主权范围内的事务，原则上非经该国同意，任何其他国家或国际组织不得干涉。应最大限度地维护冲突社会建设国家层面法治的自主权，发挥其能动性，应将协助的重点放在财政、技术支援及能力建设方面。从根本上说，国家法治能力的提高取决于该国经济及社会的发展和稳定，这一点在冲突社会表现得尤其明显，在冲突社会建设和平和促进法治绝对不是两个分离的过程，而是相辅相成，互相促进的。

其次，冲突社会的法治建设应在联合国框架内进行，应充分发挥联合国的作用。

最后，应根据各国的不同国情，建立与之相适应的国内法治，不能搞"一刀切"，任何有效的法治模式都必须符合有关国家的政治体制和历史文化传统。冲突社会的人民刚刚经历过巨大的浩劫，尤其是很多冲突的起源本身就是一国范围内不同民族或者种族之间

① 江忆恩：《中国和国际制度》，参见王逸舟主编：《磨合中的建构》，中国发展出版社 2003 年版，第 347～352 页。

的矛盾加剧和激化，这些矛盾要妥善处理，否则会有再度升温的危险。而冲突国家人民对于西方社会将其自身的法治和人权等政治性条件强加于经济方面的援助或者是在民族、种族矛盾中偏袒某一方，以捍卫其自身政治利益的行为十分反感，心存敌意，如若处理不好各个社会文化和传统的尊重与保护问题，将会埋下永久的祸根，重新激发更为激烈的冲突，为实现长久的和平和真正意义上的法治制造更多的障碍。

结　　论

从古至今，"法治"都是一个极度动听的词汇，"很少有口号像法治一样如雷贯耳，很少有口号像法治这样引人注目"。① 事实上"法治"也历经了逾千年的演进，成为一直以来获得人们普遍认可和追求的根本价值之一。

尽管关于"法治"的概念并没有统一的表述和界定，但从历史的角度而言，"法治"首先是一个国内术语，通常情况下人们使用这一概念，是在讨论一国之内的法治。如果说亚里斯多德"法治应当优于一人之治"的法治理论是人类古代关于法治最初始的表述，那么戴雪则是近代法治理论的代表性人物。在戴雪的《英宪精义》中所建构的法治三要素，"依法而治"、"法律至上"和"法律面前人人平等"，揭示了现代法治环境下法律的权威性。尽管现代"法治"的起源明显带有英美法系的烙印，但事实上都是在用看似不同的语言描述国家层面上对于法治的理解，而也正是这样的法治催生了更为丰富的国际视野中的法治。

由此，"在国际社会中也存在着实现法治的可能，因为国际社会也是由一定的社会成员（国家）所组成的共同体，而且，国际社会也需要以公平的法律（国际法）来保障各成员的利益"。② 当代国际社会法治之滥觞无疑可溯至《联合国宪章》，尽管宪章本身的条

---

① 易显河：《完美法治》，载《西安交通大学学报（社会科学版）》2008年第5期，第1页。

② 车丕照：《法律全球化与国际法治》，载《清华法治论衡》（第三辑），清华大学出版社2002年版，第139页。

文并没有提及"法治",但"宪章的核心思想包括国际层面的法治理念",①"体现于宪章的法治原则,包含了有关国家与国家关系的基本要素,国际法院、联合国大会和联合国安理会在这方面发挥着重要作用。"②此后,在1948年联合国大会通过的《世界人权宣言》中也体现了对法治的重视。该宣言序言第三段称"复鉴于为使人类不致迫不得已而铤而走险以抗专横与压迫,人权须受法律规定之保障"。③ 随后,这一原则在多数国际条约或公约中反复得到确认,成为国际社会广泛接受的概念。

不过,真正将法治概念国际化的却是普遍性国际组织——联合国的理论与实践。不仅是在不同场合对"法治"概念的内涵与外延进行明示或者暗示的概括,联合国还阐明了法治与若干概念之间的关联:在《1970年国际法原则宣言》中,不仅第一次明确提出"国家之间的法治",同时还确认了联合国和国际法治之间的内在关联,通过确立七项国际法原则致力于建立一个法治框架。在这一法治框架之中,国际社会的任何成员都有义务避免从事危及国际和平与安全的行为,这不但是一项基本国际义务,而且也是各国际法主体在国际社会中制定法律规则的价值取向;在国际社会尤其是冲突社会建立法治,能够在破坏的社会秩序中重新建立起公平和正义的信念,并且逐渐稳固在冲突之中岌岌可危的个人和社会安全;而建立良好的法治也是保障冲突后社会持续和平和安全的基石。因此,在国际社会之中,正是基于法治的精神和理念促成了整个国际法律共同体的形成,而国际社会又通过法治实践反过来加强和促进这一国际共同体的进步和发展。

此后,尤其是冷战结束以来,法治的表述在联合国的重要法律

---

① Patricia O'Brien, The Role of Law at the International Level, Keynote addressed by the Legal Counsel, 15 June 2009, http: //untreaty. un. org/ola/legal_counsel1. aspx, visited on 19 April 2013.

② Patricia O'Brien, Peace, Justice and the Rule of Law, 13 October 2010, http: //untreaty. un. org/ola/legal_counsel1. aspx, visited on 19 April 2013.

③ United Nations, Resolution adopted by the General Assembly, Universal Declaration on Human Rights, A/RES/217 (Ⅲ), 10 December 1948.

文件中屡见不鲜。2004 年，联合国秘书长在向安理会提交的名为"冲突与后冲突社会中的法治与过渡司法"报告中即对"法治"的含义进行了阐述。2005 年，联合国成立六十周年之际，各国首脑齐聚一堂，发表了《2005 年世界首脑会议成果》。根据《2005 年世界首脑会议成果》精神，联合国大会 2006 年首次将法治事项列入议程，并通过了题为"国内和国际的法治"的决议。此后每年，联大都会通过相关决议，并对"促进国际法治"、"会员国实施和解释国际法的法律和实践"以及"冲突和冲突后情形下的法治和过渡司法"进行专题辩论，同时展开了一系列的相关工作。由此，联合国秘书长自 2008 年起每年向联大提交题为"加强和协调联合国法治活动"的年度报告，就联合国在推动国家和国际两级法治层面所作出的努力，并讨论存在的挑战以及应对策略。

尽管冲突社会的法治是联合国一直以来关切的重点，但是，"冲突社会"的概念在联合国的法律文件中却并没有予以界定。从国家状态的理论角度而言，笔者认为，所谓冲突社会，主要是指某种广泛意义上的社会状态，即在经历过重大冲突（无论是来国内抑或是外来的冲突伤害）之后，主权国家无法独立恢复正常政治、经济、社会秩序，而需依靠外界力量方得以完成重建否则将会或者已经引发混乱的状况。而联合国正是在此状况下，进行一种合乎国际法规则的冲突治理，也就是联合国在冲突社会进行的法治支援，这个概念符合两个冲突治理的基本模式，一是内部主导，也即冲突社会自身是重建法治的生力军，联合国只是起到支援的作用（不排除特殊时刻的主导）；二是进行一种积极的治理模式，也就是重建与保持永久和平，而绝对不仅仅只是"灭火器"的作用。

因此，国际社会，尤其是联合国所致力推进的法治不仅仅意味着广泛意义上一系列精巧制度的叠加，同时也需要国际和国内社会对法治环境的认同和对国际义务善意履行的承诺。对于普罗大众而言，仅仅是宽泛的法典和制度而没有一种文化和自觉的承诺，他们也只是橱窗里面精美的礼服而已。这一点不仅是在文明民主和稳定的发展社会中如此，在冲突社会中更是如此。在冲突社会建立法治不仅是前述联合国"三个法治篮子"的重要组成部分，也是联合国在促进国际和平安全领域的一项重要任务。在这个精神之下，联合国实现冲突社会的重建法治有其特有的路径。

首先，过渡司法机制是联合国在冲突社会加强法治的最重要措施之一，可以认为是联合国对冲突社会的一种法治输出。联合国作为最重要的普遍性国际组织，在经济、政治上为过渡时期的司法和冲突社会法治的建立作出了很多努力，也采取了很多的实际措施，例如真相委员会、刑事法庭、国际刑事法院等都是极其重要的过渡司法机制。这些机制的宗旨是在遭遇过大范围人权破坏的社会中促进和解，并推动改革和民主进程，最终目标是缓和紧张状态、重建法治。这些机制各有特色，各有利弊，但是单纯依赖任何一个机制都不可能一劳永逸地解决所有冲突社会的问题。只有将这些纷繁复杂的诉讼或者非诉讼方式有效地结合起来才能真正实现过渡时期司法的最终目标。

其次，在冲突社会实施和平行动一直是联合国法治工作的另一个重点，自创立之日起，联合国就在减少世界各国的冲突和促成和平协议、协助其实施等方面起到至关重要的作用。联合国在这个领域的法治支持经历了一个从"维持和平"到建设和平的过程。事实上，冷战后实施的维和行动，其范围和性质都超出了传统的维和行动，不再仅仅停留在隔离交战方和监督停火上，还增加了日益扩大的民事任务，包括监督选举、组建政府，改组和削减军队，改革司法制度，保护人权和解决其他经济社会问题等。联合国所提出的建设和平概念，其含义是在冲突之后建立信任，防止冲突再起。在联合国《卜拉希米报告》里，建设和平的解释是在冲突后进行的活动，目的是重新建立起和平的基础以及提供一些手段，让人们能在那些基础上建设和气和平和正常的生活与工作环境。建设和平的任务非常之广泛，包括使得前战斗员重返社会，训练和改组当地警察，帮助进行司法和刑法改革，监测和调查侵犯人权状况，促进民主发展，以及促进冲突的和解等。此外，建设和平还包括在战后促进和平与发展事业，加强互利互信，以及开发国际合作项目等后续行动。

最后，冲突社会宪政秩序的恢复和重建也是其完成建设和平任务的重要组成部分。联合国业已参与了很多冲突局势下的制宪进程，包括近年来在阿富汗、柬埔寨、伊拉克、尼泊尔和东帝汶的制宪行动。不可否认，联合国从中得到大量制宪经验，也认识到很多不足。从形式上看，联合国为各国宪政秩序重建的援助是多样的，包括政治的、法律等各个方面，尤其是人权、能力建设、制度发展以及财政、行政支援等。民主的推进越来越被人们认为是冲突社会长期缔造及维持和平的有效手段。然而，在建立新的制度的同时，旧有的既得利益者会反对民主与宪政秩序，因此建立伊始的稳定状态也极易受到破坏。这样的环境下，就往往需要借助外力（例如联合国），在本国同意的条件下，协助推进宪政秩序的恢复与重建。笔者想再次强调，这样的的过程，从广义上讲，绝对不仅包含政治制度的建立，还应包括经济和技术上的支援。

此外，除了上述路径之外，联合国各个机构也积极发挥其内部职能，试图不断支持联合国在冲突社会的法治实践。

联合国大会作为联合国的全体审议机关，已经建立了讨论和形成部分国际法规则的常规机制，大会六委通过发动和准备多边条约谈判并提供便利，然后向联合国会员国开放条约的签字和批准。此外，它还就国际关系中的各种问题不断通过宣言和决议。尽管这些宣言和决议一般不具有法律上的约束力，但在政治和道德上的感召力和影响力是巨大的。2006 年，联合国大会根据六委的报告（A/61/456）通过了 A/RES/61/39 号决议，强调了国内和国际的法治。2008 年到 2011 年，联合国开发计划署开展"在冲突中和冲突后局势下加强法治"的援助项目，即开宗明义的指出，应当在联合国体系内外均一致地将国际和国内两级层面的法治视作人类可持续的和平与发展之前提。

同时，作为联合国和平机制的核心，安理会则在国际实践中发挥难以替代的整体性作用，涵盖国际冲突的三个阶段，包括预防武装冲突、冲突爆发后停火与维持和平，以及冲突后社会的建设和平与恢复法治。在实践方面，安理会对可能爆发武装冲突区域的事态发展建立了定期评估机制，并且积极与有关的区域和次区域组织密切协商，共同协调预防冲突的爆发。冲突爆发之后，安理会同样采取了相当数量的措施，包括授权武力行动在内的强制行动，以维持和恢复和平。此外在过渡司法机制的建设中，安理会也不断积极作出努力，推动恢复地区和平与法治。此外，《联合国宪章》第七章还赋予了安理会采取强制执行措施的权力，使得一旦建议性措施均告失败，安理会就可以诉诸强制性制裁的手段。安理会制裁措施能够贯穿联合国处理国际冲突进程始终，无论是在冲突的预防、爆发还是冲突后的维护和建设阶段，制裁措施均都能发挥重要的作用，无疑是安理会在冲突社会中发挥影响力的重要保障。对于安理会而言，尽管许多国际政治学者倾向于将其界定为一个政治机关，但不可否认的是，安理会作为联合国法律体系的核心，具有代表国际法律共同体的能力。此外，安理会的制裁措施在本质上也是一种法律程序。制裁措施是安理会在冲突社会促进法治的最主要工具，是冲突中最为有力的政策工具，也是决定冲突性质和未来发展方向的重要因素。安理会的制裁权来源于宪章，同时又受制于宪章。比如制裁启动的前提条件、制裁的方式、制裁的执行、对第三方所受影响的处理、制裁的组织等都必须以宪章为依据。制裁措施是否依照宪章和法治原则去制定和实施，直接决定了冲突社会恢复和平和法治的效果。如果制裁措施被滥用或者误用，则不仅无益于法治，更是会成为新一轮矛盾的导火索，引发更大的冲突。安理会对法治的依赖也使得其自身在促进法治方面的表现大大提升。尽管安理会决议并未在适用制裁措施和推进法治之间建立明显的联系，但是这一联系已经在安理会关于建立或者修改制裁机制的辩论中建立起来了。

此外，作为联合国主要司法机构的国际法院也在维护国际和平与安全领域作出贡献，正如海牙和平宫前铭刻的"法官的使命即促进和平"（*placis tutela apudjudicem*）格言，国际法院也一直在推动国际和平与安全方面发挥司法机制的力量。目前，国际法院在维持国际和平方面已经受理了来自5个联合国机关和16个联合国系统专门机构的咨询请求。即便是安理会或大会正在处理与维持国际和平与安全有关的某些争端，国际法院也可以对提交给它的此类争端作出裁决。无论是尼加拉瓜诉美国准军事行动案，还是近期科索沃独立案件的咨询意见，国际法院的法律权威作用不可取代。

　　联合国各个机构对于维持和平任务的分管内容有所不同，但是在冲突社会，情势往往十分危急，当和平与安全遭到威胁甚至被破坏之时，秘书长作为一个独立的机构，则可以作出快速准确的反应，这是其他机构不具备的优势。正是由于秘书长拥有极为广泛的自由度，可以独立作出政治判断和决策，这种空间使秘书长成为国际舞台上极为重要的政治角色。但同时秘书长作为联合国的行政首长，他在履行职责时不能无视会员国的立场与关切，更难以左右各国政府的行动。实践中，在联合国系统内，秘书长在政治领域的职责由政治事务部支助，后者与其他部门、办事处和联合国机构紧密处理这项工作的许多方面。除了历届秘书长的共同职能之外，秘书长的特殊之处还在于这项职权依靠的不仅是政治性委托的结果，还处处体现着每一任秘书长本人浓厚的的个人因素和特色。秘书长理应具有强大的道德感召力和政治公信力。联合国成立至今，先后已有 8 位秘书长，他们的共同特点是有着非凡的外交才华和卓越的外交经历，懂得多国语言并均能以其作为秘书长独特的人格魅力和过人的组织能力斡旋于世界各国之间，他们在冲突的预防、管理和冲突后的重建中发挥了一定的作用。

　　实践中，各机构之间往往会有权力竞合的现象，而也时常会有各自职责履行不明确、不清晰，在国际社会造成不好影响的事件发生。未来联合国机构应不断在实践中拓展其职能发挥的更大空间，但是又绝对不能在国际法规则和宪章之外作出越权行动。不断积累经验，实践国际法理论，不断为冲突社会法治的实现创造更好的条件。

　　此外，考察联合国在冲突社会的法治，必然离不开安理会常任理事国的核心作用。而作为安理会常任理事国中唯一的发展中国家，中国参与联合国的法治行动，不但增强了联合国在冲突社会建设法治的力量，更增强了中国在国际组织中的代表性和参与性。随着中国在国际舞台上越来越多地发挥实质性的作用，中国逐渐认识到，和平行动是在冲突局势下维护国际和平与安全的重要手段，能起到和平解决争端和缓解紧张局势的作用。作为安理会常任理事国之一，中国参与和平行动的态度逐渐从"不介入"发展为"全面参与"，以推动国际政治、经济秩序朝公正、合理的方向发展。中国在新时期与国际组织互动积极，显示出中国对参与国际社会活动的极大热情以及对于全球化环境下建立法治的尊重。从 2006 年联大首次将"国家和国际两级法治"问题列入六委议题起，中国的外交代表每年都在联大会议上针对国际法治发表立场文件，体现了中国参与冲突社会法治建设的决心，同时也为中国促进国际法治实践奠定了重要的理论基础。

实践中，自从中国 1981 年 12 月 14 日第一次投票赞成增派联合国驻塞浦路斯的维和部队以来，中国共向联合国维和行动派出军事人员、警察和民事官员 20000 余人次。目前有近 2000 名中国维和人员在维和行动中执行任务，在安理会五常任理事国中名列前茅，是联合国维和行动第 16 大出兵国。① 中国不仅增加了自身对联合国在冲突社会法治行动的支持，甚至在某些领域成为了核心力量，为维持和平、解决争端、消除战祸等发挥了重大和独特的作用。近年来，随着改革开放的深入、经济建设的蓬勃发展和综合国力的不断增强，中国在参与联合国和平行动事务中的能力和范围不断拓展、投入不断增多，使参与和平行动的规模更为扩大、程度更为加深，充分展示了中国作为世界"负责任大国"的形象和风范，并全面提高了中国的国际地位、强化了国际安全合作。

然而，中国参与联合国和平行动也面临着许多现实的挑战。第一，派驻维和部队和维和警察意味着庞大的维和经费增加财政支出负担。第二，中国提升维和行动的话语权可能引发利益冲突。中国大幅度提升参与联合国维和行动规模，从国际政治的角度看，打破了原有维和机制中大国博弈的平衡，欧美等国对联合国维和行动的相对控制力可能下降。第三，中国大幅度提升参与联合国维和行动规模，在某些方面可能会干涉到他国内政。第四，尽管在目前中国维和军事人员的数量在联合国安理会常任理事国中居首位，但中国

---

① 《外交部：2012 年第 67 届联合国大会中方立场文件，http://www.gov.cn/gzdt/2012-09/19/content_2228210.htm，参见外交部网站，访问日期 2013 年 3 月 8 日。

在所参与的各项维和行动中并不承担主导角色，这表明中国参与维和的范围虽广，但深度不够。第五，中国参与国际和平行动的国内法律依据不足。最后，目前国内对联合国维和行动的理论研究，大多是从国际政治、国际关系和国际法的角度出发，或者是从军队维和的角度去研究，真正在警务领域，对维和警察工作的理论研究还非常薄弱，特别是关于维和警察工作如何定位、如何服务于国家总体的外交工作、关于派遣的原则、如何保障人员安全以及对参与的维和行动成败得失等的研究却是鲜有涉及。

总之，中国在冲突社会法治中的贡献体现在对和平行动的支持和对一些重大问题的看法上，对国际司法的支持也是中国促进冲突后法治的重要表现。中国还积极遵守安理会的国际制裁协议，在这方面形成良好的记录。但是，反观对一些制度的实际参与，中国表现出较为消极的态度，体现其在某些方面参与性的不足。最为显著的例证是在联合国针对冲突社会问题的表决中，中国往往倾向于对某些解决方案投弃权票，[1] 而因此放任了一些并不符合国际法规则的决议或者解决方式的产生。实现冲突社会的和平与稳定是一项系统工程，涉及许多方面。除司法公正和法治外，还包括建立具有广泛代表性的政府，从而更加高效地促进民族和解，实现民族和谐共处；还包括创造良好的治安环境，让重建工作安全有序地进行。在冲突国家的法治建设方面，中国应该一如既往的支持联合国的相关行动，尤其应该在帮助冲突社会确立司法公正与法治方面发挥积极的作用。

无论是国际法学界的研究，还是国际社会的实践均已承认，国际法治与冲突社会的和平、民主并不是相互排斥的目标，而是相辅相成的需要。[2] 国际社会交流在现代社会的加速，也往往造成了不同背景和文化民族或国家之间剧烈的冲突。冲突社会的形成，不仅

---

① 江忆恩：《中国和国际制度》，载王逸舟：《磨合中的建构》，中国发展出版社 2003 年版，第 347~352 页。

② Report of the Secretary-General, The Rule of Law and Transitional Justice in Conflict and Post-Conflict Societies, S/2004/616, 23 August 2004.

仅意味着一国或者一地区社会秩序的混乱，同时也在一定程度上影响着国际社会的稳定与和平。

　　尽管"法治"、"国际法治"的概念已经为国际社会所广泛接受，但如何在冲突社会这一特别社会结构和治理形式中重建或实现法治，则是摆在所有国际法治进程参与者面前的一项严峻挑战。作为国际法律实践者的国际组织，促进国家和国际各级法治是联合国使命的核心，而建立对法治的尊重也是冲突后实现持久和平、有效保护人权以及持续的经济进步和发展的根本所在。因此，在冲突社会建立法治不仅是前述联合国"三个法治篮子"的重要组成部分，也是联合国在促进国际和平安全领域的一项重要任务。无论是包括真相委员会、国际司法机制在内的过渡司法机制，还是维持与建设和平行动，还是在推动冲突社会宪法制定和选举的民主进程，在联合国的框架之下，世界各国协力运作和维系了一个庞大而复杂的冲突社会法治行动体制。尽管在这一层面的法治进程已经并且将会面临巨大的困难和挑战，但可以预见的是，国际社会法治的车轮必然会继续向前。

参 考 文 献

一、国际文件

(一)国际条约及协定

1. 1945 年《联合国宪章》

2. 1946 年《联合国特权和豁免公约》

3. 1948 年《世界人权宣言》

4. 1966 年《公民权利和政治权利国际盟约》

5. 1966 年《经济、社会及文化权利国际公约》

6. 1969 年《维也纳条约法公约》

7. 1974 年《在非常状态和武装冲突中保护妇女和儿童宣言》

8. 1990 年《维持和平行动部队地位协定模板》

9. 1991 年《联合国与提供联合国维持和平行动人员和装备的会员 国之间的协定模板》

10. 1993 年《联合国前南斯拉夫问题国际刑事法庭规约》

11. 1994 年《卢旺达国际刑事法庭规约》

12. 1994 年《联合国人员和有关人员安全公约》

13. 1998 年《国际刑事法院罗马规约》

(二)联合国决议

1. U. N. Doc. A/RES/60/180, Resolution adopted by the General Assembly, 30 Dec. 2005;

2. U. N. Doc. A/RES/61/39, The Rule of Law at the National and International Levels, 4 Dec. 2006;

3. U. N. Doc. A/RES/62/70, The Rule of Law at the National and International Levels, 6 Dec. 2007;

4. U. N. Doc. A/RES/63/128. The Rule of Law at the National and International Levels, 11 Dec. 2008;

5. U. N. Doc. A/RES/64/116, The Rule of Law at the National and International Levels, 16 Dec. 2009;

6. U. N. Doc. S/RES/687 (1991), Iraq-Kuwait Situations, Sanctions on Iraq, 3 Apr. 1991;

7. U. N. Doc. S/RES/731 (1992), Concerning Libyan Arab Jamahiriya, Lockerbie Case, 21 Jan. 1992;

8. U. N. Doc. S/RES/748 (1992), Sanctions on Libyan Arab Jamahiriya, 31 Mar. 1992;

9. U. N. Doc. S/RES/808 (1993), Tribunal (Former Yugoslavia), 22 Feb. 1993;

10. U. N. Doc. S/RES/1325 (2000), Adopted by the Security Council at its 4213th meeting, 31 Oct. 2000;

11. U. N. Doc. S/RES/1645 (2005), Post-conflict peacebuilding, 20 Dec. 2005;

12. U. N. Doc. S/RES/1674 (2006), Protection of civilians in armed conflict, 28 Apr. 2006;

13. U. N. Doc. S/RES/1904 (2009), Sanctions regime on Al-Qaida, Usama bin Laden and the Taliban, 17 Dec. 2009.

（三）国际组织报告及出版物

1. Annual Report of the Secretary-General, the Work of the Organization (1998), UN Doc. A/53/1, Aug. 27, 1998;

2. Guidance Note of the Secretary-General: United Nations Assistance to Constitution-making Processes, United Nations Rule of Law, April 2009;

3. Office of the United Nations High Commissioner for Human Rights, Rule-of-Law Tools for Post-Conflict States, HR/PUB/06/3, Geneve, 2006;

4. Report of the Secretary-General, Implementation of the Recommendations of the Special Committee on Peacekeeping

Operations, U. N. Doc. A/60/640, 29 Dec. 2005;

5. Report of the Secretary-General, Peacebuilding in the Immediate Aftermath of Conflict, U. N. Doc. A/63/881 – S/2009/304, 11 Jun. 2009;

6. Report of the Secretary-General, Second Annual Report on Strengthening and Coordinating United Nations Rule of Law Activities, U. N. Doc. A/65/318, 20 Aug. 2010;

7. Report of the Secretary-General, Strengthening the role of the United Nations in enhancing the effectiveness of the principle of periodic and genuine elections and the promotion of democratization, U. N. Doc. A/RES/49/190, 23 Dec. 1994;

8. Report of the Secretary-General, Support by the United Nations System of the Efforts of Governments to Promote and Consolidate New or Restored Democracies, U. N Doc. A/51/512, Oct. 18, 1996.

9. Report of the Secretary-General, The rule of law and transitional justice in conflict and post-conflict societies, U. N. Doc. S/2004/616, 23 Aug. 2004;

10. Report of the Secretary-General, The Rule of Law at the National and International Levels, U. N. Doc. A/63/64, 12 Mar. 2008;

11. Report of the Secretary-General, The Situation in Afghanistan and Its Implications for International Peace and Security, U. N. Doc. A/56/875 – S/2002/278, 18 Mar. 2002;

12. Rule of Law Coordination and Resource Group, Joint Strategic Plan 2009 – 2011;

13. U. N. Secretary-General, Support by the United Nations System of the Efforts of Governments to Promote and Consolidate New or Restored Democracies, U. N Doc. A/51/512, Oct. 18, 1996;

14. United Nations Development Program, Constitutional Assistance in Post-Conflict Countries: The UN Experience: Cambodia, East Timor & Afghanistan, 2005;

15. United Nations Development Program, Learning from Experience for

Afghanistan-Report on Afghanistan Programming Workshops, 2002；

16. United Nations Development Program, Strengthening the Rule of Law in Conflict /Post-Conflict Situations: Global Program, 2008-2011；

17. United Nations High Commissioner for Refugees, UNHCR's Expanded Role in Support of the Inter-Agency Response to Situations of Internal Displacement: Report of A Lessons Learned and Effective Practice Workshop, PDES/2006/06, Nov. 2006；

18. 秘书长报告：《和平纲领：预防性外交、建立和平与维持和平》，A/47/277-S/24111，1992 年 6 月 17 日；

19. 秘书长报告：《和平纲领补编：秘书长在联合国五十周年提出的立场档》，A/50/60-S/1995/1，1995 年 1 月 3 日；

20. 秘书长的报告：《执行〈宪章〉中有关援助因实施制裁而受影响的第三国的规定》，A/53/312，1998 年 9 月 22 日；

21. 《联合国和平行动问题小组的报告：整个维持和平行动问题所有方面的全盘审查》（"卜拉希米报告"），A/55/305 – S/2000/809，2000 年 8 月 21 日；

22. 秘书长报告：《阿富汗局势对国际和平和安全的影响》，A/57/850-S/2003/754，2003 年 12 月 30 日；

23. 秘书长报告：《冲突中和冲突后社会的司法和过渡司法》，S/2004/616，2004 年 8 月 23 日；

24. 秘书长报告：《大自由：实现人人共享的发展、安全和人权》，A59/2005，2005 年 3 月 21 日；

25. 《2005 年世界首脑会议成果》，A/RES/60/1，2005 年 10 月 24 日；

26. 秘书长报告：《汇聚我们的力量：加强联合国对法治的支持》，A/61/636，2006 年 12 月 14 日；

27. 秘书长报告：《加强和协调联合国法治活动》，A/63/226，2008 年 8 月 6 日；

28. 秘书长报告：《加强和协调联合国法治活动的年度报告》，A/64/298，2009 年 8 月 17 日。

二、案例

1. *Libyan Arab Jamahiriya v. United Kingdom*, International Court of Justice, Questions of Interpretation and Application of the 1971 Montreal Convention arising from the Aerial Incident at Lockerbie, 3 Mar. 1992;

2. *Libyan Arab Jamahiriya v. United States of America*, International Court of Justice, Questions of Interpretation and Application of the 1971 Montreal Convention arising from the Aerial Incident at Lockerbie, 3 Mar. 1992;

3. *Prosecutor v. Dusko Tadić*, Case No. IT-94-1-AR72, 2 Oct. 1995;

4. *Prosecutor v. Joseph Kanyabashi*, Case No. ICTR-96-15-T, Decision on the Defence Motion on Jurisdiction, 18 Jun. 1997;

5. *Prosecutor v. Tadić*, Case No. IT-94-1-A-R77, Separate Opinion of Judge Wald Dissenting from the Finding of Jurisdiction, 27 Feb. 2001;

6. Judgment of the ECJ in Joined Cases C-402/05 P and C-415/05 P, *Yassin Abdullah Kadi and Al Barakaat International Foundation v. Council of the EU and Commission of the EC*, ECJ Judgment, 3 Sep. 2008.

三、中国立场文件及发言

1. 王民：《联合国应从四个方面推进冲突后建设和平工作》，"联合国安理会 10 月 31 日在纽约总部围绕"冲突后建设和平"主题公开辩论"，2011 年 10 月 31 日；

2. 关键：《中国代表关键先生在第 57 届第六委员会关于"设立国际刑事法院"议题的发言》，2002 年 10 月 15 日；

3. 王宗来：《中国代表王宗来在国际刑事法院罗马规约第五次缔约国会议续会上的发言》，2007 年 1 月 28 日；

4. 外交部：《中国关于联合国改革的立场文件》，2005 年 6 月 7 日；

5. 外交部：《第 59 届联合国大会中方立场文件》，2004 年 9 月 10

日;

6. 外交部:《第 63 届联合国大会中国立场文件》,2008 年 9 月 20 日;

7. 外交部:《第 65 届联合国大会中国立场文件》,2010 年 9 月 13 日;

8. 外交部:《第 66 届联合国大会中方立场文件》,2011 年 9 月 9 日;

9. 王义山:《中国常驻联合国副代表张义山大使在第 59 届联大四委联合国维和行动议题下的发言》,2004 年 10 月 27 日;

10. 徐宇:《中国代表徐宇在第 64 届联大六委关于"联合国宪章和加强联合国作用特别委员会的报告"议题的发言》,2009 年 10 月 19 日。

四、学术著作

(一)英文著作

1. A. B. Fetherston, Towards a Theory of UN Peacekeeping, St. Martins Press, 1994;

2. Adam Przeworski, Michael Alvarez, Jose Cheibub, and Fernando Limongi, Democracy and Development: Political Institutions and Well Being in the World, 1950-1990, Cambridge University Press, 2000;

3. Anthony A. Peacock, Freedom and the Rule of Law, Lexington Books, 2010;

4. Brett Bowden, Hilary Charlesworth and Jeremy Farrall, The Role of International Law in Rebuilding Societies after Conflict: Great Expectations, Cambridge University Press, 2009;

5. Cai Dingjian and Wang Chenguang, China's Journey toward the Rule of Law: Legal Reform, 1978-2008, Brill, 2010;

6. Coser Lewis, The Functions of Social Conflict, Free Press, 1956;

7. David M. Beatty, The Ultimate Rule of Law, Oxford University Press, 2004.

8. David M. Malone, ed. , The UN Security Council: From the Cold War to the 21st Century, Lynne Rienner, 2004;

9. Eric De Brabandere, Post-Conflict Administrations in International Law: International Territorial Administration, Transitional Authority and Foreign Occupation in Theory and Practice, Leiden, 2009;

10. G. John Ikenberry, After Victory: Institutions, Strategic Restraint, and the Rebuilding of Order after Major Wars, Princeton University Press, 2000;

11. G. John Ikenberry, After Victory: Institutions, Strategic Restraint, and the Rebuilding of Order after Major Wars, Princeton University Press, December 15, 2000.

12. Giacomo Chiozza, Paul P. Craig, Formal and Substantive Conceptions of the Rule of Law: An Analytical Framework, Public Law, 1997;

13. Giovanni Sartori, Comparative Constitutional Engineering: An Inquiry into Structures, Incentives and Outcomes, London: Macmillan, 1994;

14. Hedley Bull, The Anarchical Society, Columbia University Press, 1977;

15. Ian Brownlie, Principles of Public International Law, Clarendon Press Oxford, 1998;

16. J. E. S. Fawcett, The Rule of Law and Human Rights: Principles and Definitions, Geneva: International Commission of Jurists, 1966;

17. Jane E. Stromseth ed. , Accountability for Atrocities: National and International Responses, 2003;

18. Jeremy Matam Farrall, United Nations Sanctions and the Rule of Law, Combridge University Press, 2007;

19. Jon Elster, Claus Offe and Ulrich K. Preuss, Institutional Design in Post-Communist Societies: Rebuilding the Ship at Sea, Cambridge University Press, 1998;

20. K. Gyeke-Dako, Economic Sanctions under United Nations, Ghana Publishing Corporation, 1973;

21. Kalevi Holsti, Peace and War: Armed Conflict and International Order, Cambridge University Press, 1991;

22. Kerim Yildiz and Susan Breau, The Kurdish Conflict: International Humanitarian Law and Post-Conflict Mechanisms, Routledge, 2010;

23. M. C. Basscouni, Introduction to International Criminal Law, Transnational Publishers, 2004;

24. Mark R. Amstutz, International Ethics: Concepts, Theories, and Cases in Global Politics, Rowman & Littlefield Publishers, Inc. , 1999;

25. Mark R. Amstutz, The Healing of Nations: The Promise and Limits of Political Forgiveness, Rowman & Littlefield Publishers, 2004;

26. Martin Dixon and Robert Mcorquodale, Cases and Materials on International Law, Blackstone, 2000;

27. Michael Pugh, Neil Cooper, Mandy Turner, eds. , Whose Peace? Critical Perspectives on the Political Economy of Peace-building, Palgrave Macmillan, 2008;

28. Michael, E. Brown, ed. , Nationalism and Ethnic Conflict, The MIT Press, 1997;

29. Mohamm Bedjaoui, The New World Order and the Security Council, Dordrecht Martunus Nijhoff Pubishers, 1994;

30. O. Korhonen & J. Gras, eds. , International Governance in Post-Conflict Situations, Leiden, 2001;

31. Pablo de Greiff and Roger Duthie, Transitional Justice and Development: Making Connections, New York, 2009;

32. Pietro Costa, Danilo Zolo, eds. , The Rule of Law History, Theory and Criticism, Springer, 2007;

33. Ramesh Thakur and Waheguru Pal Singh Sidhu, The Iraq Crisis and World Order : Structural, Institutional and Normative Challenges,

United Nations University, 2006；

34. Samuel Huntington, Political Order in Changing Societies, Yale University Press, 1968；

35. Simon Chesterman, Secretary or General? The UN Secretary-General in World Politics, Cambridge University Press, 2007；

36. Tricia D. Olsen, Leigh A. Payne, Andrew G. Reiter, Transitional Justicein Balance：Comparing Processes, Weighing Efficacy, 2010；

37. Vera Gowlland-Debbas, ed., United Nations Sanctions and International Law, Kluwer Law International, 2001；

38. Yossi Shain and Juan J. Linz, Between States：Interim Governments and Democratic Transitions, Cambridge University Press, 1995.

（二）中文著作

1. ［德］英戈·冯·闵希著，林荣远、莫晓慧译：《国际法教程》，世界知识出版社 1997 年版；

2. ［法］让-马克·夸克，《迈向国际法治：〈联合国际对人道主义危机的回应〉》，三联书店 2008 年版；

3. ［古希腊］亚里斯多德著，吴寿彭译：《政治学》，商务印书馆 1983 年版；

4. ［加］威廉·夏巴斯著，黄芳译：《国际刑事法院导论》，中国人民公安大学出版社 2006 年版；

5. ［美］卡尔·多伊奇，周启朋等译：《国际关系分析》，世界知识出版社 1992 年版；

6. ［美］理查·N. 哈斯著，殷雄、徐静译：《新干涉主义》，新华出版社，2000 年版；

7. ［美］亨廷顿：《第三波——20 世纪后期民主化浪潮》，三联书店 1998 年版；

8. ［美］西摩·马丁·李普塞特：《政治人：政治的社会基础》，上海人民出版社 1997 年版；

9. ［美］伊丽莎白·埃克诺米、蜜雪儿·奥克森伯格主编，《中国参与世界》，新华出版社 2001 年版；

10. ［美］约翰·伊肯伯里（G. John Ikenberry）著，门洪华译，《大战

胜利之后——制度、战略约束与战后秩序重建》，北京大学出版社 2008 年版；

11. [美]詹姆斯·多尔蒂、小罗伯特·普法尔茨格拉夫著，阎学通等译：《争论中的国际关系理论》，世界知识出版社 2003 年版；

12. [日]渡边昭夫、土山实男主编：《全球治理：无政府秩序的探索》，东京大学出版会 2001 年版；

13. [英]J. G. 斯塔克著，赵维田译：《国际法导论》，法律出版社 1984 年版；

14. [英]哈耶克著，邓正来等译：《法律、立法与自由》(第一卷)，中国大百科全书出版社 2000 年版；

15. [英]霍布斯著，黎思复、黎廷弼译：《利维坦》，商务印书馆 1985 年版；

16. [英]罗杰·科特威尔：《法律社会学导论》，华夏出版社 1989 年版；

17. 曾令良：《全球化时代的国际法——基础、结构与挑战》，武汉大学出版社 2005 年版；

18. 许光建等编：《联合国宪章诠释》，山西教育出版社 1999 年版；

19. 黄风、凌岩、王秀梅：《国际刑法学》，中国人民大学出版社 2007 年版；

20. 黄惠康、黄进：《国际公法国际私法成案选》，武汉大学出版社 1987 年版；

21. 黄仁伟、刘杰：《国家主权新论》，时事出版社 2004 年版；

22. 江国青：《演变中的国际法问题》，法律出版社 2002 年版；

23. 李少军：《当代全球问题》，浙江人民出版社 2006 年版；

24. 刘芳雄：《国际法院咨询管辖权研究》，浙江大学出版社 2008 年版；

25. 马呈元：《国际刑法论》，中国政法大学出版社 2007 年版；

26. 莫纪宏：《宪法审判制度概要·绪论》，中国人民公安大学出版社 1998 年版；

27. 盛红生：《联合国维持和平行动法律问题研究》，军事谊文出版社 1998 年版；

28. 王杰、张海滨、张志洲主编：《全球治理中的国际非政府组织》，北京大学出版社 2004 年版；

29. 夏勇、李林、Lidija Basta Fleiner 主编：《法治与 21 世纪》，社会科学文献出版社 2004 年版；

30. 郑永流：《法治四章——英德渊源、国际标准和中国问题》，中国政法大学出版社 2002 年版；

31. 朱景文：《全球化条件下的法治国家》，中国人民大学出版社 2006 年版；

32. 卓泽源：《法治国家论》，法律出版社 2003 年版。

五、期刊论文

（一）英文论文

1. A. J. Barnard-Naude, *Negotiating the Archive*：*Amnesty, Justice and Memory*：*Review Article of Antje Du Bois-Pedain Transitional Amnesty in South Africa*, South African Journal of Criminal Justice, Vol. 22, Issue 3（2009）；

2. Aeyal M. Gross, *The Constitution, Reconciliation, and Transitional Justice*：*Lessons from South Africa and Israel*, Stanford Journal of International Law, Vol. 40, Issue 1（Winter 2004）；

3. Agola Auma-Osolo, *U. N. Peace-Keeping Policy*：*Some Basic Sources of Its Implementation Problems and Their Implications*, California Western International Law Journal, Vol. 6, Issue 2（Spring 1976）；

4. Andrea Armstrong; Gloria Ntegeye, *The Devil Is in the Details*：*The challenges of Transitional Justice in Recent African Peace Agreements*, African Human Rights Law Journal, Vol. 6, Issue 1（2006）；

5. Aneta Wierzynski, *Consolidating Democracy through Transitional Justice*：*Rwanda's Gacaca Courts*, New York University Law Review, Vol. 79, Issue 5（November 2004）；

6. Angus M. Gunn, Jr. , *Council and Court*：*Prospects in Lockerbie for an International Rule of Law*, University of Toronto Faculty of Law Review, Vol. 52, Issue 1（Fall 1993）；

7. Ariel Meyerstein, *Transitional Justice and Post-Conflict Israel/ Palestine: Assessing the Applicability of the Truth Commission Paradigm*, Case Western Reserve Journal of International Law, Vol. 38, Issue 2 (2006-2007);

8. Barnett R. Rubin, *Crafting a Constitution for Afghanistan*, Journal of Democracy, Vol. 15 (2004);

9. Bates Gill and James Reilly, *Sovereignty, Intervention and Peacekeeping: The View from Beijing*, Survival, Vol. 42 (2000);

10. Brownwyn Anne Leebaw, *The Irreconcilable Goals of Transitional Justice*, Human Rights Quarterly, Vol. 30, Issue 1 (2008);

11. Carsten Stahn, *Jus ad Bellum, Jus in Bello, Jus Post Bellum? - Rethinking the Conception of the Law of Armed Force*, European Journal of International Law, Vol. 17 (2007);

12. Carsten Stahn, *Justice under Transitional Administration: Contours and Critique of a Paradigm*, Houston Journal of International Law, Vol. 27, Issue 2 (Winter 2005);

13. Catherine M. Cole, *Performance, Transitional Justice, and the Law: South Africa's Truth and Reconciliation Commission*, Theatre Journal, Vol. 59 (2007);

14. Cecily Rose, Francis M. Sekandi, *Pursuit of Transitional Justice and African Traditional Values: A Clash of Civilizations-The Case of Uganda*, The Sur-International Journal on Human Rights, Vol. 7;

15. Charles T. Call, *Is Transitional Justice Really Just*, Brown Journal of World Affairs, Vol. 11, Issue 1

16. Charles Villa-Vicencio, *Truth Commissions and Transitional Justice: A Select Bibliography on the South African Truth and Reconciliation Commission Debate*, Journal of Law and Religion, Vol. 16, Issue 1;

17. Chris Johnson, William Maley, Alexander Thier, and Ali Wardak, *Afghanistan's Political and Constitutional Development*, Overseas Development Institute, January 2003;

18. Christen Broecker, *The Clash of Obligations: Exercising*

Extraterritorial Jurisdiction in Conformance with Transitional Justice,
Loyola of Los Angeles International and Comparative Law Review,
Vol. 31, Issue 3 (Summer 2009);

19. Christopher Rudolph, *Constructing an Atrocities Regime: The
Politics of War Crimes Tribunals*, International law Organization,
Vol. 55 (2001);

20. Cliona Kimber, *Enforcing the Peace: Multinational Forces and the
UN*, Irish Student Law Review, Vol. 3;

21. Collier, Paul & Nicholas Sambanis, *Understanding Civil War: A
New Agenda*, Journal of Conflict Resolution, Vol. 4 (2002);

22. Colm Campbell, Fionnuala Ni Aolain, *Local Meets Global:
Transitional Justice in Northern Ireland*, Fordham International Law
Journal, Vol. 26, Issue 4 (April 2003);

23. Dana Michael Hollywood, *Search for Post-Conflict Justice in Iraq: A
Comparative Study of Transitional Justice Mechanisms and Their
Applicability to Post-Saddam Iraq*, The Brooklyn Journal of
International Law, Vol. 33, Issue 1 (2007);

24. Danielle Tarin, *Prosecuting Saddam and Bungling Transitional
Justice in Iraq*, Virginia Journal of International Law, Vol. 45, Issue
2 (Winter 2005);

25. David Dyzenhaus, *Judicial Independence, Transitional Justice and
the Rule of Law*, Otago Law Review, Vol. 10, Issue 3 (2003);

26. David Gray, *Excuse-Centered Approach to Transitional Justice*,
Fordham Law Review, Vol. 74, Issue 5 (April 2006);

27. David R. Andrews, *International Rule of Law Symposium:
Introductory Essay*, Berkeley Journal of International Law, Vol. 25,
Issue 1 (2007);

28. David Tolbert and Andrew Solomon, *United Nations Reform and
Supporting the Rule of Law in Post-Conflict Societies*, Harvard
Human Rights Journal, Vol. 19 (2006);

29. Derek Summerfield, *The Impact of War and Atrocity on Civilian*

Populations: *Basic Principles for NGO Interventions and a Critique of Psychosocial Trauma Projects*, Overseas Development Institute, 20 (1996);

30. Diane F. Orentlicher, *Settling Accounts*: *The Duty to Prosecute Human Rights Violations of a Prior Legal Regime*, Yale Law Journal, Vol. 100 (1991);

31. Donald L. Hafner, King, B. L. Elizabeth, *Beyond Traditional Notions of Transitional Justice*: *How Trials, Truth Commissions, and Other Tools for Accountability Can and Should Work Together*, Boston College International and Comparative Law Review, Vol. 30, Issue 1 (Winter 2007);

32. Duan Jielong, *Statement on the Rule of Law at the National and International Levels*, Chinese Journal of International Law, Vol. 6, Issue 1 (March 2007);

33. Duane Bratt, *Peace over Justice*: *Developing a Framework for UN Peacekeeping Operations in Internal Conflicts*, Global Governance, Vol. 5, Issue 1 (January-March 1999);

34. Edward A. Amley Jr., *Peace by Other Means*: *Using Rewards in UN Efforts to End Conflicts*, Denver Journal of International Law and Policy, Vol. 26, Issue 2 (Winter 1997-1998);

35. Elizabeth Evenson, *Truth and Justice in Sierra Leone*: *Coordination between Commission and the Court*, Columbia Law Review, Vol. 104 (2004);

36. Epaminontas E. Triantafilou, *In Aid of Transitional Justice*: *Eroding Norms of Revenge in Countries with Weak State Authority*, UCLA Journal of International Law and Foreign Affairs, Vol. 10, Issue 2 (Fall 2005);

37. Eric A. Posner, Adrian Vermeule, *Transitional Justice as Ordinary Justice*, Harvard Law Review, Vol. 117, Issue 3 (January 2004);

38. Eric Stover, Hanny Megally, Hania Mufti, *Bremer's Gordian Knot*: *Transitional Justice and the US Occupation of Iraq*, Human Rights

Quarterly, Vol. 27, Issue 3 (2005);

39. Ernest Angell, *The Rule of Law at the New Delhi Congress on the International Commission of Jurists*, Section of International and Comparative Law Bulletin, Vol. 3, Issue 2 (May 1959);

40. Fergus Lyon, *Trust, Networks and Norms: The Creation of Social Capital in Agricultural Economies of Ghana*, World Development, Vol. 28 (2000);

41. Frank Haldemann, *Another King of Justice: Transitional Justice as Recognition*, Cornell International Law Journal, Vol. 41, Issue 3 (Fall 2008);

42. Gerald B. Helman and Steven R. Ratner, *Saving Failed States*, Foreign Policy, No. 89, Winter 1992-93;

43. Gerhard Kemp, *Constitutionalization and the International Criminal Court: Whither Individual Criminal Liability for Aggression*, South African Law Journal, Vol. 125, Issue 4 (2008);

44. Ginsburg, Elkins and Blount, *Does the Process of Constitution Making Matter?*, Annual Review of Law and Social Sciences, Vol. 5 (2009);

45. Hakeem O. Yusuf, *Calling the Judiciary to Account for the Past: Transitional Justice and Judicial Accountability in Nigeria*, Law & Policy, Vol. 30, Issue 2 (April 2008);

46. Hansjoerg Strohmeyer, *Building a New Judiciary for East Timor: Challenges of a Fledgling Nation*, Criminal Law Forum 11 (3) 2000;

47. Hansjorg Strohmeyer, *Making Multilateral Interventions Work: The U. N. and the Creation of Transitional Justice Systems in Kosovo and East Timor*, Fletcher Forum of World Affairs, Vol. 25, Issue 2 (Summer 2001);

48. J. David Yeager, *Human Rights Chamber for Bosnia and Herzegovina-A Case Study in Transitional Justice*, International Legal Perspectives, Vol. 14, Issue 1 (2004);

49. Jackson Nyamuya Maogoto, *From Congo to East Timor in Forty Years: The UN Finally Crossing the Rubicon between Peace-Keeping and Peace-Making*, Newcastle Law Review, Vol. 4, Issue 2 (2000);

50. Jamal Benomar, *Constitution-Making after Conflict: Lessons for Iraq*, Journal of Democracy, Vol. 15 (April 2004);

51. James Bacchus, *Groping Toward Grotius: The WTO and the International Rule of Law*, Harvard International Law Journal, Vol. 44, Issue 2 (Summer 2003);

52. James L. Cavallaro, *Looking Backward to Address the Future Transitional Justice, Rising Crime, and Nation-Building*, Maine Law Review, Vol. 60, Issue 2 (2008);

53. Jamie Rowen, *Social Reality and Philosophical Ideals in Transitional Justice*, Cardozo Public Law, Policy, and Ethics Journal, Vol. 7, Issue 1 (Fall 2008);

54. Jennifer Lee, *Peace and the Press: Media Rules during U. N. Peacekeeping Operations*, Vanderbilt Journal of Transnational Law, Vol. 30, Issue 1 (January 1997);

55. Jens David Ohlin, *A Meta-Theory of International Criminal Procedure: Vindicating the Rule of Law*, UCLA Journal of International Law and Foreign Affairs, Vol. 14, Issue 1 (Spring 2009);

56. Jeremy Sarkin, *Promoting Justice, Truth and Reconciliation in Transitional Societies: Evaluating Rwanda's Approach in the New Millennium of Using Community Based Gacaca Tribunals to Deal with the Past*, International Law Forum Du Droit International, Vol. 2, Issue 2 (May 2000);

57. Jessica Neutwirth, *Women and Peace and Security: The Implementation of U. N. Security Council Resolution 1325*, Duke Journal of Gender Law & Policy, Vol. 9;

58. John Eichlin, *Undercutting the Political Economy of Conflict is*

Bosnia and Herzegovina：*A Transitional Justice Approach to Prosecuting Systemic Economic Crimes*, Columbia Journal of Transnational Law , Vol. 48, Issue 2（2010）；

59. John R. Bolton, *UN Peace-keeping Efforts to Promote Security and Stability*, US Department of State Dispatch, Vol. 3 pt1, No. 13-March 30, 1992（March 1992）；

60. Jorg Arnold, Emily Silverman, *Regime Change, State Crime and Transitional Justice*：*A Criminal Law Retrospective Concentrating on Former Easter bloc Countries*, European Journal of Crime, Criminal Law and Criminal Justice, Vol. 6, Issue 2（1998）；

61. Jose E. Alvarez, *Crimes of States*：*Lessons from Rwanda*, Yale Journal of International Law, Vol. 24（1999）；

62. Julia Leininger, *Democracy and UN Peace-Keeping-Conflict Resolution through State-Building and Democracy Promotion in Haiti*, Max Planck Yearbook of United Nations Law, Vol. 10；

63. Karel Wellens, *The UN Security Council and the New Threats to the Peace*：*Back to the Future*, Journal of Conflict and Security Law, Vol. 8, Issue 1（April 2003）；

64. Karin Ask, *Legal Pluralism and Transitional Justice in Afghanistan*：*A Gender Perspective*, Human Rights in Development Yearbook , Vol. 2003；

65. Katja S. Ziegler, *Strengthening the Rule of Law, but Fragmenting International Law*：*The Kadi Decision of the ECJ from the Perspective of Human Rights*, Human Rights Law Review , Vol. 9, Issue 2（2009）.

66. Keith Krause, Jütersonke, Oliver, *Peace, Security and Development in Post-Conflict Environments*, Security Dialogue, Vol. 36, No. 4；

67. Kenneth Roth & Alison Desforges, *Justice or Therapy?* Boston Review, Summer 2002；

68. Kieran McEvoy, *Beyond Legalism*：*Towards a Thicker Understanding of Transitional Justice*, Journal of Law and Society,

Vol. 34, Issue 4 (December 2007);

69. Kristian Skrede Gleditsch and H. E. Goemans, *Civil War, Interstate Conflict, and Tenure*, Civil War, April. 2006;

70. Kristin Bohl, *Breaking the Rules of Transitional Justice*, Wisconsin International Law Journal, Vol. 24, Issue 2;

71. Laura A. Dickinson, *Transitional Justice in Afghanistan: The Promise of Mixed Tribunals*, Denver Journal of International Law and Policy, Vol. 31, Issue 1 (Fall 2002);

72. Laurel E. Fletcher, Weinstein, M. Harvey, Jamie Rowen, *Context, Timing and the Dynamics of Transitional Justice: A Historical Perspective*, Human Rights Quarterly, Vol. 31, Issue 1 (2009);

73. Lisa J. LaPlante, Kelly Phenicie, *Mediating Post-Conflict Dialogue: The Media's Role in Transitional Justice Processes*, Marquette Law Review, Vol. 93, Issue 1 (Fall 2009);

74. Lisa J. Laplante, Kimberly Theison, *Transitional Justice in Times of Conflict: Colombia's Ley de Justicia y Paz*, Michigan Journal of International Law, Vol. 28, Issue 1 (Fall 2006);

75. Lisa J. Laplante, *Transitional Justice and Peace Building: Diagnosing and Addressing the Socioeconomic Roots of Violence Through a Human Rights Framework*, International Journal of Transitional Justice, Vol. 2 (2008);

76. Louis Aucoin, *The Role of International Experts in Constitution-Making: Myth and Reality*, Georgetown Journal of International Affairs, Vol V, Issue 1: 94, Spring 2004;

77. Louis V. lasiello, *Jus Post Bellum: The Moral Responsibilities of Victors in War*, Naval War College Review, Vol. 57 (2004);

78. Lydiah Kemunto Bosire, *Overpromised, Underdelivered: Transitional Justice in Sub-Saharan Africa*, Sur - International Journal on Human Rights, Vol. 5;

79. M. Taylor Fravel, *China's Attitude towards UN Peacekeeping*

Operations since 1989, Asian Survey, Vol. 36, No. 11, 1996;

80. Martin A. Rogoff, *International Politics and the Rule of Law: The United States and the International Court of Justice*, Boston University International Law Journal, Vol. 7, Issue 2 (Fall 1989);

81. Matiangai Sirleaf, *Regional Approach to Transitional Justice-Examining the Special Court for Sierra Leone and the Truth & (and) Reconciliation Commission for Liberia*, Florida Journal of International Law, Vol. 21, Issue 2 (August 2009);

82. Maya Goldstein Bolocan, *Rwandan Gacaca: An Experiment in Transitional Justice*, Journal of Dispute Resolution, Vol. 2004, Issue 2 (2004);

83. Maya Goldstein bolocan, *Rwandan Gacaca: An Experiment in Transitional Justice*, Journal of Dispute Resolution, Vol. 2 (2004);

84. Melissa Ballengee, *The Critical Role of Non-Governmental Organizations in Transitional Justice: A Case Study of Guatemala*, UCLA Journal of International Law and Foreign Affairs, Vol. 4, Issue 2 (Fall/Winter 1999-2000);

85. Michael P. Roch, *Military Intervention in Bosnia-Hercegovina: Will World Politics Prevail over the Rule of International Law*, Denver Journal of International Law and Policy, Vol. 24, Issue 2 (Spring 1996);

86. Michael W. Reisman, *Stopping Wars and Making Peacing: Reflections on the Ideology and Practice of Conflict Termination in Contemporary World Politics*, Tulane Journal of International and Comparative Law, Vol. 6 (1998);

87. Miriam J. Aukerman, *Extraordinary Evil, Ordinary Crime: A Framework for Understanding Transitional Justice*, Harvard Human Rights Journal, Vol. 15;

88. Monica Llamazares, *Post-War Peacebuilding Reviewed: A Critical Exploration of Generic Approaches to Post-war Reconstruction*, University of Bradford Centre for Conflict Resolution Department of

Peace Studies, 6 (2005);

89. Mortimer Sellers, *Justice and Rule of Law in International Relations*, International Legal Theory, Vol. 5, Issue 1 (1999);

90. Muna Ndulo, *Afghanistan: Prospects for Peace and Democratic Governance and the War on Terrorism*, Cornell Law Forum, Vol. 30 (2003);

91. Natasa Kandic, *The ICTY Trials and Transitional Justice in Former Yugoslavia*, Cornell International Law Journal, Vol. 38, Issue 3 (2005);

92. Nicholas Sambanis, *What is Civil War? Conceptual and Empirical Complexities of an Operational Definition*, Journal of Conflict Resolution, Vol. 48, (2004);

93. Padraig McAuliffe, *Transitional Justice and the Rule of Law: The Perfect Couple or Awkward Bedfellows?* Hague Journal on the Rule of Law, Vol. 2 (2010);

94. Paige Arthur, *How Transitions Reshaped Human Rights: A Conceptual History of Transitional Justice*, Human Rights Quarterly, Vol. 31, Issue 2 (2009);

95. Patricia M . Wald, *The International Criminal Tribunal for the Former Yugoslavia Comes of Age: Some Observations on Day to Day Dilemma of an International Court*, Washington University Journal of Law and Policy, Vol. 5 (2001);

96. Paul van Zyl, *Transitional Justice: Conflict Closure and Sustainable Peace*, Dispute Resolution Magazine, Vol. 9, Issue 4;

97. Payl van Zyl, *Dilemmas of Transitional Justice: The Case of South Africa's Truth and Reconciliation Commission*, Journal of International Affairs, Vol. 52 (1999);

98. Peter V. Bishop, *Canada's Policy on the Financing of U. N. Peace-Keeping Operations*, International Journal, Vol. 20, Issue 4 (Autumn 1965);

99. Peter V. Bishop, *UNOPAX: A New Name (with a Definition) for*

U. N. Peace-Keeping Operations, International Journal, Vol. 18, Issue 4 (Autumn 1963);

100. Peter Viggo Jakobsen, *The Danish Approach to UN Peace Operations after the Cold War: A New Model in the Making*, International Peacekeeping, Vol. 5, Issue 3 (Autumn 1998);

101. Philipp Dann, Zaid Al-Ali, *The Internationalized Pouvoir Constituant*, Max Planck UNYB, Vol. 10 (2006);

102. Pierre Hazan, *Measuring the Impact of Punishment and Forgiveness: A Framework for Evaluating Transitional Justice*, International Review of the Red Cross, Vol. 88 (2006);

103. Rebecca K. Root, *Through the Window of Opportunity: The Transitional Justice Network in Peru*, Human Rights Quarterly, Vol. 31, Issue 2 (2009);

104. Richard S. Williamson, *Transitional Justice: The UN and the Sierra Leone Special Court*, Cardozo Public Law, Policy & Ethics Journal, Vol. 2, Issue 1 (December 2003);

105. Robert Briner, *Role of International Tribunals in the Context of the Rule of Law*, International Business Lawyer, Vol. 23, Issue 8 (September, 1995);

106. Robert D. Kamenshine, *Peace-Keeping and Peace-Making-The UN in the Middle East*, Vanderbilt International, Vol. 1, Issue 1 (Winter 1967);

107. Robert John Araujo, *John Paul II and the Rule of Law: Bringing Order to International Disorder*, Journal of Catholic Legal Studies, Vol. 45, Issue 2 (2006);

108. Roman Boed, *An Evaluation of the Legality and Efficacy of Lustration as a Tool of Transitional Justice*, Columbia Journal of Transnational Law, Vol. 37, Issue 2 (1999);

109. Roman David, Choi Yuk-ping, *Victims on Transitional Justice: Lessons from the Reparation of Human Rights Abuses in the Czech Republic*, Human Rights Quarterly, Vol. 27, Issue 2 (2005);

110. Roman Krys, *the Secretary-General's Political Role of Peacemaker*, The Military Law and the Law of War Review, issue 23, (1984);

111. Roozbeth B. Baker, *Towards a New Transitional Justice Model: Assessing the Serbian Case*, San Diego International Law Journal, Vol. 11, Issue 1 (2009);

112. Rupa Bhattacharyya, *Establishing a Rule-of-Law International Criminal Justice System*, Texas International Law Journal, Vol. 31, Issue 1 (Winter 1996);

113. Ruti G. Teitel, *Human Rights in Transition: Transitional Justice Genealogy*, Harvard Human Rights Journal, Vol. 16 (2003);

114. Ruti G. Teitel, *Transitional Justice in a New Era*, Fordham International Law Journal, Vol. 26, Issue 4 (April 2003);

115. Ruti Teitel, *Law and Politics of Contemporary Transitional Justice*, Cornell International Law Journal, Vol. 38, Issue 3 (2005);

116. Ruti Teitel, *Transitional Justice: Postwar Legacies*, Cardozo Law Review, Vol. 27, Issue 4 (February 2006);

117. Sabine Michalowski, Juan Pablo Bohoslavsky, *Ius Cogens, Transitional Justice and Other Trends of the Debate on Odious Debts: A Response to the World Bank Discussion Paper on Odious Debts*, Columbia Journal of Transnational Law, Vol. 48, Issue 1 (2009);

118. Schabas, William A. , *Conjoined Twins of Transitional Justice-The Sierra Leone Truth and Reconciliation Commission and the Special Court*, Journal of International Criminal Justice, Vol. 2, Issue 4 (December 2004);

119. Shelby R. Quast, *Rule of Law in Post-Conflict Societies: What Is the Role of the International Community*, New England Law Review, Vol. 39, Issue 1 (2004-2005);

120. Stefan Barriga and Georg Kerschischnig, *The UN General Assembly Resolution on the Rule of Law Resolution: Ambition Meets Pragmatism*, Hague Journal on the Rule of Law, Vol. 2, (2010);

121. Stephan Landsman, *Alternative Responses to Serious Human Rights Abuses：of Prosecution and Truth Commissions*, Law and Contemporary Problems, Vol. 59 (1996);

122. Stephen John Stedman, *The New Interventionist*, Foreign Affairs, Vol. 72, (1993);

123. Suzanne Katzenstein, *Hybrid Tribunals：Searching for Justice in East Timor*, Harvard Human Rights Journal, Vol. 16 (2003);

124. Ted Robert Gurr, *Peoples Versus States：Minorities at Risk in the New Cenutry*, US Institute of Peace, 2000;

125. Thania Paffenholz and Christoph Spurk, *Civil Society, Civic Engagement, and Peace-building*, Social Development Papers：Conflict Prevention and Reconstruction, Vol. 36 (2006);

126. Thomas Carothers, *The End of the Transition Paradigm*, Journal of Democracy, Vol. 13 (Jan 2002);

127. Tom Allen, *Transitional Justice and the Right to Property under the European Convention on Human Rights*, Stellenbosch Law Review, Vol. 16, Issue 3 (2005);

128. Tyrone Savage, Barbara Schmid, Keith A. Vermeulen, *Truth Commissions and Transitional Justice：A Select Bibliography on the South African Truth and Reconciliation Commission Debate*, Journal of Law and Religion, Vol. 16, Issue 1 (2001);

129. Vivien Hart, *Democratic Constitution Making*, Special Report, United States Institute of Peace No. 107 (2003); .

130. Wendy S. Betts, Scott N. Carlson, & Gregory Gisvold, *The Post-Conflict Transitional Administration of Kosovo and the Lessons Learned in Efforts to Establish a Judiciary and the Rule of Law*, Michigan Journal of International Law, Vol. 22 (2001);

131. William W. Bishop, *International Rule of Law*, Michigan Law Review, Vol. 59, Issue 4 (February 1961).

（二）中文论文

1. 门洪华:《联合国维和机制的创新》，载《国际问题研究》2002 年第 6 期；

2. 唐黎立：《浅析区域组织维和的优势》，载《法制与社会》2009 年第 5 期；

3. 聂洪涛：《国际法治建构中的主体问题初探》，载《社会科学家》2008 年第 8 期；

4. 李楠：《完善国际人道法对平民妇女的保护》，载《西安政治学院学报》2006 年第 2 期；

5. 李立丰：《种族屠杀犯罪处理实效的批判与反思——基于卢旺达冈卡卡法庭模式的考察》，载《法商研究》2010 年第 2 期；

6. 李林：《法治的理论、制度和运作》，载《法律科学》1996 年第 4 期；

7. 李良才：《人权理念对国际法价值取向的人本化改造》，载《甘肃联合大学学报(社会科学版)》2009 年第 1 期；

8. 李杰豪：《保护的责任对现代国际法规则的影响》，载《求索》2007 年第 1 期；

9. 李杰豪：《析"先发制人"战略对国际法治的冲击与影响——兼评联合国集体安全体制改革》，载《湘潭大学学报(哲学社会科学版)》2005 年第 2 期；

10. 李雪锋：《对区域组织使用武力进行监督与控制的制度构建》，载《郑州航空工业管理学院学报(社会科学版)》2006 年第 25 卷第 4 期；

11. 李雪锋：《对区域组织使用武力进行监督与控制的制度构建》，载《郑州航空工业管理学院学报(社会科学版)》第 25 卷第 4 期；

12. 李双元、李赞：《构建国际和谐社会的法学新视野——全球化进程中的国际社会本位理念论析》载《法制与社会发展》2005 年第 5 期；

13. 刘芳雄：《国际法治与国际法院的强制管辖权》，载《求索》2006 年第 5 期；

14. 刘海方：《十周年后再析卢旺达"种族"大屠杀》，载《西亚非洲》2004 年第 3 期；

15. 刘亚娜、高英彤：《论国内法治与国际法治的关系——以联合国反腐败公约为例》，载《行政与法》2009 年 12 期；

16. 林健聪：《联合国安全理事会与国际法院的权力冲突》，载《云南大学学报法学版》2010 年第 1 期；

17. 凌岩：《联合国卢旺达问题国际刑事法庭》，载《人民司法》2005 年第 3 期；

18. 凌岩：《联合国卢旺达问题国际刑事法庭》，载《人民司法》2005 年第 3 期；

19. 卢有学：《塞拉利昂特别法庭及其对泰勒的审判》，载《山东警察学院学报》2007 年第 3 期；

20. 罗建波：《非政府组织在非洲冲突管理中的角色分析》，载《国际论坛》2008 年第 1 期；

21. 罗孝智：《论国际恐怖主义对现代国际法治的影响》，载《北京交通管理干部学院学报》2005 年第 2 期；

22. 高岚君：《国际法与人本秩序的建构》，载《河北法学》2008 年第 12 期；

23. 高英彤、刘亚娜：《论国际法治推动下中国刑法的完善——以贿赂犯罪立法为视角》，载《社会科学战线》2010 年第 3 期；

24. 贾万宝，《联合国维和行动中的法律责任问题探析》，载《西安政治学院学报》2009 年第 6 期；

25. 何志鹏：《国家观念的重塑与国际法治的可能》，载《吉林大学社会科学学报》2009 年第 4 期；

26. 何志鹏：《国际法治：良法善治还是强权政治》，载《当代法学》2008 年第 2 期；

27. 何志鹏：《国际法治：和谐世界的必由之路》，载《清华法学》2009 年第 1 期；

28. 何志鹏：《国际法治：全球化时代的秩序构建》，载《吉林公安高等专科学校学报》2007 年第 1 期；

29. 何志鹏：《国际法治：全球化时代的秩序构建》，载《长春公安专科学校学报》第 22 卷第 1 期；

30. 何志鹏：《国际法治：一个概念的界定》，载《政法论坛》2009 年第 4 期；

31. 何志鹏：《国际法治视野内的习惯国际人道法》，载《东方法学》2009 年第 1 期；

32. 何志鹏：《国际法治视野中的人权与主权》，载《武大国际法评论》2009 年第 1 期；

33. 何志鹏：《全球化与国际法的人本主义转向》，载《吉林大学社会科学学报》2007 年第 1 期；

34. 何志鹏：《全球制度的完善与国际法治的可能》，载《吉林大学社会科学学报》2010 年第 5 期；

35. 何志鹏：《超越国家间政治——主权人权关系的国际法治维度》，载《法律科学（西北政法大学学报）》2008 年第 6 期；

36. 何志鹏：《人权全球化与联合国的进程》，载《当代法学》2005 年第 5 期；

37. 贺鉴：《论盖卡卡法庭与卢旺达国际刑事法庭及其在国际人权保护中的作用》，载《西亚非洲》2005 年第 1 期；

38. 许辉：《2011 失败国家指数》，载《中国新闻周刊》，深度中国，2011 年 12 月 9 日版；

39. 黄颖：《国际法规则的"宪法功能"：国际法与宪法的关系初探》，载《云南财经大学学报（社会科学版）》2010 年第 4 期；

40. 黄颖：《国际社会组织化趋势下的国际法治》，载《昆明理工大学学报（社会科学版）》2009 年第 7 期；

41. 黄伟：《国际法院的改革》，载《国际观察》2007 年第 6 期；

42. 黄文艺：《全球化时代的国际法治——以形式法治概念为基准的考察》，载《吉林大学社会科学学报》2009 年第 4 期；

43. 洪永红：《论卢旺达国际刑事法庭对国际刑法发展的贡献》，载《河北法学》第 25 卷第 1 期；

44. 夏吉生：《"真相委员会"与新南非种族关系》，载《国际政治研究》2004 年第 2 期；

45. 夏勇：《法治是什么——渊源、规诫与价值》，载《中国社会科学》1999 年第 4 期；

46. 乔万尼·巴索著、张逸波译：《缔造和平》，载《国外社会科学文摘》2005 年第 11 期；

47. 简基松：《联合国制裁之定性问题研究》，载《法律科学》2005年第 6 期；

48. 车丕照：《法律全球化与国际法治》，载《清华法治论衡》2002年卷；

49. 车丕照：《国际法治初探》，载《清华法治论衡》2002 年卷；

50. 车丕照：《我们可以期待怎样的国际法治》，载《吉林大学社会科学学报》2009 年第 4 期；

51. 秦亚东：《论中国对国际法院咨询程序的参与》，载《黑龙江社会科学》2010 年第 4 期；

52. 肖良平：《试论法律全球化与国际法治的关系》，载《沧桑》2006 年第 3 期；

53. 邢爱芬：《和谐世界与国际法治》，载《新视野》2009 年第 2 期；

54. 邢爱芬：《建设和谐世界的法治途径》，载《理论前沿》2006 年21 期；

55. 邢爱芬：《实现和谐世界的国际法治途径》，载《北京师范大学学报(社会科学版)》2007 年第 1 期；

56. 薛磊：《联合国和平重建行动的发展与中国的对策》，载《国际问题论坛》2008 年夏季号；

57. 薛磊：《联合国维和行动的新发展：从维持和平走向建设和平》，载《国际展望》2010 年第 3 期；

58. 孙璐：《妇女权利的国际法保护：问题与变革》，载《当代法学》2007 年第 4 期；

59. 孙璐：《国际法治视野中的反腐败》，载《当代法学》2009 年第 3期；

60. 赵磊、陈庆鸿：《有关"软权力"与"负责任大国"的若干问题——以中国参与联合国维持和平行动为分析视角》，载《中国党政干部论坛》2009 年第 3 期；

61. 赵磊：《中国对联合国维持和平行动的态度》，载《外交评论》2006 年第 4 期；

62. 赵琪，《科索沃独立的国际法分析——兼论民族自决权》，载《长春理工大学学报(社会科学版)》，2010 年第 11 期；

63. 赵蔚彬：《国际维和与中国"蓝盔"》，载《世界知识》2008 年第 3 期；

64. 周立胜：《国际法治：金融危机之全球性对策》，载《中共福建省委党校学报》2010 年第 6 期；

65. 甄鹏：《国际法院：科索沃宣布独立合法吗?》，载《世界知识》2010 年第 16 期；

66. 陈须隆：《联合国与区域组织相互关系的一个范例——试析联合国与欧安组织合作关系的建立与发展》，载《国际政治研究》2000 年第 3 期；

67. 张贵洪：《利而不害、为而不争——评联合国秘书长潘基文》，载《领导之友》2011 年第 9 期；

68. 张慧玉：《中国参与联合国维和述评》，载《现代国际关系》2009 年第 2 期；

69. 张琼：《在国际刑法领域推进国际法治与中国法治的互动——评〈国际刑法学——经济全球化与国际犯罪的法律控制〉》，载《大学出版》2006 年第 1 期；

70. 张慎思：《国际法院的中国法官》，载《法律与生活》2005 年第 20 期；

71. 张胜军：《当代国际社会的法治基础》，载《中国社会科学》2007 年第 2 期；

72. 张永江：《文化相对主义视角下的卢旺达国际刑事法庭》，载《河北法学》2007 年第 6 期；

73. 张勇：《转型国家的宪制选择与民主巩固》，载《学海》2010 年第 2 期；

74. 郑启荣：《试论非政府组织与联合国的关系》，载《外交学院学报》1999 年第 1 期；

75. 朱福惠：《论宪政秩序》，载《中国法学》2000 年第 3 期；

76. 朱力宇、熊侃：《过渡司法：联合国和国际社会对系统性或大规模侵犯人权的回应》，载《浙江大学学报（人文社会科学版）》2010 年第 5 期；

77. 朱文奇：《中国是否应加入国际刑事法院》，载《湖北社会科学》2007 年第 11 期；

78. 史国普：《论在国际法视角之下构建国际和谐社会》，载《新西部》2007 年第 5 期；

79. 邵沙平、赵劲松：《伊拉克战争对国际法治的冲击和影响》，载《法学论坛》2003 年第 3 期；

80. 邵沙平、苏洁澈：《加强和协调国际法治——国际法新趋势探析》，载《昆明理工大学学报（社会科学版）》2009 年第 5 期；

81. 邵沙平：《〈联合国国家及其财产管辖豁免公约〉对国际法治和中国法治的影响》，载《法学家》2005 年第 6 期；

82. 邵沙平：《论国际法治与中国法治的良性互动——从国际刑法变革的角度透视》，载《法学家》2004 年第 6 期；

83. 邵沙平：《国际法的新发展与国际法治研究》，载《甘肃社会科学》2005 年第 6 期；

84. 邵沙平：《国际法与构建和谐国际社会》，载《法学家》2007 年第 1 期；

85. 邵沙平：《国际法与国际法治：新问题、新规则、新发展》，载《云南大学学报》2007 年第 9 期；

86. 曾令良：《联合国在推动国际法治建设中的作用》，载《法商研究》2011 年第 2 期；

87. 曾令良：《国际法院的咨询管辖与现代国际法的发展》，载《法学评论》1998 年第 1 期；

88. 蔡高强、胡斌：《论打击海盗语境下的国际法治》，载《法学评论》2010 年第 2 期；

89. 司平平：《联合国大会维护和平职能的扩展——对《联合国宪章》第 12 条逐步扩大的解释》，载《法学评论》2007 年第 2 期；

90. 苏晓宏：《中国参与国际司法的困阻与对策分析》，载《华东师范大学学报（哲学社会科学版）》2004 年第 3 期；

91. 宋丽弘：《中国加入国际刑事法院的必然性》，载《当代法学》2008 年第 5 期；

92. 宋健强：《和谐世界的"国际刑事法治"——对国际刑法的价值思考》，载《中国刑事法杂志》2007 年第 2 期；

93. 仪名海：《联合国和区域组织在解决地区冲突中相互关系初探》，载《前沿》2000 年第 5 期；

94. 仪名海：《联合国和区域组织在解决地区冲突中相互关系初探》，载《前沿》2000 年第 5 期；

95. 易显河：《国家主权平等与"领袖型国家"的正当性》，载《西安交通大学学报（社会科学版）》2007 年第 5 期；

96. 易显河：《向共进国际法迈步》，载《西安政治学院学报》2007 年第 1 期；

97. 易显河：《完美法治》，载《西安交通大学学报（社会科学版）》2008 年第 5 期；

98. 杨诚：《国际刑法与冲突后国家法治的建立——联合国赖比瑞亚维和行动分析》，载《太平洋学报》2009 年第 11 期；

99. 吴向宇、张俊华：《对国际法治的一些思考》，载《河北科技师范学院学报（社会科学版）》2005 年第 2 期；

100. 吴燕妮：《浅析联合国框架下过渡司法机制的多样性及复杂性》，载《澳门理工学院报》2011 年第 4 期；

101. 魏武：《国际化刑事机构的新模式》，载《法律适用》2005 年第 2 期；

102. 汪习根：《论宪法对构造法治国家的价值》，载《政治与法律》1999 年第 6 期；

103. 王凤：《从制宪进程看阿富汗现行政治体制的特点》，载《西亚非洲》2008 年第 10 期；

104. 王乐丰：《论中国大规模参与联合国维和的危机》，载《大庆师范学院学报》2011 年第 1 期；

105. 王莉君：《全球化背景下的国际刑事法院与国际法治》，载《环球法律评论》2004 年第 4 期；

106. 余民才：《"科索沃独立咨询案件"评析》，载《法商研究》2010 年第 6 期；

107. 余民才：《科索沃独立的国际法透视》，载《现代国际关系》2008 年第 5 期。

六、会议论文

1. J. Alexander Thier, *The Making of a Constitution in Afghanistan*, Panel Presentation at a Conference on State Reconstruction and International Engagement in Afghanistan: Re-Establishing a Legal System, Bonn, Germany, June 1, 2003;

2. Chadwick F. Alger, *Failed States and Global Governance*, paper written for Conference of Failed States and International Security II, Purdue University, West Lafayette, April 8-11, 1999.

3. David Tolbert's speech on *Strengthening the nexus between international criminal justice and national capacity to combat impunity*, April 9, 2010;

4. Hans-Henrik Holm, *The Responsibility That Will Not Go Away: Weak States in the International System*, paper written for Conference of Failed States and International Security, Purdue University, West Lafayette, February 25-27, 1998;

5. James Goldston's speech on *Strengthening the nexus between international criminal justice and national capacity to combat impunity*, April 9, 2010;

6. Kimberly Prost's speech on *Strengthening the nexus between international criminal justice and national capacity to combat impunity*, April 9, 2010;

7. Paul Seils' speech on *Strengthening the nexus between international criminal justice and national capacity to combat impunity*, April 9, 2010.

七、论文集

1. Ch. Kumar, S. Lodge et al., Sustainable Peace Through Democratization: The Experiences of Haiti and Guatemala, IPA Policy Paper, March 2002, 6;

2. Daniel Lambach, Oligopolies of Violence in Post Conflict Societies,

GIGA Working Papers, No. 62；

3. Donald Horowitz, Constitutional Design：Proposal Versus Processes, in the Architecture of Democracy, Constitutional Design, Conflict Management and Democracy 1, 15-16, A. Reynolds ed., 2002；

4. Gerd Junne, Willemijn Verkoren, eds., Post-Conflict Development： Meeting New Challenges, Boulder：Lynne Rienner, 2005；

5. Lucy Hovil and Joanna R. Quinn, Peace First. Justice Later： Traditional Justice in Northern Uganda, Refugee Law Project Working Paper No. 17, 8 July 2005.

八、学位论文

1. 黄志雄：《WTO 体制内的发展问题研究——兼论国际发展法的完善》，武汉大学 2002 年博士学位论文。

2. 吴雪：《冷战后美国应对国家失败的政策研究》，外交学院 2007 年博士论文。

九、主要网站

1. 联合国与法治网站和档库，http：//www. un. org/zh/ruleoflaw；

2. 中国常驻联合国代表团，http：//www. china-un. org/chn/；

3. 联合国维持和平行动，http：//www. un. org/zh/peacekeeping/ operations/；

4. 联合国建设和平委员会，http：//www. un. org/zh/peacebuilding/；

5. 联合国和平与安全简介，http：//www. un. org/chinese/peace/ issue/enforcement. htm；

6. 国际法院，http：//www. icj-cij. org；

7. 前南斯拉夫国际刑事法庭，http：//www. icty. org；

8. 卢旺达国际刑事法庭，http：//www. unictr. org.

后　记

人生的每一步都在十字路口经历选择。2007年夏天，我告别母校武汉大学法学院，与澳门结缘，来到这个东西方文化交流和碰撞的城市，开始了人生履历中最为重要的阶段。之后五年中，我曾有机会赴海外进行学术访问；也受到多个学术团体的嘉奖；我有幸拜读曾令良教授门下学习欧盟法和国际法专业知识，获得澳门大学欧盟法硕士、国际法博士学位；也有机会十余次在期刊杂志上发表拙文，得到专家学者的肯定与指导。毕业一年，经过各位专家的指导和反复修改，论文终于付梓出版。希望这能够成为我未来研究道路的全新起点。

首先要感谢我的工作单位——深圳市龙岗区委党校对论文出版给予的支持；尤其要感谢杨刚勇常务副校长在我入职以来给予的无私帮助和业务指导，是他的言传身教让我快速完成从"学生"到"党校老师"的角色转变；我还要感谢肖湘珍副校长、曾敏仙老师、杨友国博士、余海滨老师：他们的热忱帮助，让论文的修改和出版更加顺利！同时我还要感谢深圳市委党校袁晓江教授及熊哲文教授对我的热情鼓励和充分肯定，有幸拜读他们的文章，聆听精彩授课，是我入职后获得的宝贵财富。

我要将我最真挚的感谢给予我学习生涯中最敬重的人，导师曾令良教授，如果说父母是教我认识社会的第一任老师，那么曾老师则是将我引入国际法殿堂、让我学会从一个全新的视角认识人类社会的最重要的人。无论何时，曾老师总是以广阔开放的胸襟激励着我不断挑战自我，实现学术上的积累和对未来事业的拓展；他国际化的视野和广阔的研究体系使我受益匪浅，尤其他在本文选题、撰写和最后定稿阶段提出的宝贵建议更是弥足珍贵。不仅在学术上，在生活中，曾老师也能时刻让我感受到师长关怀的温暖。当我的生活遇到重大挫折或是面临重大选择时，更是及时给我最真诚的帮助，为我的人生解惑。曾老师本人对于学术的热忱和对于生活的认真时刻激励我去效仿，去学习。

我还要感谢在整个硕士、博士期间培养我的澳门大学法学院以及曾给我热忱帮助的唐晓晴教授、刘高龙教授、Perumal 教授、Castro 教授、Neuwirth 教授等，我更要感谢我最亲爱的师姐和朋友——武汉大学国际法所的邓朝辉老师，中国社会科学院的程卫东研究员，他们的关爱和指导让我从一个国际法的小学生迅速成长为专业法律人。感谢我的博士论文答辩指导老师：英国兰开夏大学的邹克渊教授、香港城市大学的顾敏康教授、北京理工大学的李寿平教授，他们提出的意见都是论文后续修改的宝贵资源。

在澳门大学攻读学位期间，最难忘还有浓浓的同窗情谊，我的师姐郭晶、师兄何庆文、好友吕冬娟，以及师妹张皎、冉沅弋等，和他们共度几年时光，为了共同的学术理想聚在一起实属缘分。感谢德国马克思普朗克比较公法与国际法研究所为我提供为时半年的访问学者奖学金，感谢热情的 Armin von Bogdandy 教授、Ute Emrich 女士以及 Johanna Dickschen 博士对我的帮助和指导，感谢我热情的保加利亚房东 Joro Chiparov，他们让我的德国之行轻松收获知识与快乐。

我还要深刻的感谢武汉大学出版社团队，尤其是张编辑对论文出版付出的努力。本科四年在武汉大学的生活、学习，是我毕生最珍贵的回忆；时隔 6 年再次与母校结缘，论文即将在母校出版，是我最无悔的选择！

最后，感谢父母对我的养育和呵护；感谢我的丈夫从青涩的学生时代起陪我一起成长，一起创造生活。未来的我将更加努力，不负社会和时代的使命！

2013 年 5 月于深圳